역사는 지나치게 자세히 설명하면 지루하고 딱딱할

풀어가다 보면 역사의 본질을 놓칠 수 있지요. 그런[illegible]

마리 토끼를 다 잡은 것 같아요.

— 김현애 서울영림초등학교 교사

단순한 역사적 사실 암기가 아닌 원리와 근본을 이해할 수 있습니다.

— 박성현 상일초등학교 교사

《용선생의 시끌벅적 한국사》를 사회 교과서와 함께 갖고 다니라고 얘기하고 싶습니다. 가장 빠르고 꼼꼼하게 역사 공부를 시작할 수 있는 입문서라고 생각합니다.

— 이종호 순천도사초등학교 교사

아이들이 힘들어하는 역사가 암기 과목이라는 생각에서 벗어나 '왜?'라는 질문만으로도 충분히 멋진 수업이 가능하다는 점을 보여 주고 있습니다.
초등학생뿐 아니라 중학생들에게도 좋은 책입니다.

— 정의진 여수여자중학교 교사

이 책은 시간, 공간, 인간을 모두 다루면서도 전혀 어렵거나 지루하지 않습니다.
내가 주인공들과 함께 역사 여행을 하는 것 같습니다. 이 책을 읽은 6학년 여학생은 "작년에 교과서에서 배웠던 것이 이제야 이해가 돼요"라고 하더군요.

— 황승길 안성초등학교 교사

✔ 읽기 전에 알아두기

❶ 이 책은 2016년 《용선생의 시끌벅적 한국사(전면 개정판)》을 증보·개정하여 출간하였습니다.

❷ 보물, 국보, 사적은 문화재보호법 시행령[대통령령 제32111호]에 의거하여 지정번호를 삭제하여 표기하였음을 알려드립니다.

❸ **저자 현장 강의 전면 개정판**에서는 책 속의 QR코드를 통해 영상을 보실 수 있습니다. QR코드를 스캔하여 회원 가입 및 로그인 진행 후 도서 구매 시 제공된 쿠폰의 시리얼 넘버를 등록해 주세요.

▷ 영상 재생 방법

▲ 용선생 현장 강의 영상 재생 방법

- 회원 가입 후에는 로그인을 위해 다시 한번 QR코드를 스캔해 주세요.
- 시리얼 넘버는 최초 한 번만 등록하면 됩니다. 등록된 시리얼 넘버는 변경하거나 양도할 수 없습니다.
- 로그인이 되어 있으면 바로 영상이 재생됩니다.
- '참고 영상'은 링크 영상으로 시리얼 넘버 인증 없이 바로 시청 가능합니다.
- '용선생 현장 강의' 영상은 **용선생 클래스**(yongclass.com) 홈페이지를 통해 PC로도 시청하실 수 있습니다.
- **저자 현장 강의 전면 개정판**을 구매하지 않은 독자님은 용선생 클래스 홈페이지에서 결제 후 '용선생 현장 강의' 전체 영상을 보실 수 있습니다.

용선생의 시끌벅적 한국사

글 **금현진**

서울대학교 국어교육과를 졸업하고 월간 《우리교육》에서 기자로 일하였고, 엄마가 된 후 어린이 책 작가가 되었습니다. 이 책을 쓰기 시작하면서 어떻게 하면 역사를 어려워하는 우리 아이들에게 역사를 올바르고 재미있게 알려 줄 수 있을까 계속 고민했습니다. 이를 위해 여러 책과 논문들을 읽고, 우리 역사를 생생하게 담아내기 위해 역사의 현장을 직접 돌아보기도 했습니다. 역사 공부에 첫발을 내딛는 어린이도 혼자 읽고 이해할 수 있는 책을 만드는 데 공을 들였습니다.

글 **김진**

연세대학교에서 한국사를 전공하고 같은 학교 대학원에서 근대사를 공부했습니다. 학교에서 벗어나 전공을 살리는 길을 찾아 헤매던 중에 어린이 역사책을 만드는 기회를 얻었습니다. 역사 공부에 첫발을 내민 어린 친구들에게 길잡이가 되고 싶습니다.

그림 **이우일**

홍익대학교에서 시각디자인을 공부한 만화가입니다. '노빈손' 시리즈의 모든 일러스트레이션을 그렸으며 지은 책으로는 《우일우화》, 《옥수수빵파랑》, 《좋은 여행》, 《고양이 카프카의 고백》 등이 있습니다. 그림책 작가인 아내 선현경, 딸 은서, 고양이 카프카, 비비와 함께 그림을 그리고 글을 쓰며 살고 있습니다.

정보글 **배민재**

서울대학교 국사학과 대학원에서 석사·박사 학위를 받았습니다. 국사편찬위원회 사료연구위원을 역임하였고, 주요 논문으로 〈1910년대 조선총독부 임시은사금사업의 운영방향과 그 실제〉, 〈근대 전환기 서양의 한국 인식:18-20세기 전반 문헌 목록의 지식 분류를 중심으로〉가 있습니다.

지도 **조고은**

애니메이션과 만화를 전공했으며 틈틈이 그림과 만화를 그리는, 계속해서 공부하고 배우는 중인 창작인입니다.

기획 **세계로**

1991년부터 역사 전공자들이 모여 함께 고민하고 연구하며 한국사와 세계사를 가르치고 있습니다. 역사를 주제로 한 책을 읽어 배경지식을 쌓고 이에 대해 자신의 생각을 이야기하는 '독서 토론 프로그램', 우리나라와 세계 여러 나라의 역사, 문화 현장을 답사하며 공부하는 '투어 캠프 프로그램'을 운영하고 있습니다. 지은 책으로는 《이선비, 한옥을 짓다》 등 역사 동화 '이선비' 시리즈가 있습니다.

검토 및 추천 **전국초등사회교과모임**

전국 초등학교 선생님들이 모여 활동하는 교과 연구 모임입니다. 역사, 사회, 경제 수업을 연구하고, 학습 자료를 개발하며, 아이들과 박물관 체험 활동을 해 왔습니다. 현재는 초등 교과 과정 및 교과서를 검토하고, 이를 재구성하는 작업을 통해 행복한 수업을 만드는 대안 교과서를 개발하는 데 힘쓰고 있습니다.

자문 및 감수 **최병택**

서울대학교 역사교육과를 졸업하고 같은 학교 대학원 국사학과에서 석사·박사 학위를 받았습니다. 현재 공주교육대학교 사회과교육과 교수로 재직 중입니다. 지은 책으로 《일제하 조선임야조사사업과 산림 정책》이 있으며, 함께 지은 책으로 《경성 리포트》 등이 있습니다.

문화유산 자문 **오영인**

서울대학교 대학원 고고미술사학과에서 도자사학 전공으로 석사·박사 학위를 받았습니다. 서울대학교에서 강의를 진행하고, 국가유산청 문화유산 감정위원으로 근무했습니다. 현재 사회평론 역사연구소 연구원으로 역사책을 만들고 있습니다.

9

일본의 지배에서 해방으로

글
금현진 김진

그림
이우일

기획
세계로

검토 및 추천
전국초등사회교과모임

자문 및 감수
최병택

사회평론

초대하는 글

여러분! 시끌벅적한 용선생의 한국사 교실에 오신 것을 환영합니다.

먼저 기억에 관한 어느 실험 이야기를 소개할까 해요. 기억 상실증에 걸린 환자들과 평범한 사람들이 똑같은 질문을 받았대요. "당신은 지금 바닷가에서 있습니다. 앞에 펼쳐져 있는 모습을 상상해 보세요. 자, 뭐가 보이나요?" 질문을 받은 평범한 사람들은 하얗게 부서지는 파도며 노을 지는 해변, 물장구치는 아이들, 또는 다정한 연인의 모습을 떠올리고는 그로부터 여러 가지 상상을 풀어 놓았답니다. 그런데 기억을 잃은 사람들의 대답은 아주 간단했어요. 그들이 떠올릴 수 있는 것이라곤 그저 '파랗다'는 말뿐이었대요. 물론 기억 상실증에 걸린 사람들도 바다가 어떤 곳인지 모르지 않습니다. 파도나 노을, 물장구 같은 말들에 대해서도 알고 있고요. 그런데도 그들은 바닷가의 모습을 그려 내지는 못한 거지요. 이쯤 되면 기억이란 것이 과거보다는 현재나 미래를 위한 것이 아닌가 싶은 생각도 듭니다. 그래서 과학자들은 이 실험 이후 기억에 대해 새로운 해석을 내리게 되었대요. 기억은 단순히 과거의 일들을 기록해 두는 대뇌 활동이 아니라, 매순간 변하는 현재와 다가올 미래를 대비하기 위한 '경험의 질료'라고요.

재미난 이야기지요? 우리가 역사를 공부하는 이유에 대해서도 새삼 생각하게 하는 이야깁니다. 한 사람의 기억들이 쌓여 인생을 이룬다면, 한 사회의 기억들이 모여 역사가 됩니다. 무엇을 기억할지, 또 어떻게 기억할지에 따라 우리의 현재와 미래는 달라지겠지요. 그래서 이런 말도 있답니다. '역사에서 배우지 못하는 이들에게는 미래가 없다!'

책의 첫머리부터 너무 무거웠나요? 사실 이렇게 거창한 말을 옮기고는 있지만, 이 책의 저자들은 어디 역사가 뭔지 가르쳐 보겠노라 작정하고 책을 쓴 것이 아니랍니다. 오히려 그 반대였지요. 이 책을 쓰는 동안 우리는 처음 역사를 공부하던 십대 시절로 돌아갔어요. 시작은 이랬습니다. 페이지마다 수많은 인물과 사건들이 와장창 쏟아져 나오는 역사책에 대고 '그건 무슨 뜻이죠?', '대체 무슨 일이 있었던 건데요?' 하고 묻게 되는 거예요. 그것으로 끝이 아니었어요. 겨우 흐름을 잡았다 싶으면 이번엔 '정말이에요?', '왜 그랬을까요?', '그게 왜 중요한데요?' 하며 한층 대책 없는 물음들이 꼬리를 잇더군요. 그럴 때마다 우리를 도와준 것은 바로 이 책의 독자인 여러분이랍니다. 여러분도 분명 비슷한 어려움을 겪으며 무수한 물음표들을 떠올릴 거라고 생각하니, 어느 한 대목도 허투루 넘길 수가 없었어요.

하여, 해가 바뀌기를 여섯 번! 짧지 않은 기간 동안 이 책의 저자와 편집자, 감수자들은 한마음으로 땀을 흘렸답니다. 우리는 무엇보다 과거에 일어난 일들을 최대한 있는 그대로 파악하려는 노력과 다양한 관점에 따라 풍부하게 해석해 내려는 노력을 동시에 기울이고자 했어요. 널리 알려진 역사적 지식이라도 사실과 다른 점은 없는지 다시 검토했고요. 또 역사책을 처음 읽는 학생들이라도 지루하지 않게 한국사 전체를 훑을 수 있도록 하기 위해 흥미진진한 구성, 그리고 쉽고 상세한 설명에 많은 공을 들였답니다. 한국사를 공부하는 일은 오늘 우리 자신의 모습을 뿌리 깊이 이해하는 일이자, 앞으로 써 갈 역사를 준비하는 과정이기도 해요. 그 주인공인 여러분을 초대합니다. 유쾌하고도 진지하고, 허술한 듯 빈틈이 없는 용선생의 한국사 교실로 들어오세요!

금현진

차례

1교시

식민지 조선 하늘 아래서

교과서 단원: 5학년 2학기 사회 2-2. 일제의 침략과 광복을 위한 노력 / 중학교 역사② Ⅵ-1. 국민 국가의 수립 / 중학교 역사② Ⅵ-2. 자본주의와 사회 변화

2교시

온 땅을 울린 '대한 독립 만세'의 함성

교과서 단원: 5학년 2학기 사회 2-2. 일제의 침략과 광복을 위한 노력 / 중학교 역사② Ⅵ-1. 국민 국가의 수립

3교시

문화 통치, 조선인을 분열시키다

교과서 단원: 5학년 2학기 사회 2-2. 일제의 침략과 광복을 위한 노력 / 중학교 역사② Ⅵ-1. 국민 국가의 수립

4교시

저항의 목소리들이 터져 나오다

교과서 단원: 5학년 2학기 사회 2-2. 일제의 침략과 광복을 위한 노력 / 중학교 역사② Ⅵ-2. 자본주의와 사회 변화

5교시

화려하지만 허망한 도깨비 경성에서

교과서 단원: 5학년 2학기 사회 2-2. 일제의 침략과 광복을 위한 노력 / 중학교 역사② Ⅵ-2. 자본주의와 사회 변화

6교시

일본의 침략 전쟁에 모든 것을 빼앗기다

교과서 단원: 5학년 2학기 사회 2-2. 일제의 침략과 광복을 위한 노력 / 중학교 역사② Ⅵ-1. 국민 국가의 수립

7교시

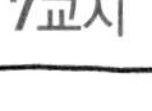

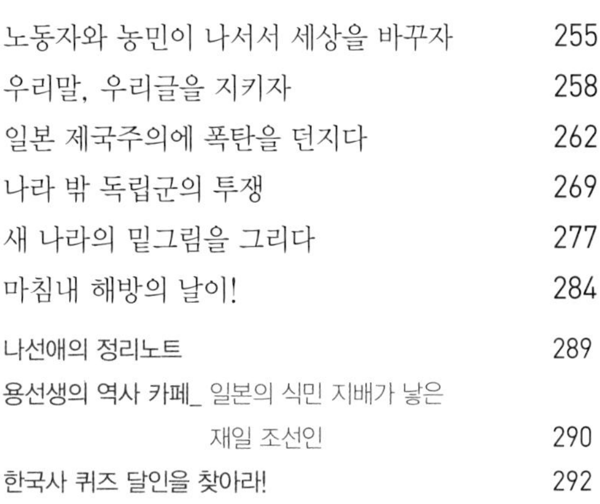

힘을 모아 해방의 날을 준비하다

교과서 단원: 5학년 2학기 사회 2-2. 일제의 침략과 광복을 위한 노력 / 중학교 역사② Ⅵ-1. 국민 국가의 수립

등장인물

'용쓴다 용써'

용선생

허술하지만 열정만은 가득한 선생님. 하늘을 향해 거침없이 솟아나 있는 용머리와 지저분한 수염이 인간미(?)를 더해 준다. 교장 선생님의 갖은 핍박에도 불구하고, 생생한 역사 수업을 위해 물불을 가리지 않는다.

'장하다 장해'

장하다

'튼튼하게만 자라 다오.'라는 아버지의 소원대로 튼튼하게만 자랐다. 공부는 꽝이지만, 성격은 짱이어서 시험을 못 봐도 씩씩하고, 애들이 공부 못한다고 놀려도 씩씩하다.

'오늘도 나선다'

나선애

똑소리 나는 우등생. 공부도 잘하고 아는 게 많아서 잘 나선다. 차갑고 얄미워 보이지만, 사실 누구보다 따뜻한 마음을 가지고 있다. 티는 안 나지만.

'독립 만세를 외치다'

3·1 운동 참가자들

식민 통치에 저항하기 위해 용감하게 만세를 외친 사람들. 군대까지 동원한 총독부의 모진 탄압에도 굴하지 않고 만세 시위를 전개했다. 그리고 3·1 운동이 남긴 아주 중요한 성과가 있다는데…….

'정부가 필요해'

안창호

조선 땅에서 독립 만세를 외치는 시위가 일어나자, 미국에서 상하이로 건너가 '대한민국 임시 정부'를 만드는 데 참여한다. 임시 정부를 왜 세웠고, 임시 정부를 통해 무엇을 하려는 걸까?

'나만 잘살면 돼'

이광수

'잘나가는' 소설가. 그런데 언제부터인가 그의 행동이 뭔가 이상하다. 조선인은 나태하고 게으르다는 내용의 글을 쓰는가 하면, 앞장서서 자기 성과 이름을 일본식으로 바꾸기도 한다. 대체 왜 저러는 걸까?

'잘난 척 대장'

왕수재

이 세상에서 자기가 제일 잘난 줄 안다. 그래서 친구가 없는데도 담담하다. '천재는 외로운 법이고, 질투의 대상인 법'이라나. 근데 사실 깐족거리는 데 천재적이다.

'엉뚱 낭만'

허영심

엉뚱 발랄한 매력을 가진 역사반의 분위기 메이커. 뛰어난 공감 능력으로 웃기도 울기도 잘한다. 반짝반짝 빛나는 역사 유물을 좋아한다.

'깍두기 소년'

곽두기

애교가 넘치는 역사반 막내. 나이도 가장 어리고, 타고난 동안이라서 언뜻 보기엔 유치원생 같다. 하지만 훈장 할아버지 덕분에 어려운 한자를 줄줄 꿰고 있는 한자 신동이기도 하다.

'신간회를 만들다'

홍명희

인기 작가이자 신문사 사장. 여러 저항 세력을 하나로 모으기 위해 '신간회'라는 단체를 만들었다. 민족주의자든 사회주의자든 가리지 않고 가입 가능! 물론 '일본과 적당히 타협하자'고 말하는 사람들은 사절이다.

'독립을 위해 천황을 없애자!'

이봉창

일본인으로 살아가기 위해 일본인의 양자가 되어 일본 옷을 입고 일본어를 배웠다. 하지만 이제 거짓된 삶은 버리고 조선인으로 살기로 결심하고 상하이로 건너갔다. 그리고 중대한 임무를 맡게 되는데…….

'배고파도 슬퍼도'

독립군

무기를 들고 일본군과 싸우는 사람들. 일본군에 쫓기고, 중국군에 치이고, 먹을 것도 부족한 환경이지만 독립을 이룰 수 있다면 상관없다고 한다. 그들의 목숨을 건 투쟁, 4교시부터 확인 가능하다.

대한 제국의 국권을 빼앗은 일본은 조선 총독부를 세워 한반도를 다스리기 시작했어. 총독부는 이 땅에서 옛 조선과 대한 제국의 명맥을 끊어 내는 한편, 서둘러 식민 통치에 필요한 제도와 법령들을 갖추어 나갔어. 그들이 처음 택한 방식은 무력을 앞세운 헌병 경찰 제도였지. 조선인들은 나라 잃은 슬픔을 채 가눌 틈도 없이 한층 가혹한 현실로 내몰려야만 했어.

조선 총독부 청사

식민지 조선 하늘 아래서

✔ 알고 있는 용어에 체크해 보자!

- [ ] 조선 총독부
- [ ] 헌병 경찰 제도
- [ ] 회사령
- [ ] 토지 조사 사업
- [ ] 동양 척식 주식회사

"장하다, 네 필통 아빠가 일본에서 사다 주신 거라고 했지? 그거 버려."

"뭐? 이 좋은 걸 왜 버려!"

"일본 거니까! 나도 머리띠랑 지갑이랑, 일본 캐릭터 그려진 거 다 버렸어. 한국 사람으로서 자존심이 있지. 안 그래?"

장하다가 헷갈리는 듯 "그런가?" 하며 머리를 긁적이는데 마침 교실에 들어온 용선생이 의아한 표정으로 물었다.

"영심아, 왜 그런 말을 하니?"

"제가 저번 수업 때 느낀 점이 많거든요. 전 절대로 일본을 용서하지 않기로 했어요. 일본 물건도 절대 안 쓰고 일본 여행도 안 갈 거예요. 나중에 일본 사람들도 혼내 줘야지!"

"이런…… 덮어놓고 일본을 미워해서야 되겠니? 그러라고 역사를 배우는 게 아니야."

"그럼 우리나라를 강제로 식민지로 만들었는데 일본을 좋아하라

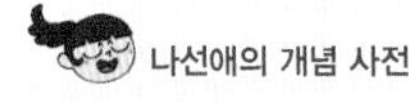

식민지
제국주의 국가가 정치 · 경제적 목적으로 군대를 동원해 지배하는 영토를 말해.

고요? 선생님도 이상하시네."

허영심이 팔짱을 끼며 용선생을 아래위로 훑어보았다.

"미워하거나 좋아하란 이야기가 아니라……."

난감한 표정을 짓던 용선생이 아이들을 휘둘러보았다.

"얘들아, 지금부터 우리는 일본이 한반도를 지배하던 일제 강점기에 대해 배울 거야. 아마 이 시대에 대해 공부하는 동안에는 화가 나고 억울한 생각이 드는 때가 많을 거야. 바로 우리 민족이 겪은 일이고, 그리 오래된 일이 아니니까. 그런데 너희가 꼭 알아줬으면 하는 점이 있어. 우리가 역사를 돌아보면서 얻어야 할 것은 과거의 잘못된 일들이 앞으로 다시는 반복되지 않도록 할 수 있는 지혜란다. 한 나라가 다른 나라를 강제로 지배하고 괴롭히면 안 된다는 것, 잘못을 솔직히 인정하고 사과해야 한다는 것, 또 사과를 받아들이고 함께 평화로운 미래를 일구어 나가는 일도 중요하지. 그저 과거에 일어난 일들에만 얽매여 있다면 역사의 교훈을 제대로 얻지 못하는 거야."

살짝 풀이 죽은 허영심이 입을 샐쭉거렸다.

"그치만 마음이 분한 걸 어떻게 해요……?"

"그래, 말처럼 간단한 일은 아니지. 앞으로 여러 시간 동안 일제 강점기에 대해 배울 테니까 천천히 생각해 보렴."

일제 강점기
일제(日帝)란 '일본 제국주의'의 줄임말이고, 강점기(强占期)란 '강제로 점령한 기간'이란 뜻이야. 즉, 일본이 자기 나라의 이익을 위해 우리나라를 강제로 점령한 시기를 말해.

총칼과 몽둥이를 앞세운 조선 총독부

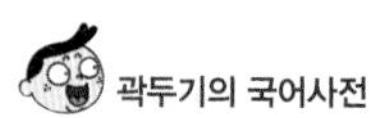

총독부(總督府)
모두 총(總), 감독할 독(督), 관청 부(府). 즉 모든 것을 관리하고 감독하는 최고 기관이라는 뜻이지.

"1910년 이후 이 땅을 다스린 것은 일본이 세운 조선 총독부였어. 조선 총독부는……."

용선생이 설명을 시작하려는데 왕수재가 얼른 손을 들었다.

"잠깐요! 근데 왜 다시 조선이라고 하는 거죠?"

"일본은 대한 제국의 주권을 강제로 빼앗은 뒤 이 땅을 다시 '조선'이라고 불렀어. 대한 제국을 떠올리게 하는 '대한'이라는 말은 아예 사용하지도 못하게 했지. 쉽게 말하면 이제 한반도는 일본 영토 중에 조선 지역이 된 거야. 물론 조선 사람들은 일본의 지배를 받게 되었고."

"일본의 영토요? 하아…… 그런 거구나."

허영심의 한숨 소리 사이로 다시 왕수재가 물었다.

천황
일본의 왕을 부르는 명칭이야. 일본의 왕을 '천황'이라 부를 것이냐, '일왕'이라 부를 것이냐는 큰 논란거리야. 이 책에서는 이 당시의 시대 분위기와 일본의 독특한 세계관을 드러내기 위해 '천황'이란 표현을 쓰고 있어.

"그럼 대한 제국 황제는 어떻게 된 겁니까? 순종 황제요."

"더 이상 황제가 아니었지. 일본 천황의 신하이자 식민지의 이름뿐인 왕으로 '이왕(李王)'이라고 불리게 됐어. 그냥 이씨 왕이라는 뜻이지. 그는 창덕궁에서 숨죽이고 지내는 신세가 되고 말았어. 순종에게는 자식이 없어서 동생인 영친왕이 황태자로 책봉됐어. 영친왕은 일본으로 끌려가서 일본의 왕족과 억지로 결혼해야 했어. 순종의 여동생인 덕혜 옹주도 마찬가지로 일본에서 일본 귀족과 결혼을 했고."

왕수재가 고개를 끄덕이자, 용선생이 다시 설명을 이어 갔다.

영친왕(1897~1970) 왼쪽에 군복을 입고 있는 남자가 영친왕이야. 모자를 쓴 소년은 아들 이구, 그 옆의 여성은 부인 마사코(한국 이름은 이방자)야. 영친왕은 열한 살 때 이토 히로부미의 강요로 일본 유학을 떠난 후 거의 평생을 일본에서 보냈어. 일본 육군 사관 학교, 육군 대학을 졸업하고 육군 중장을 지냈지.

덕혜 옹주(1912~1989) 덕혜 옹주가 일본의 여자학습원에서 교육을 받고 있는 모습이야. 밝은색 옷을 입은 소녀가 덕혜 옹주야. 명랑한 성격이었던 덕혜 옹주는 열네 살 때 일본으로 유학을 갔고 언제부터인가 정신적으로 쇠약해지기 시작했다고 해. 쓰시마 번주의 아들 소 다케유키와 결혼했어.

"총독부의 우두머리는 총독이었어. 총독은 조선의 모든 일을 마음대로 결정할 수 있는 사람이었지. 법을 만드는 입법권, 법을 적용해 판결을 내리는 사법권, 법에 따라 나라를 운영하는 행정권까지 모든 권력을 한꺼번에 다 쥐고 있었거든. 이렇게 엄청난 권력을 쥔 총독은 정치가나 행정가가 아니라 군인 중에서 뽑았어. 첫 총독이 되어 조선을 다스리기 시작한 사람은 육군 대장 출신으로 한국 병합에 앞장섰던 데라우치였단다. 그리고 총독부가 앞세운 것은 헌병 경찰 제도였지."

"헌병 경찰이 뭔데요?"

"헌병은 원래 군대 안에서 질서를 잡는 경찰이야."

"그럼 보통 경찰보다 더 무섭겠네요?"

"쉽게 말하면 그렇지. 그런데 총독부는 헌병에게 일반 경찰을 지휘하도록 하고, 실제 경찰 업무도 헌병들과 경찰들이 함께 맡도록 했어. 경찰 중에 헌병도 있고 일반 경찰도 있었지만 모두를 이끈 것은 헌병 조직이었다는 얘기야. 헌병 경찰 제도가 시행되면서 여러 가지 말도 안 되는 법령들이 만들어졌지. 헌병 경찰은 조선 사람들을 정식 재판을 거치지 않고 마음대로 처분할 수 있었어. 당시 총독부는 조선인들끼리 모임을 만들거나 무리 지어 집회를

데라우치 마사타케(1852~1919) 육군 대장 출신으로, 냉혹하고 강경하게 조선을 다스렸어. 총독 취임식에서 "이제부터 조선인은 일본의 법률에 복종하든지, 그렇지 않으면 죽음을 각오해야 한다"라고 말했다고 전해져.

조선 총독부 청사, 건립에서 철거까지

1910년대 남산 청사 일제는 한국 병합 후 통감부를 폐지하고, 더 강력한 통치 기구인 조선 총독부를 설치했어. 남산에 있는 통감부 건물을 그대로 총독부 건물로 사용했어.

조선 총독부 청사 기초 공사 일제는 1918년 경복궁의 흥례문이 있던 자리에 총독부 건물을 짓기 시작했어. 조선 왕조를 상징하던 경복궁 앞에 일제를 상징하는 총독부 건물을 세운 거지.

여는 일 등을 모두 금지했거든. 조선인이 발행하는 신문도 싹 다 없앴고. 이 와중에 사람들의 일상생활을 감시하고 매사에 총독부에 복종하도록 만드는 데 헌병 경찰이 앞장섰던 거지. 1912년에 만들어진 '경찰범 처벌 규칙'이란 걸 보면 경찰이 처벌할 수 있는 행위가 어떤 것들인지 쓰여 있는데, 그중에는 별의별 내용들이 다 있어. 단체에 가입하라고 하거나 사람들에게 헛소문을 내는 사람, 사람들 앞에서 쓸데없

헌병 경찰 함경북도 경성에 주둔했던 헌병 경찰들이야. 총독부는 헌병 경찰을 전국에 배치하여 조선인들의 일상을 감시했어.

조선 총독부 청사가 없어지기까지

참고 영상

조선 총독부 청사 1926년에 완공된 조선 총독부 건물의 모습이야. 일본 제국의 우월함을 과시하기 위해 엄청난 돈과 인력을 들여 크고 높게 지었지. 당시 동양에서 제일 큰 서양식 건물이었다고 해.

철거 직전의 옛 조선 총독부 청사 해방 후에 조선 총독부 건물은 국립 중앙 박물관 등으로 사용되었어. 1995년에 식민 지배의 상징인 조선 총독부 건물을 없애고 경복궁을 복원해야 한다는 의견에 따라 철거되었어.

헌병 완장 완장은 신분이나 지위를 나타내기 위해 팔에 두르는 띠야. 긴 칼을 차고 완장을 두른 헌병 경찰들은 조선인들에게 공포의 대상이었지.

는 내용으로 연설을 하는 사람, 관공서에 오라는 지시를 받고도 오지 않는 사람, 집이나 직업이 없이 떠돌아다니는 사람, 남에게 구걸을 하는 사람, 정부에서 시키는 대로 굴뚝을 고쳐 짓지 않는 사람, 밤에 시끄러운 소리를 내서 다른 사람의 잠을 방해하는 사람, 돌 던지기 같은 위험한 놀

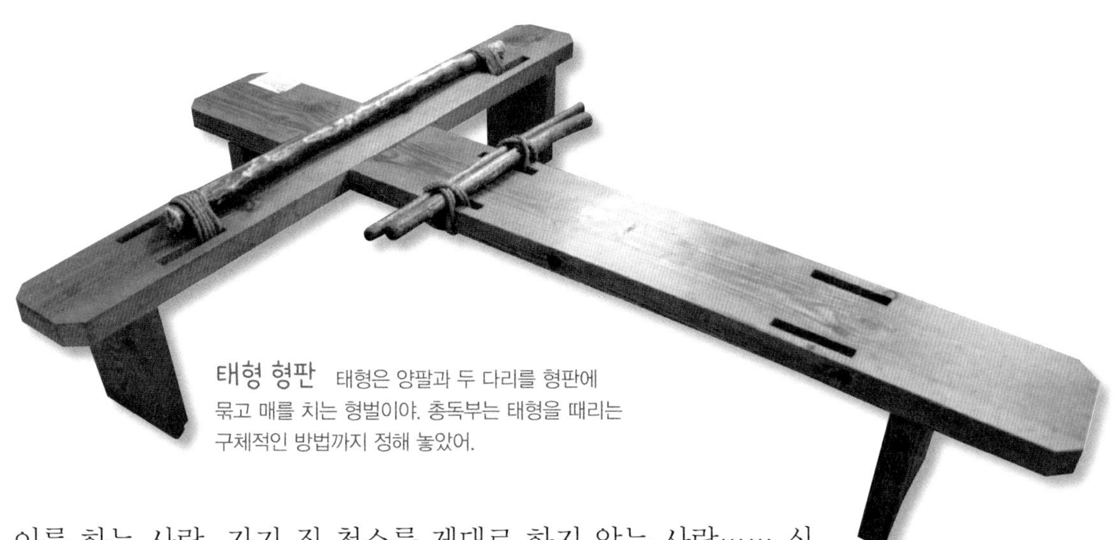

태형 형판 태형은 양팔과 두 다리를 형판에 묶고 매를 치는 형벌이야. 총독부는 태형을 때리는 구체적인 방법까지 정해 놓았어.

이를 하는 사람, 자기 집 청소를 제대로 하지 않는 사람…… 심지어 이런 행위들을 남에게 시키거나 돕는 사람도 처벌한다고 정해 놓았지."

"돌 던지기 놀이에, 청소까지? 아이고 숨 막혀라!"

장하다가 혀를 내둘렀다.

"헌병 경찰은 그런 사람들이 눈에 띄면 그 자리에서 붙잡아 감옥에 가두거나 벌금을 걷거나 태형, 즉 매를 때리는 벌을 줄 수도 있었어. 태형은 이미 갑오개혁 때 야만적이라는 이유로 사라진 벌이었지만 일본이 버젓이 법령으로 정해 되살려 낸 거야. 그들이 만든 법령 중에는 붙잡힌 사람이 매를 맞을 때 비명을 지를 것 같으면 젖은 수건을 입에 물리라는 내용이 있을 정도였지."

수갑과 족쇄 헌병 경찰이 사용하던 수갑과 족쇄야. 양손에는 수갑을, 발목에는 족쇄를 채워 도망치지 못하게 했어.

"으, 무슨 그런 야비한 법이 다 있담?"

나선애가 인상을 찌푸렸다.

"이런 법들 때문에 무수한 사람들이 헌병 경찰에게 붙잡혀 매를 맞거나 감옥살이를 했어. 1918년 한 해 동안 헌병 경찰이 체포해서 그 자리에서 바로 처분을 내린 사건만 무려 9만 건이 넘는다는 기록이 있을 정도지. 헌병 경찰들은 별 잘못을 저지르지 않은 사람이라도 그들의 비위를 거스르면 붙잡아 매를 때렸기 때문에 사람들은 늘 불안에 떨어야 했어. 예전에는 '순사 온다!' 하면 울던 아이도 울음을 뚝 그친다는 이야기가 있었거든? 순사는 식민지 시기 경찰을 가리키는 말이야. 일본의 헌병 경찰 제도가 얼마나 조선 사람들을 무섭게 옥죄었는지 쉽게 알 수 있지."

'식민지 아이들아, 조국을 잊어라!'

"학교도 달라졌어. 나라에서 지은 공립 학교의 교사들은 꼭 군인들이 입는 군복을 떠올리게 하는 제복을 입었고, 수업을 할 때는 긴 칼을 차고 교실에 들어왔지. 관청에서 일하는 관리들도 마찬가지였고."

"네? 칼을 차요?"

"응. 어린 학생들을 가르치는 보통학교에서조차 그랬지. 보통학교는 지금으로 치면 초등학교라고 할 수 있어. 지금 내가 너희들

제복을 입은 교사들 대부분의 교사들이 제복을 입은 채 칼을 들고 있어. 교장은 거의 대부분 일본인이었고, 일본인 교사의 비중도 점차 늘어났어.

앞에서 그러고 있다고 생각해 보렴. 저절로 오금이 저리겠지? 수업 시간에 떠들거나 말썽을 부리기는커녕 숨소리조차 크게 내지 못할 거야."

"휴, 그런 학교라면 차라리 안 다니는 게 낫겠네요."

허영심의 말에 용선생이 정색을 했다.

"음…… 영심이 네가 그 시대에 태어났더라도 학교에 다니고 있을 확률은 매우 낮아. 총독부는 조선 아이들이 다닐 학교를 짓는 데 아주 인색했거든. 당시 조선 어린이 중에서 학교에 다니는 학생은 겨우 3% 정도밖에 안 되었대. 반면에 조선에 사는 일본인 어린이는 90% 이상이 학교에 다닐 수 있었지. 게다가 같은 조선 땅에서

도 조선인 학교와 일본인 학교는 완전히 달랐어. 조선인 학교는 법으로 정해진 교육 기간부터가 일본인 학교에 비해 짧았어. 그나마 여학생은 더 짧았고, 또 대학은 아예 없었단다. 아무리 똘똘한 학생, 공부를 많이 하고 싶은 학생도 조선에서는 대학에 다닐 수 있는 길이 없던 거지."

왕수재가 "허! 어떻게 그런 일이!" 하며 탄식을 했다.

"그럼 학교에서는 뭘 배웠어요?"

"총독부는 1911년에 '조선 교육령'이라는 걸 발표했어. 총독부는

조선인을 교육시키는 목표는 일본 제국의 국민에 걸맞은 자질과 품성을 기르는 것이라고 내세웠지. 조선 교육령이 발표되자 각 학교마다 일본인 교사들이 채용되어 일본어와 일본 역사, 일본 지리 같은 과목들을 가르치기 시작했어. 일본 천황에 대한 충성심을 가르치는 수업도 따로 있었지. 특히 국어 즉, 일본어 수업은 전체 수업시간의 1/3을 넘을 정도로 많았어. 일본은 조선인들에게 일본어를 널리 보급시켜 빨리 익히도록 한 거야."

"엥? 국어가 일본어라고요"

"일본에 나라를 빼앗겼는데 그럼 어쩌겠어?"

이상하다는 듯 되묻는 장하다에게 나선애가 대꾸를 했다.

"일본어를 빠르게 익히도록 한 건 말이 통해야 명령하기가 쉬워서인가요?"

곰곰이 듣고 있던 왕수재가 뾰로통한 표정으로 물었다.

"그런 셈이지. 조선인들이 일본어를 알아야 쉽게 다스릴 수 있다고 생각한 거야. 한편 이 무렵에는 수많은 사립 학교에서 많은 학생들이 공부를 하고 있었는데, 총독부는 이런 사립 학교도 가만 놔두질 않았어. 1911년에 조선 교육령과 함께 '사립 학교 규칙'을 만들어서 총독부에서 허가를 받은 학교만 운영할 수 있도록 제도를 바꾸었단다.

일본어를 쓰고 있는 학생들 일제 강점기에는 주로 일본어로 수업이 이루어졌고, 교과서도 대부분 일본어로 되어 있었어.

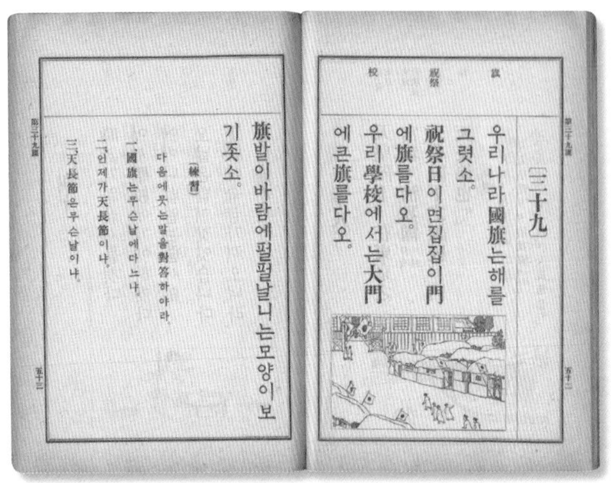
三十九

우리나라國旗는해를
그렷소。
祝祭日이면집집이門
에旗를다오。
우리學校에서는大門
에큰旗를다오。
旗발이바람에펄펄날니는모양이보
기좃소。

(練習)

다음에뭇는말을對答하야라。
一、國旗는무슨날에다느냐。
二、언제가天長節이냐。
三、天長節은무슨날이냐。

보통학교 교과서 1915년 조선 총독부에서 발행한 교과서로 '조선어와 한문' 시간에 사용했어. 일본 국기인 일장기를 우리나라 국기라고 설명하고 있어.

민족 교육의 근거지였던 사립 학교에 일본의 통제가 시작된 거야. 자기네 입맛에 맞지 않는 학교에는 허가를 내주지 않았기 때문에 수천 개에 이르던 사립 학교가 1919년이 되면 690개로 줄어들게 되었지. 또 총독부는 어떤 교사를 채용할 것인가부터 가르치는 교과목이나 교과서, 수업 내용까지 모두 허락을 받게 했어. 서당은 사립 학교에 비해 상대적으로 자유롭긴 했지만 큰 틀에서는 마찬가지였고."

"흐와, 우리 엄마 잔소리는 아무것도 아니구나!"

장하다가 하는 말에 허영심이 "어떻게 그거랑 이거랑 비교를 하냐?" 하며 핀잔을 주었다.

"결국 총독부의 교육 방침을 요약하면 이런 거야. 조선 아이들을 일본 천황에게 충성하는 신민으로 길러 내자! 조선 아이들이 조국을 잊고 일본을 떠받들게 만들자! 조선 아이들은 많이 가르치지 말자! 즉, 조선인을 일본에게 대들지 않고 굽실거리는 사람, 일본인들이 부리기 불편하지 않을 정도의 지식과 기능만 갖춘 사람으로 길러 내려고 한 거지."

"칫! 그런 학교 나도 안 다녀!"

"맞아, 치사해서 나도 안 다녀!"

농토를 잃고 궁지로 내몰린 농민들

"자, 이번에는 총독부의 식민지 경제 정책을 살펴보자. 먼저 농민들의 삶의 터전인 토지 문제부터. 총독부는 1910년 토지 조사국을 설치하고, 1912년 '토지 조사령'을 발표하면서 본격적으로 '토지 조사 사업'을 시행했어. 토지 조사 사업이라는 건 나라 안의 토지를 대상으로 그 소유권과 위치, 넓이, 땅의 생긴 모양, 가격 등을 면밀히 조사하는 거야. 이를 조사하고 나면 조선 전국의 토지 상황이며 토지를 사고파는 일 등을 나라에서 빠짐없이 관리, 감독할 수 있게 되는 거지. 그런데 그중에서도 총독부가 가장 중요하게 여긴 부분

토지를 측량하는 일본인 일본인 기사가 땅의 모양과 크기를 측량하고 있는 모습이야. 토지 조사 사업은 땅 주인을 가리는 것도 중요했지만, 땅의 모양과 크기를 정확히 측정하여 세금을 걷는 데 필요한 기초 자료를 모으려는 목적도 있었지.

은 땅의 소유권을 분명히 하는 것, 즉 땅 주인이 누구인가를 분명하게 가려내는 거였어."

"그게 왜 중요한데요?"

"땅의 주인이 누군지 파악하는 것은 조선에 와 있는 일본인들에게 무척 중요한 문제였어. 일본은 이미 1908년부터 '동양 척식 주식회사'라는 것을 만들어서 땅을 사들였어. 동양 척식 주식회사는 일본인들에게 땅을 싼값에 제공했고, 대한 제국은 일본의 압력에 일본인들에게 토지의 소유권을 인정해 주었지. 하지만 아직 조선의 토지 제도는 이들의 소유권을 온전히 보호해 줄 만한 것은 아니었어. 이제 조선을 완전히 손에 넣은 총독부는 이런 일본인들의 토지 소유권을 법적으로 한층 강하게 보호해 주고자 했던 거야."

동양 척식 주식회사
일본인들이 조선에 정착할 수 있도록 돕는 회사야. '척식'이란 '개척하고 정착한다'는 뜻이야. 사진은 동양 척식 주식회사 경성부 건물로, 지금의 서울 을지로 2가에 있었어.

"어떻게요?"

"땅 주인에게 각자 자기 땅에 대해 자세히 신고하라고 한 거야. 각 지역마다 담당자를 정해서 이 신고서를 내는 일을 책임지도록 하고, 그렇게 신고받은 땅에 대해서는 땅 주인의 소유권을 인정해 준 거지. 그런데 원래 조선의 소작농들은 특별한 잘못을 저지르지 않는 한, 같은 땅에서 계속 농사를 지을 수 있는 권리를 가지고 있었어. 이 권리는 아무리 지주라고 해도 함부로 침해할 수 없었지. 이처럼 이전에는 지주라고 해도 땅을 다른 재산과 똑같이 다룰 수 없었던 거야. 하지만 총독부는 토지 조사 사업을 통해 소유권을 분

명히 하면서 농민의 이런 권리를 싹 없애버렸어. 그러니 지주의 힘은 이전보다 훨씬 커졌고 땅을 사고파는 일도 쉬워졌어. 대지주들은 유리한 여건 속에서 적극적으로 토지를 사 모았지. 비단 일본인뿐 아니라 조선인 지주들도 마찬가지였어."

"흠, 총독부 덕에 지주들만 좋아졌다는 얘기군요."

왕수재가 알 만하다는 표정으로 말했다. 하지만 용선생은 천천히 고개를 저었다.

"지주들만 좋아진 건 아니야. 총독부가 이렇게 큰 사업을 벌여 가면서 토지의 소유권을 정리한 데는 더 중요한 이유가 있었거든. 바로 세금을 더 많이 거두어들이기 위해서였지. 땅 주인이 확실해야 그 사람에게 세금을 받을 수 있을 테니까. 토지 조사 사업으로 대부분의 토지가 세금을 물릴 수 있는 땅이 되었어. 그리고 신고되지

않은 땅, 즉 주인 없는 땅과 왕실이나 관청에 속했던 땅은 모두 나라의 소유로 삼았지."

"내 땅이라고, 신고만 하면 되는 게 아니었나요? 왜 주인 없는 땅이 있어요?"

허영심이 눈을 동그랗게 뜨고 궁금한 듯 물었다.

"조선인들 스스로 소유권을 일일이 증명해야만 해서 어려움이 많았어. 땅의 주인이 누구인지를 증거를 대라고 요구했지만 조상대대로 일군 텃밭이나 마을에서 함께 농사짓는 땅은 서류상 주인을 밝혀내기가 쉽지 않았거든. 그리고 땅의 주인이라는 사실을 인정받기 위해 갖추어야 할 서류도 복잡해서 신고조차 하지 못한 조선인들도 있었대. 결국 이렇게 신고하지 못한 토지들은 총독부 차지가 되기도 했어. 또한 왕실이나 국가의 토지에서 농사를 짓던 농민

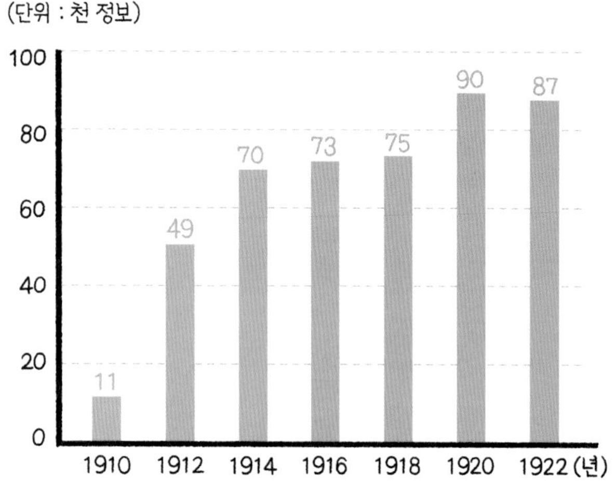

들의 권리는 역시 인정되지 않았기에 자작농이나 마찬가지였던 농민들이 우수수 소작농 신세가 되어야 했어. 총독부는 이 땅들을 다시 싼값에 일본인들에게 넘겼어. 그래야 세금도 더 걷을 수 있고, 더 많은 일본인들이 조선 땅에 투자를 하게 만들 수 있으니까."

"그럼 일본인 지주들은 점점 더 많아졌겠네요?"

"그렇고말고. 이 일에 앞장선 것도 동양 척식 주식회사였어. 동양 척식 주식회사는 일본인들에게 헐값에 땅을 넘겨 그들이 조선에 쉽게 자리를 잡을 수 있게 도왔지. 뿐만 아니라 일본이 식민지 조선 땅으로부터 경제적 이득을 챙길 수 있도록 회사가 소유한 땅에 조선인 소작농들을 거느리고 높은 소작료를 받아 챙기는가 하면, 조선 쌀을 일본으로 내보내는 일도 했어."

"으, 조선인들한테는 아주 나쁜 회사였네요!"

장하다가 손가락으로 가위표를 슥슥 그렸다.

"자, 총독부는 이렇게 토지 소유권을 정리하고는 토지세에 관한 법을 새로 만들어 땅마다 세금을 엄격하게 매겼어. 그 결과 총독부의 세금 수입은 크게 늘었지. 총독부는 식민지를 운영하는 데 드는 비용을 이 세금으로 메웠어. 결국 토지 조사 사업으로 총독부는 세금을 얻게 되었고 권한이 커진 대지주들은 더욱 쉽게 땅을 불릴 수 있었어. 하지만 소작농들은 그야말로 궁지에 몰리게 됐지. 대지주들은 전보다 소작료를 한참 더 올려 받았어. 심한 경우에는 70%까지도 올려 받았지. 뿐만 아니라 농민들에게 세금을 떠넘기는 지주도 있었어. 게다가 이젠 지주가 하루아침에 땅에서 내쫓아도 아무 소리 할 수 없게 됐고."

"쫓겨나면 어떻게 되는 거예요?"

곽두기가 걱정스러운 표정으로 용선생을 바라보았다.

조선을 떠나는 사람들 사람들이 달구지에 짐을 싣고 조선을 떠나고 있는 모습이야. 온몸을 꽁꽁 싸맨 걸 보면 추운 만주로 올라가는 것 같아. 만주로 간 조선인들은 대개 지주조차 버려둔 황무지를 빌려 농사를 지었어.

"다른 땅에서도 소작을 얻지 못하면 고향을 떠나는 수밖에. 산으로 들어간 사람들은 수풀에 불을 놓아 밭을 일구어 먹고사는 화전민이 되곤 했어. 또 농사짓는 일을 포기하고 도시로 떠나가는 이들도 많았지. 운이 좋으면 공장의 노동자로 취직을 하기도 하고, 하루 일해서 하루 먹고사는 날품팔이가 되기도 하고. 아예 조선 땅을 떠나 저 멀리 만주로, 또는 일자리를 찾아 일본으로 간 사람들도 많았어. 만주의 조선인들은 척박한 땅을 개척하며 하루하루를 근근이 버텨야 했고, 일본으로 건너간 사람들은 차별 대우를 받으면서 온갖 험한 일들을 했어. 그나마도 일자리 경쟁이 치열해서 다시 조선 땅으로 돌아오는 사람들도 숱했다지."

"다른 건 몰라도 토지 조사 사업이 조선 농민들을 내동댕이친 것만은 분명한 거 같네요."

허영심이 차가운 목소리로 내뱉었다.

"음…… 덧붙이면 농민들만 힘들어진 건 아니었어. 1910년대에는 토지 말고도 산이며 바다, 광산 등에 대해서도 새로운 제도들이 줄줄이 만들어졌지. 물론 그 혜택은 주로 일본인들에게 돌아갔고, 그곳을 터전 삼아 살아온 조선인들의 삶은 갈수록 고단해졌어."

"어이쿠, 땅으로 모자라서 산이랑 바다까지요?"

"그러니까 식민지지! 흥!"

허영심이 다시 야멸치게 코웃음을 치자 장하다가 풀썩 고개를 떨어뜨렸다.

"식민지라는 거, 진짜 어이없는 거네……."

조선 물산 공진회가 열린 경복궁 총독부는 조선을 통치한 지 5주년이 되는 해(1915년)에 경복궁에서 조선 물산 공진회를 열었어. 조선의 물산을 전시해 놓고 일본의 통치 덕분에 조선인들의 살림살이가 풍요로워졌다고 선전했지.

빼앗기고 또 빼앗기는 식민지 경제

"그런가 하면 총독부는 1910년 12월에 '회사령'이라는 걸 발표했어."

"그건 또 뭔데요?"

"회사령의 핵심은 조선에 회사를 세우려는 사람은 무조건 총독의 허가를 받아야만 한다는 거였어. 또 이미 세워진 회사라도 총독이 해산시킬 수 있다고 했지. 즉, 회사를 죽일 거냐 살릴 거냐, 어떤 회사를 새로 세울 거냐를 모두 총독부가 결정하게 되었다는 이야기야. 이 시기 일본은 공업 발전과 개발이 한창 진행 중인 상태였어. 일본이 경제 개발을 위해 노력하고 있을 때 조선인들에게 자유롭게 회사를 만들게 할 수 없겠지? 그래서 조선 총독부는 회사령을 발표한 거야."

"선생님. 그럼 일본인들도 회사를 세우려면 총독의 허가를 받아야 했다는 건가요?"

"그래. 하지만 회사령이 발표된 뒤에 조선인이 운영하는 회사가 늘었을까, 아니면 일본인이 운영하는 회사가 늘어났을까?"

"일본인이요!"

아이들이 한 목소리로 대답했다.

"그랬겠지? 통계만 봐도 1910년대에 새로 생긴 회사 중에서 조선인이 세운 것은 겨우 36개였어. 반면에 일본인이 만든 회사는 180개였지. 서양식 회사들이 이제 막 생겨나고 여러 산업이 발달하던 무렵에 일본의 지배를 받게 되면서 조선의 경제는 고스란히 일본의 지배 아래 놓이게 되었어. 이후 조선은 일본에 식량을 공급해 주는 역할, 또 일본 상품을 사 주는 역할을 한층 더 충실히 하게 됐지."

"흠…… 꿩 먹고 알 먹고, 딱 그거군."

왕수재가 씁쓸한 목소리로 중얼거렸다.

"일본인들이 세운 회사 중에 특히 많았던 분야가 있어. 철도나 도로 등 교통과 통신 분야였지. 사실 일본은 한국 병합 이전부터 이

분야에 공을 쏟았어. 총독부가 들어서자 정신없이 조선 전체를 가로지르는 철도와 도로를 놓고 전화와 전신망을 넓혀 나갔지. 십여 년 만에 교통망과 통신망이 거의 두 배로 확장될 정도였어."

"헤! 웬일이래요? 그래도 조선 사람들 좋은 일도 했나 보네?"

장하다가 눈을 끔벅거리며 소리쳤다. 그러자 나선애가 답답하다는 듯 나섰다.

"어디 그렇겠니? 저번에 텔레비전 보니까 일본 사람들이 꼭 그런 소릴 한다더라. 일본이 철도도 놓고 도로도 놔 준 게 조선한테 큰 이득이었다고. 그건 일본이 멋대로 갖다 붙이는 얘기래."

"그래? 난 텔레비전 만날 틀어도 그런 건 안 나오던데…… 넌 어디서 그런 걸 보냐?"

"어련하겠어. 너네 집 텔레비전에는 만화랑 예능만 나오지?"

둘이 티격태격하기 시작하자 용선생이 얼른 목소리를 높였다.

"간혹~ 과거를 반성할 생각이 없는 일본인 중에서 그런 주장을 하는 경우가 있어. 하지만 선애 말대로 억지에 불과한 소리야. 왜냐? 그들이 교통과 통신망을 열심히 깔았던 건 순전히 일본의 이익을 위한 거였어. 특히 서둘렀던 교통망은 무엇보다 조선의 곡식과 여러 물자들을 일본으로 실어 나르기 위해 꼭 필요했어. 일제가 경성과 부산을 잇는 경부선을 선실한 것은 부산이 일본으로 통하는 가장 큰 항구였기 때문이지. 또 최초의 포장도로는 전주에서 군산까지 이어지는 도로였어. 전주 일대는 질 좋은 쌀이 많이 나기로 이름난 곳이었고, 군산항은 일본으로 가는 배가 출발하는 곳이어서

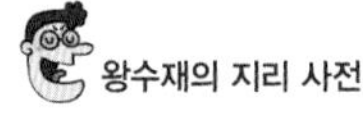

경성
일제 강점기에는 서울을 '경성'이라고 불렀어.

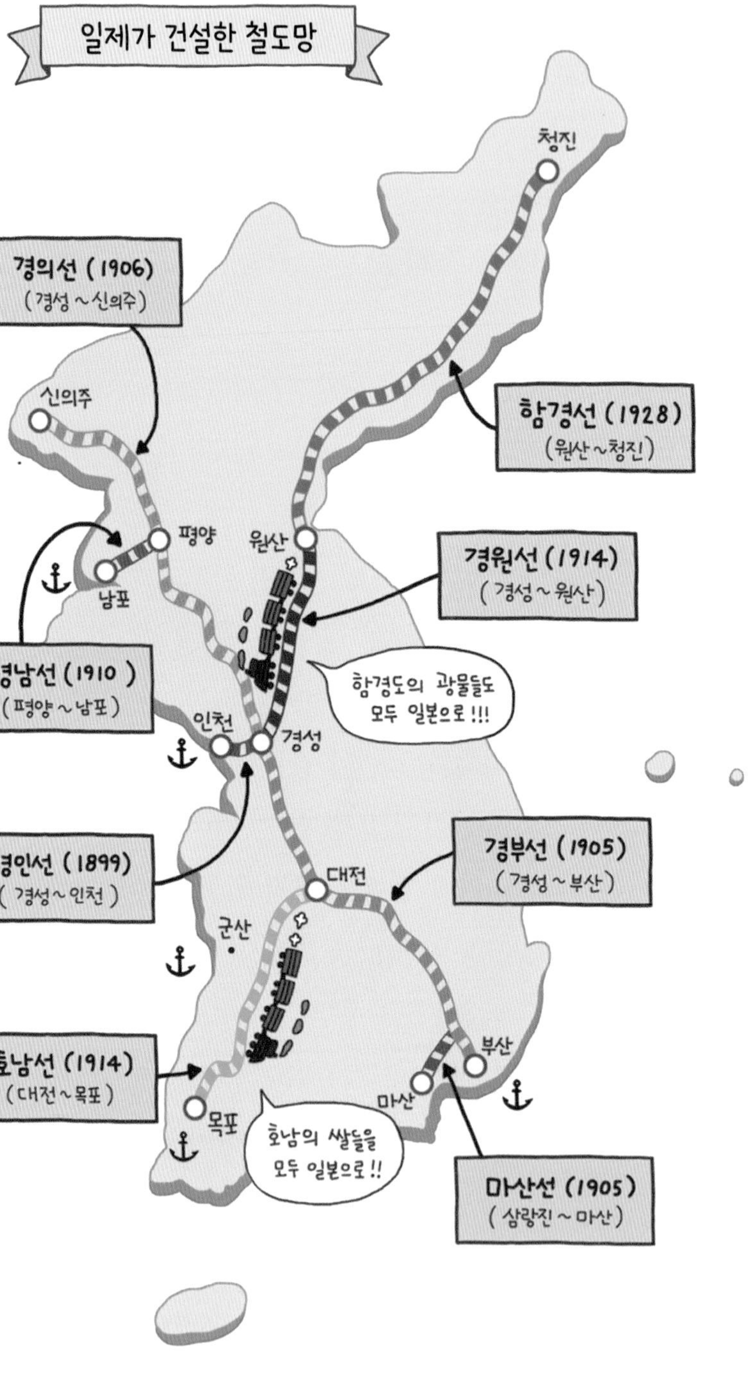

일제가 건설한 철도망

경의선 (1906)
(경성 ~ 신의주)

함경선 (1928)
(원산 ~ 청진)

경원선 (1914)
(경성 ~ 원산)

평남선 (1910)
(평양 ~ 남포)

경인선 (1899)
(경성 ~ 인천)

경부선 (1905)
(경성 ~ 부산)

호남선 (1914)
(대전 ~ 목포)

마산선 (1905)
(삼랑진 ~ 마산)

청진
신의주
평양
원산
남포
인천
경성
대전
군산
목포
마산
부산

함경도의 광물들도 모두 일본으로!!!

호남의 쌀들을 모두 일본으로!!

일본에 보내질 쌀이 항상 산더미처럼 쌓여 있었지. 또 통신망이 보급되면서 이득을 본 것도 일본인들이었어. 대부분의 조선인은 아직 통신망을 활용할 만한 여건이 못 됐으니까. 예를 들어서 전화가 꽤나 일반화된 1928년 무렵에도 조선의 일본인 전화 보급률이 조선인보다 35배 이상 높았어. 게다가 상하수도 시설이며 포장도로를 까는 일, 전차 노선을 늘리는 일 등은 아예 일본인들이 모여 사는 지역 위주로 진행되었어."

"어쩐지 이상하다 했더니, 쯧!"

"그런데 정작 갖은 고생을 해 가면서 그 시설들을 만든 것은 조선인들이었어. 새로 닦은 서양식 도로를 당시 사람들은 '신작로'라고 불렀지. 그 '신작로'라는 이름은 조선인들에게 끔찍하게 여겨졌어. 도로가 지나갈 자리에 있는 땅은 논이건 밭이건 집이건 헐값에 총독부에 바쳐야 했고, 농사일이 아무리 바빠도 강제로 공사장에 나가 일해야 했지. 그러면서 제대로 임금도 받지 못했어."

"으악! 화가 난다!"

순간 모두의 시선이 확 쏠리자, 겸연쩍어진 곽두기가 입술을 오므렸다.

"아이쿠, 우리 두기 예쁜 입에서 별소리가 다 나오는구나!"

아무 대꾸를 못하고 귀가 빨개진 두기 대신 장하다가 가슴을 쿵쿵 두드렸다.

"어휴 답답해! 어디가 꽉 막힌 것처럼 답답해 죽겠어요."

용선생이 그 마음 안다는 듯 천천히 고갯짓을 했다.

"그래…… 다음엔 너희들 숨통을 확 틔워 줄 이야기를 해 보자!"

"어? 그런 이야기도 있어요?"

"그럼! 조선 사람들이 일본에 어떻게 맞섰는가 하는 이야기!"

"어머, 뭘 했는데요? 어떻게요?"

귀가 반짝 뜨인 허영심이 뒷이야기를 재촉하자, 장하다가 잽싸게 영심의 소매를 쥐었다.

"야, 다음 시간에 해 주신다잖아. 수업 끝났다고."

"그래, 오늘은 여기까지다. 다음 시간에 만나자!"

용선생이 교실에서 나간 뒤, 다시 시무룩해진 영심이 장하다의 필통을 곁눈질했다.

'어떻게 일본을 안 미워할 수가 있단 말야? 역사의 교훈인지 뭔지, 그게 도대체 뭐냐고! 선생님은 뭘 천천히 생각해 보라고 그러시는 건지…….'

1. 식민지 조선

① 조선 사람들은 일본의 지배를 받게 되고,
조선 땅은 일본 땅이 됨

② 조선 총독부가 조선을 통치하게 됨
→ 총독부의 우두머리는 총독

2. 조선 총독부는 조선을 어떻게 다스렸을까?

① 헌병 경찰 제도(1910)

- 헌병(군대 내의 경찰)과 경찰이 함께 경찰 일을 맡음
- 경찰범 처벌 규칙(1912): 헌병 경찰은 정식 재판 없이 조선인에게 벌을 줄 수 있음('태형'도 그중 하나!)

② 회사령(1910)

- 조선 총독부가 허가해야만 회사를 세우고 운영할 수 있도록 함

③ 조선 교육령(1911)

- 조선인의 교육 방침을 정한 법
- 주요 과목: 일본어, 일본 역사, 일본 지리

④ 토지 조사 사업(1912)

- 목표: 조선을 다스리기 위한 세금을 마련하는 것
일본인들의 토지 소유권을 법적으로 보호해 주는 것

http://cafe.naver.com/yongyong

용선생의 역사 카페

역사계의 슈퍼스타,
용선생의 역사 카페에
오신 걸 환영합니다

Log in

게시판

- 역사가 제일 쉬웠어용!
- 이제는 더~ 말할 수 있다!
- 필독! 용선생의 매력 탐구
- 전교 1등 나선애의 비밀 노트

소풍과 조회, 언제 처음 시작되었을까?

친구들은 소풍 좋아해? 선생님은 정말 좋아해! 그런데 학교에서 단체로 가는 '소풍'이 일제 강점기에 처음 시작되었다는 사실을 알고 있니?

당시에는 소풍을 '원족(遠足)'이라고 불렀어. 원족이란 '멀리[遠] 걷는다[足]'는 뜻으로, 걸어서 다녀올 수 있는 거리만큼 걷는 것을 말해. 그러니까 원족은 먼 거리를 걸으며 체력을 단련하기 위해 실시한 거야. 주로 버스나 기차로 이동하는 지금의 소풍과는 조금 다르지? 그리고 학생들은 원족을 나가서 '현장 학습'을 했어. 유적지에 가서 역사 공부를 하거나, 글짓기 연습을 하기도 했지. 그러니까 원족의 목적은 '체력 단련 겸 체험 학습'이라고 할 수 있어.

하지만 소풍 전날 마음이 설렌 건 지금과 똑같았던 것 같아. 원족 가기 전날 밤에, 혹시나 비가 오지는 않을까 걱정되어 잠을 이루지 못하는 아이들이 많았다고 해. 또 공부보다는 도시락과 과자를 챙기는 데 더 신경을 썼고. 그래서 《동아일보》에서는 1927년 원족을 갈 때 주의해야 할 사항을 기사로 내기도 했어. '어떻게 공부할 건지 계획을 미리 짤 것, 과자 등을 지나치게 많이 챙기지 말 것, 공책과 연필을 잊지 말고 챙길 것, 옷차림을 지나치게 꾸미지 말 것' 등을 당부하고 있어.

아침 조회도 일제 강점기 때 시작되었어. 지금은 일주일에 한 번 교실 안에서 간단히 선생님의 말씀을 듣지만, 일제 강점기

보통학교 수업 시간

때는 전교생이 매일 아침 운동장에 서서 조회를 했지. 조회 시간에 학생들은 '우리는 천황에 충성하고 나라를 사랑해야 한다'는 내용의 글을 외워야 했어.

선생님이 어렸을 때는 군대처럼 '차렷, 경례'를 했어. 선생님이 들어오시면 반장이 일어나서 '차렷, 경례'라고 명령을 했지. 그러면 학생들이 단체로 선생님께 인사를 드렸지. 알고 보니 이것도 일본에서 들어왔다고 해. 이외에 학생들이 직접 교실을 청소하는 '청소 당번' 제도, 복장 검사, 학용품 검사 등도 일제 강점기 때 우리나라에 들어온 것들이라고 해.

COMMENTS

 장하다 : 선생님! 그럼 운동회도 일본에서 시작된 건가요?

↳ 용선생 : 운동회는 영국에서 시작되었고, 외국인 선교사들이 우리나라에 전해 주었지. 우리나라 최초의 운동회는 1896년 4월 25일 배재 학당에서 개최되었어. 달리기, 높이뛰기, 멀리뛰기, 줄다리기 등의 종목이 있었다고 해.

한국사 퀴즈 달인을 찾아라!

01 ★★☆☆☆

선애가 아래의 사진을 보고 메모를 했는데, 중요한 단어가 지워져 알아볼 수가 없지 뭐야? 빈칸에 들어갈 말이 무엇인지 친구들이 찾아 줘! (　　　　)

1910년 이후 조선을 다스린 것은 ○○ ○○○였다. 위의 건물은 1926년에 지어진 ○○ ○○○ 건물이다.

① 조선 총독부　② 조선 통감부
③ 조선 외교부　④ 조선 국방부

02 ★★★☆☆

얘들아, 조선 총독에 대해 아는 걸 말해 볼래?

① 총독은 조선 총독부의 우두머리입니다.

② 군인 중에서 임명되었어요.

③ 일본 천황이 직접 임명했어요.

④ 첫 번째 총독이었던 데라우치는 보통 경찰 제도를 시행했어요.

이런, 혼자 딴소리를 하고 있는 아이의 번호는 (　　　　)!

03 ★★★☆☆

수재가 1910년대 조선인들의 생활에 대해 조사해 봤어. 아니 그런데, 역사적 사실과 다른 이야기가 하나 끼어 있잖아? 친구들이 골라 줘! (　　　　)

① 조선 총독부는 '신작로'를 만드는 일에 조선인들을 동원했어.

② 조선인 아이들은 90% 이상이 보통학교에 다닐 수 있었어.

③ 헌병 경찰은 정식 재판 없이 조선인에게 벌을 줄 수 있었어.

④ 조선 총독부의 허가가 있어야 회사를 세울 수 있었어.

04 ★★★★★

장하다가 수업 시간에 배운 내용을 정리해 두었어. 이 사업이 시행된 결과로 옳지 않은 것은 무엇일까? (　　　　)

1912년 일제는 나라 안의 토지를 대상으로 소유권과 위치, 넓이, 가격 등을 면밀히 조사하는 사업을 실시했다.

① 일본인 지주들이 많아지게 되었다.
② 총독부의 세금 수입이 늘어나게 되었다.
③ 쫓겨난 농민들이 만주나 일본으로 떠나기도 했다.
④ 대지주들이 소작농에게 받던 소작료를 낮춰 줬다.

• 정답은 301쪽에서 확인하세요!

온 땅을 울린 '대한 독립 만세'의 함성

일제의 탄압 아래서도 조선인들의 저항은 끊임없이 이어졌어.
군사를 일으켜 총독부를 무너뜨리려는 이도 있었고,
일본의 식민 통치가 부당함을 세계에 알려 독립을 끌어내려는 이도 있었어.
나라 밖에서는 독립군이 생겨나 일본군과 전투를 벌이기 시작했지.
특히 1919년 3월에 시작된 만세 시위는 온 민족 차원의 저항 운동으로서
우리 역사에서도 뜻깊은 사건으로 기억되고 있어.

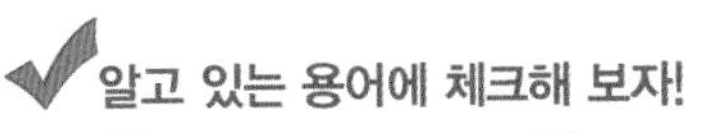

알고 있는 용어에 체크해 보자!

- [ ] 신흥 강습소
- [ ] 민족 자결주의
- [ ] 3·1 운동
- [ ] 대한민국 임시 정부

태화관에 모인 3·1 운동 민족 대표

"와, 서울 시내 한복판에 이런 공원이 다 있었네?"

"나도 지나가다만 봤지, 들어와 본 건 처음이야."

"어쨌든 밖에 나오니까 좋다!"

탑골 공원에 도착한 아이들이 여기저기 두리번거리며 재잘거렸다.

"다 왔으니 이제 저기 가서 앉을까?"

탑골 공원 안에 있는 팔각정 탑골 공원은 고종이 영국인 브라운의 건의를 수용해 만들어진 공원이야. 예전에는 파고다 공원이라고도 했어. 사진은 공원 안에 있는 팔각정이야.

용선생이 팔각정을 가리키자 앞장서서 껑충껑충 뛰어간 장하다가 대뜸 기둥을 부둥켜안고 까불거렸다. 그 모습을 본 곽두기도 따라서 기둥에 매달리려 들었다.

"얘들아, 그러지 마! 이래 봬도 이 팔각정은 문화유산이란 말이야."

"에? 문화유산요? 그렇겐 안 보이는데……. 오래된 건가요?"

"문화유산치고는 오래된 것은 아니지.

고종 때 지어졌으니까 100년 좀 넘었겠구나. 이 팔각정이 의미가 깊은 것은 1919년의 만세 시위, 그러니까 3·1 운동과 관련이 있어."

"3·1 운동? 유관순 열사가 만세를 불렀던 거 그거 맞죠? 그럼 유관순 열사가 여기서……?"

얼른 기둥에서 떨어진 장하다가 눈을 동그랗게 떴다.

"아냐. 유관순은 여기서 만세를 부른 게 아니라…… 그러지 말고 다들 여기 앉아 보렴. 차근히 이야기해 줄게."

 나라 안팎에서 자라나는 독립 투쟁의 의지

"지난 시간에 살펴본 것처럼 총독부가 조선을 다스리기 시작하자 조선인들의 삶은 무척 고달파졌어. 하지만 조선 사람들은 일본에 맞서 저항하기가 쉽지 않았지. 총독부가 아예 사람들이 모여 집회를 하거나 단체를 만들어 활동하는 일 자체를 금지시켜 버렸으니까."

이때 용선생의 바로 옆자리에 있던 허영심이 용선생의 외투 자락을 와락 움켜쥐었다.

"뭐가 그래요! 오늘은 조선이 일본에 맞서 싸운 이야기를 해 주신다고 했잖아요? 제가 똑똑히 기억하고 있난 밀이에요!"

"그, 그래. 이제부터 그 이야길 해 준다니까. 총독부가 이렇게 나오자 조선인들은 드러내 놓고 일본에 맞설 수 없었어. 그래서 총독부의 감시를 피해 비밀 단체를 만들어 투쟁했지."

임병찬(1851~1916) 대한 독립 의군부 대표 중 한 명이야. 스승 최익현과 함께 의병 운동에 참여했다가 체포되어 쓰시마섬에 유배되었어. 풀려난 뒤에 고종의 비밀 명령을 받아 대한 독립 의군부를 만들었지.

박상진(1884~1921) 대한 광복회의 총사령이었어. 1910년 판사 시험에 합격했지만 조선이 일본의 식민지가 되자 곧바로 사퇴하고, 독립운동에 뛰어들었어.

허영심은 그제야 마음이 놓이는지 꽉 쥐고 있던 용 선생의 옷자락을 살며시 놓아 주었다.

“국내 비밀 단체들은 대체로 이전의 의병 운동과 애국 계몽 운동에 참여했던 이들이 중심이었어. 대표적인 것이 ‘대한 독립 의군부’와 ‘대한 광복회’야. 대한 독립 의군부는 1912년에 고종의 명령을 받은 유생들을 중심으로 만들어진 단체로 전국적인 의병 전쟁을 준비했어. 이들은 강제로 황제의 자리에서 내려와야 했던 고종을 다시 세우려 노력했지.”

“황제를 다시 세운다고요?”

나선애가 묻자 용선생이 고개를 끄덕였다.

“의병 운동에 참여했던 사람 중에 유생들은 왕에 대한 충성심으로 똘똘 뭉친 사람들이었잖아. 그러니 그들에게 고종을 다시 황제로 세우는 것은 당연한 일이었던 거야. 그 뒤 1915년에 조직된 대한 광복회는 경상도 지역의 비밀 단체 둘이서 힘을 합쳐 만든 뒤 전국적으로 세력을 넓혀 간 단체야. 대한 광복회는 일본에 아부하며 못된 짓을 하는 친일파들을 혼내 주는가 하면, 군사 자금을 모아서 무기를 사들이고 만주 지역에 군사 학교를 세울 계획도 추진했어. 그렇게 힘을 기른 뒤 군사를 일으켜 일본을 몰아낼 생각이었지. 이들은 대한 독립 의군부와는 달리 왕이 아닌 국민들이 주권을 갖는 나라를 세우고자 했어. 하지만 대한 광복회는 결국 1918년에 일본에 발각되어 해체되었단다.”

“그런데 만주에 군사 학교를 세운다는 게 무슨 말이에요?”

이번엔 장하다가 물었다.

“일본의 탄압이 거센 만큼 그에 저항하려면 잘 훈련된 군사들이 필요했어. 그런데 일본의 감시가 심해서 조선 안에서는 군사 훈련을 할 수 없었기 때문에 독립운동을 준비하는 사람들은 나라 밖으로 나갈 수밖에 없었지. 특히 일찍부터 조선인들이 많이 모여 살았던 중국의 만주, 조선과 중국의 경계에 있던 간도, 러시아의 연해주는 독립운동가들도 많이 건너가서 독립운동의 중심지로 자리 잡게 되었어. 그래서 군사 학교를 비롯한 다양한 민족 교육 기관들이 그곳에 쏙쏙 세워지게 된 거야. 그중에서도 특히 잘 알려진 군사 학교가 만주에 있던 신흥 강습소였어.”

채응언(1879~1915) 대한 제국의 군인이었는데, 군대가 강제 해산된 후 의병 운동에 참여했어. 의병 운동은 일제의 감시 속에서도 지속되었는데, 1915년 채응언이 체포되면서 힘을 잃고 말았지. 그래서 채응언을 '마지막 의병장'이라고 부르는 거야.

“신흥 강습소? 들어본 것 같은데…….”

“오! 선생님이 신민회 설명할 때 말했었는데 기억하고 있다니! 장하다!”

다른 사람도 아닌 장하다의 대답에 감탄한 용선생이 설명을 이어 갔다.

경작지에서 일하고 있는 신흥 강습소 졸업생들 신흥 강습소 졸업생들은 1914년 백두산 서쪽의 중국 통화현에 '백서 농장'을 세웠어. 정예 독립군 부대를 양성하기 위한 특별 훈련소였는데, 중국의 눈을 피하기 위해 '농장'이라고 이름을 붙였지. 교통이 불편하고 자금도 부족했기 때문에 식량을 비롯한 대부분의 생필품을 자급자족해야 했어.

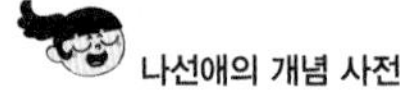

나선애의 개념 사전

신흥 강습소 (新興講習所)

신흥은 신민회의 신(新)과 나라를 구하려는 투쟁이 왕성하게 일어난다는 뜻의 흥(興)을 더해서 만들어진 이름이야. 신민회의 굳은 뜻을 바탕으로 만들어졌어. 1919년 신흥 무관 학교로 이름을 변경했지.

"1907년 만들어진 비밀 조직인 신민회는 1910년 국권을 빼앗기자 더 이상 애국 계몽 운동으로 독립을 이루는 것이 쉽지 않다는 생각을 했어. 무장 투쟁을 통해 독립을 이루어야겠다고 생각한 거야. 그래서 1910년 12월 이회영·이시영 6형제를 시작으로 이상룡, 김동삼 등이 자기 집안의 전 재산을 쏟아서 신흥 강습소를 만들었지. 1911년에 세워진 신흥 강습소는 이후 10여 년 동안 꾸준히 독립군을 길러 냈어. 이 학교를 졸업하고 각지로 퍼져 나가 독립군으로 활약한 사람 수는 수백 명에 이른다고 해."

"크~ 우리의 용감한 독립군들이 그렇게 길러진 거군요!"

"그런데 이렇게 조선이 안팎에서 본격적으로 독립운동을 벌이기 시작하던 1919년 2월 8일, 도쿄에서는 놀라운 일이 벌어졌어. 조선인 유학생들이 독립 선언서를 발표한 거야. 조선도 아닌 일본의 수

도 한복판에서 말이야."

"와, 진짜 간 큰 유학생들이네!"

"넌 꼭 말을 해도! 간이 큰 게 뭐니? 용감한 거지!"

허영심이 눈을 흘기자, 장하다가 머쓱한 듯 헤헤거렸다.

"유학생들이 이렇게 대담한 일을 벌이게 된 데는 당시의 세계적 흐름도 큰 영향을 끼쳤어. 이 무렵 세계는 '제1차 세계 대전'이라는 엄청난 전쟁의 소용돌이에서 막 빠져나온 참이었어. 이 전쟁은 이미 세계 곳곳에 식민지를 거느린 강대국

대조선 국민군단의 훈련 모습 대조선 국민군단은 박용만이 미국의 한인 사회에서 독립군을 기르고자 만든 단체야. 미국은 외국인의 군사 활동을 금지하고 있었지만 나무총으로 훈련한다는 조건으로 허락을 받았대. 이처럼 전 세계 곳곳에서 독립을 위한 노력이 이어졌어.

제1차 세계 대전
당시 유럽은 영국·프랑스와 독일·오스트리아·이탈리아로 나뉘어 대립하고 있었어. 1914년 7월 오스트리아가 세르비아에 선전 포고를 하면서 제1차 세계 대전이 시작되었어.

2·8 독립 선언을 주도한 유학생들 1919년 2월 일본 도쿄의 기독교 청년 회관에서 조선인 유학생들이 모여 '독립 선언식'을 치렀어. 조선의 독립을 선언한 선언서와 청원서를 영어와 일본어로 번역해 각국 대사관·공사관, 일본 정부, 일본 국회 등에 보냈지. 일본 경찰은 이 모임을 강제로 해산시키고 유학생들을 체포했어.

들끼리 서로 식민지를 빼앗아 갖겠다며 다투다 벌어진 전쟁이었지. 전쟁에서 이긴 것은 미국, 영국, 프랑스 등의 연합국 쪽이었어. 그런데 전쟁이 끝날 무렵 승리를 확신한 미국의 윌슨 대통령이 '민족 자결주의'라는 것을 발표했어. '자기 민족의 일은 스스로 알아서 결정하도록 해야 한다'는 주장이었지. 다시 말해 식민지들이 독립을 원한다면 강대국들은 독립을 시켜 줘야 한다는 이야기야. 당시 이런 주장이 미국 대통령으로부터 나오자 많은 식민지인들이 기대를 품었어. 연합국이 승리하는데 미국이 큰 공헌을 세우면서 국제 사회에서 미국의 영향력이 부쩍 커지고 있었거든. 또 미국은 연합국의 승리가 정의롭고 평화로운 세계 질서를 만들어 낼 거라고 내세웠어. 그러니 식민지들은 더욱 그 주장에 기대를 걸었지."

파리 강화 회의에 파견된 김규식 1919년 미국 대통령 윌슨이 민족 자결주의를 선언한 뒤, 파리 강화 회의가 열렸어. 상하이의 '신한 청년당'은 이 회의가 조선의 독립에 영향을 미칠 거라 판단하고 김규식(첫 번째 줄 오른쪽)을 대표로 파견했어.

"어머, 잘됐네! 그럼 조선도 독립시켜 준다는 거예요?"

허영심이 기대에 찬 눈빛을 보냈지만 용선생은 고개를 저었다.

"아쉽지만, 그건 아니었어. 미국에서 그런 주장을 한 데는 이유가 있었어. 미국은 전쟁에서 진 독일과 오스트리아, 오스만 제국이 거느렸던 식민지들을 다른 나라들이 나눠 갖지 못하도록 막고 싶었던 거야."

"왜요?"

“미국은 국제 사회에서 이제 막 영향력을 키웠는데 영국이나 프랑스 등의 강대국들이 식민지를 더욱 불리면 미국이 세계의 주도권을 쥐는 데 도움이 안 될 테니까. 결국 당시 독일과 오스트리아, 오스만 제국의 식민지였던 서아시아와 유럽의 여러 민족들은 독립을 할 수 있었어. 하지만 일본은 이긴 편에 속해 있었기 때문에 조선은 독립의 대상이 될 수 없었지.”

“치, 좋다가 말았네.”

장하다의 실망한 표정에 용선생이 또 한 번 고개를 저었다.

“하지만 그걸로 끝은 아니었어. 어쨌건 같은 처지에 있던 식민지들이 독립을 할 수 있는 근거가 마련되었으니 조선에도 아예 희망

연설하는 레닌 러시아의 제1차 세계 대전 참전은 많은 사람들의 희생을 가져왔어. 전쟁에 반대하는 목소리가 높아졌지만 러시아 황제는 전쟁을 계속했어. 결국 황제를 몰아내고, 새로운 정부를 세웠지만 이 정부도 전쟁을 그만두지 않았대. 레닌은 즉시 전쟁을 멈추고 민중들이 권력을 장악해야 한다고 주장해 지지를 받았지. 이후 레닌과 그의 지지자들은 혁명을 일으키고 1922년 '소비에트 사회주의 공화국 연방(소련)'을 세웠어.

이 없는 건 아니잖아? 게다가 미국보다 먼저 러시아에서도 비슷한 주장이 나왔거든. 러시아는 오랫동안 황제가 다스려 온 나라였지만 1917년에 혁명이 일어나서 황제가 쫓겨나고 노동자들을 중심으로 새로운 사회를 꾸려 가고 있었어. 혁명의 지도자 레닌은 그동안 러시아 황제에게 꼼짝없이 충성을 바쳐야 했던 수많은 소수 민족들, 또 강대국의 식민지가 된 아시아의 여러 민족들에게 민족 자결권을 주어야 한다고 했어. 레닌과 혁명 세력은 전 세계에 노동자 혁명을 퍼뜨리고자 했는데, 그것을 이루기 위해서는 가장 먼저 식민지들이 강대국의 손에서 벗어나야 한다고 생각했지. 그리고 그들은 실제로 러시아의 지배 아래에 있던 소수 민족들을 독립시켜 주었어."

"그럼 조선도 그냥 가만히 있으면 안 되잖아요!"

"그래! 도쿄의 유학생들뿐 아니라 나라 밖 사정에 귀를 기울이고 있던 조선의 지식인들도 그렇게 생각했어. 일본, 그리고 세계를 향해 당당히 독립 의지를 밝혀야 한다고 생각하고 독립 선언을 하기 위한 준비를 시작했지."

 3·1 운동의 물결이 온 나라를 뒤덮다

"앞장서서 독립 선언을 준비한 건 손병희, 이승훈, 한용운 등 종교계 지도자들이었어. 사람들이 모이기도 힘들었던 이 시기에 그나마 겨우 활동을 할 수 있던 쪽이 종교였으니 자연스럽게 종교계 지도자들이 중심이 된 거야. 이들은 스스로 조선 민족을 대표한다는 생각으로 비밀리에 독립 선언서를 만들어 서명을 했어. 세계인 앞

宣言書

〈기미 독립 선언서〉 3·1 운동 때 발표된 선언서야. 1919년이 기미년이기 때문에 〈기미 독립 선언서〉라 불러. "우리 조선이 독립한 나라임과 조선 사람이 자주적인 민족임을 선언"하고 "낡은 사상과 묵은 세력에 얽매여 있는 일본 정치가들"의 잘못을 지적하는 내용 등을 담고 있어.

에 조선의 독립을 선언하는 것은 물론, 일본에게 세계의 평화를 해치는 침략자 노릇을 그만둘 것을 공식적으로 요구하는 내용이었지. 이때 독립 선언서에 서명한 33명의 종교 지도자들을 보통 '민족 대표 33인'이라고 불러. 도쿄의 독립 선언 뒤 20여 일이 흘렀어. 마침 1월에 세상을 떠난 고종 황제의 장례식이 3월 3일에 치러질 예정이었기 때문에 전국에서 수많은 사람들이 경성으로 모여들고 있었지. 민족 대표들은 장례식 당일을 피해 이틀 앞인 3월 1일에 독립 선언식을 진행하기로 했어."

용선생이 잠시 말을 멈추자, 아이들이 침을 꼴깍 삼켰다.

"마침내 3월 1일 아침! 경성 곳곳에서는 독립 선언서가 조용히 퍼져 가고 있었어. 여러 학교 학생들이 미리 치밀하게 짜 놓은 계획

고종의 장례식 행렬 당시 조선인들 사이에서는 고종이 독살당했다는 소문이 빠르게 퍼져 나갔어. 고종이 워낙 갑작스럽게 죽은 데다가 일제가 고종의 죽음을 감추려고 했고, 죽은 날짜까지 조작해서 발표했기 때문이야.

에 따라 선언서를 돌린 거였지. 그리고 오후 2시! 흥분에 찬 사람들이 너도나도 독립 선언식을 보기 위해 탑골 공원으로 모여들었어."

"어? 탑골 공원? 그럼 여기잖아요!"

허영심이 놀라 소리치자 용선생이 씨익 웃어 보였다.

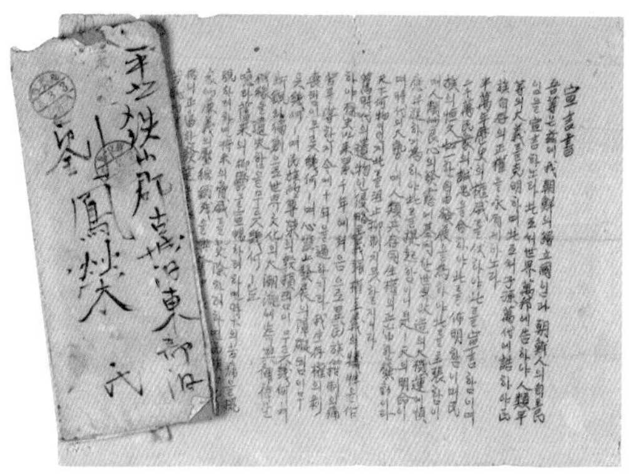

철산으로 보낸 독립 선언서 3·1 운동 당시 서울에 살던 사람이 평안북도 철산에 사는 유봉영에게 보낸 독립 선언서야. 당시 철산에서는 5~6천 명 이상의 군중이 모여 격렬한 만세 시위를 전개했어.

"그래, 바로 이 자리에서 역사적인 독립 선언식이 이루어졌다는 얘기지. 수천 명의 군중들은 설레는 마음으로 3·1 운동 민족 대표들이 나타나기를 기다렸어. 그런데 아무리 기다려도 그들이 보이지 않는 거야. 사실 그 시간에

태화관에 모인 3·1 운동 민족 대표 1919년 3월 1일 오후 2시 인사동의 태화관에서 독립 선언서를 낭독하는 민족 대표들의 모습을 그린 기록화야.

현수막을 들고 만세 시위를 하는 학생들 만세 시위에 앞장선 것은 주로 학생들이었어. 학생들이 들고 있는 현수막에는 "어서 잠을 깨어 속히 나서라"라고 적혀 있지.

민족 대표들은 태화관이라는 요릿집에 모여 있었어. 사람들 앞에 나서지 않고 자기들끼리만 독립 선언서를 읽고 만세를 불렀다는구나."

"아니, 왜요?"

"자신들이 군중 앞에 나서면 흥분한 사람들이 폭력을 쓰게 될지도 모른다는 걱정 때문이었대. 그러면 경찰들과 크게 충돌할 수밖에 없고 희생되는 사람들도 많을 거라고. 그러곤 스스로 경찰에 연락을 해서 몰려온 경찰들에게 체포되었어."

"에……? 그걸로 끝이에요?"

나선애가 허무하다는 표정을 짓자 용선생이 손바닥을 척 들어 올렸다.

태극기 목각판 만세 시위에 사용할 태극기를 대량으로 찍어 내기 위해 만든 목각판이야.

"그야 안 될 말씀! 민족 대표들이 오지 않자, 그들 대신 어느 청년이 사람들 앞에 나섰어. 그는 이 팔각정으로 올라서서는 '우리는 조선이 독립국이며 조선인은 자주민임을 선언한다!' 하고 시작되는 독립 선언서를 우렁찬 소리로 읽어 내려갔지. 낭독이 끝나자 사람들 속에서 만세 소리가 터져 나왔어. '대한 독립 만세!' 다시 '대한 독립 만세!'"

"와아!"

"만세를 부르던 이들은 행렬을 지어 공원을 나섰어. 공원 밖에도 수많은 사람들이 모여 있었지. 그들은 한 목소리로 만세를 외쳤어! 두 팔을 번쩍 치켜들고, 눈물을 줄줄 흘리며, 목이 터져라 독립 만세를 외치고, 또 외쳤지! 만세! 만세! 죽을힘을 다해 외치고 또 외치면 정말 나라를 되찾을 것처럼! 만세! 대한 독립 만세!"

만세를 부르는 사람들 1919년 3월 6일 일본의 《오사카 아사히 신문》에 실린 이 사진은 3월 4일 종로에서 만세를 부르는 사람들을 찍은 거야. 일본 언론은 조선 사람들이 협박을 당하거나 돈을 받고 시위에 가담했다고 왜곡해서 보도했어.

용선생이 큰소리로 외치자 흥분한 장하다가 따라서 만세를 불렀다.

"와아! 대한 독립 만세!"

곽두기도, 허영심과 나선애도 웃음 섞인 만세를 불렀다. 한 박자 늦게 왕수재도 주변을 흘깃거리며 "만세에!" 했다.

"시간이 흐를수록 만세의 행렬은 더욱 불어났어. 어디가 시작이고 어디가 끝인지도 모를 엄

남상락의 태극기 충청남도 당진에서 만세 시위를 주도한 남상락이 부인과 함께 만든 태극기야. 손바느질로 만들었어.

청난 군중의 행렬이 이 종로 거리를 가득 메우고는 여러 갈래로 나뉘어 행진을 이어 갔어. 그날 늦은 밤까지 경성 곳곳에서는 만세 소리가 잦아들 줄 모르고 울려 퍼졌단다. 그런가 하면 평양과 의주, 원산 등의 지역에서도 같은 날 독립 선언과 만세 시위가 이루어졌어. 이렇게 시작된 3·1 운동은 그 뒤로도 줄기차게 이어졌어. 총독부 자료만 봐도 3월부터 6월까지 만세 시위에 참여한 조선인 수가 약 59만 명에 달한다고 해."

"어! 잠깐요. 3월 1일이 아니라 그 뒤로 계속요? 그건 좀……."

왕수재가 채 말을 맺기 전에 용선생이 대답했다.

"이상하지? '3·1 운동'이라는 말 때문에 3월 1일 하루 동안 일어난 운동이라고 생각하기 쉬우니까. 하지만 그게 아니었어. 또 조선 땅에서만 있었던 게 아니라 일본과 연해주, 간도, 미국 등 해외에서도 만세 시위가 이어졌지."

"진짜 대단하다!"

"게다가 사람들은 모여서 독립 만세만 외친 게 아니라 여러 가지 방법으로 일본에 저항했어. 경성을 비롯해 전국 대도시의 상인들은 서로 똑같은 날짜에 가게를 닫기로 약속을 하고 일제히 가게 문을 닫아거는 '철시 투쟁'을 벌였지. 노동자들은 만세 시위를 벌이는 한편 일손을 놓아 버리는 '파업 투쟁'을 벌였고, 3월 중순에는 경성 안의 모든 공장에서 노동자들이 10%밖에 출근을 하지 않아서 거의 모든 공장이 멈춰 버리기도 했단다. 또 한창 씨 뿌리기를 해야 할 이때, 농민들도 농사일을 거부하고 투쟁에 나섰어. 농민들은 밤에 횃불을 밝혀 시위를 벌이기도 했지. 그런가 하면 지방

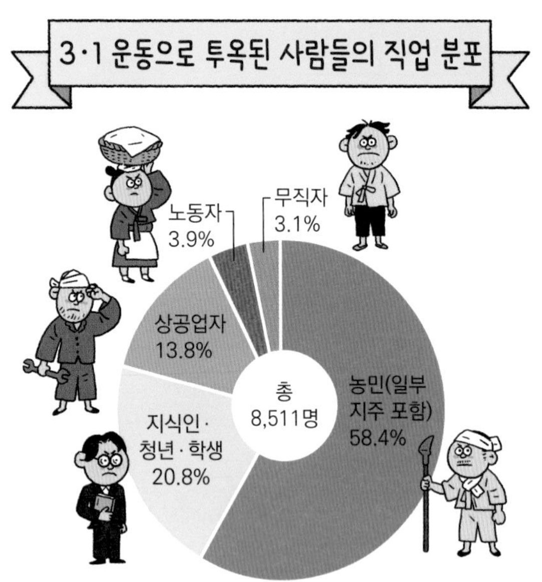

에서는 경찰서나 면사무소를 공격하는 사람들도 생겨났어. 또 총독부의 무자비한 탄압 때문에 그에 맞서 시위의 모습이 폭력적으로 바뀌어 가기도 했지."

"아참, 근데 유관순 누나는요? 유관순 누나도 3·1 운동 때 만세를 부른 거 아니었어요?"

용선생의 옆에 바짝 붙어 걷던 장하다가 갑자기 생각난 듯이 물었다.

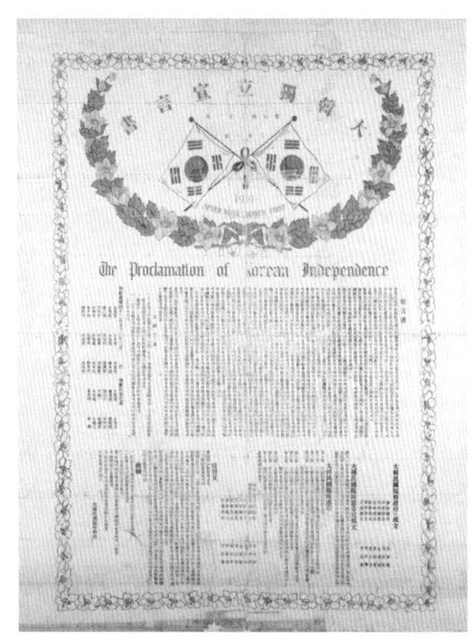

미국에 뿌려진 독립 선언서 미국의 한인 독립운동 단체인 대한인 국민회에서는 독립 선언서를 영문판과 한글판으로 만들었어.

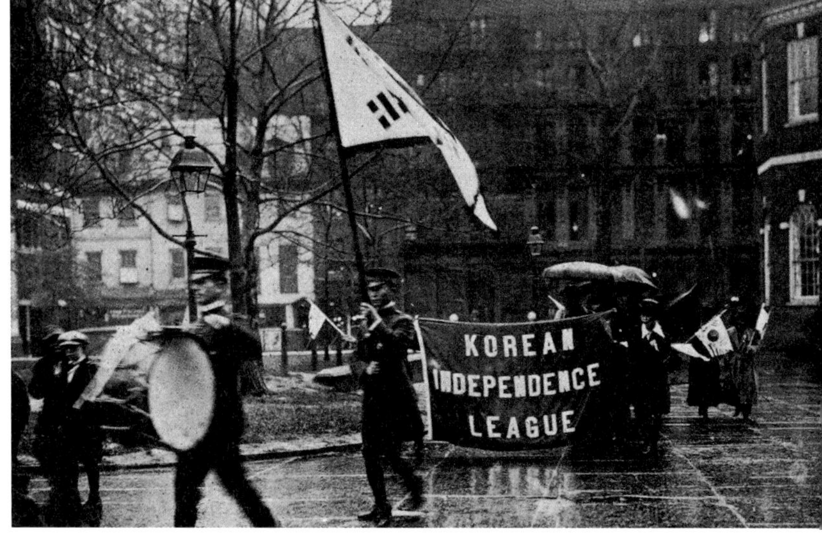

필라델피아에서의 만세 시위 미국에 살고 있는 조선인들은 3·1 운동이 일어났다는 소식을 듣고 4월 14일부터 16일까지 필라델피아의 독립관 앞에서 '한인 자유 대회'를 개최했어.

"맞아. 유관순은 천안 지역의 만세 시위를 주도했어. 좋아, 이제 그쪽으로 옮겨 볼까?"

"네? 지금 천안엘 가자고요?"

"아니, 천안이 아니라…… 감옥으로!"

 모진 탄압, 그러나 꺾이지 않은 저항 의지

아이들이 차를 타고 도착한 곳은 코앞에 독립문이 바라다보이는 서대문 독립 공원이었다. 차에서 내린 장하다가 의아한 듯 두리번거렸다.

"여기도 공원이라고 써 있는데요?"

"이곳은 원래 일본이 1908년에 지은 감옥이었어. 처음에는 '경성감옥'이라고 불리다가 나중엔 '서대문 형무소'로 이름이 바뀌었지. 총독부는 이곳에 수많은 독립운동가들을 가두고 온갖 고통스러운 방법들을 동원해 탄압했어. 살아서 여기 들어왔다가 싸늘한 시체가 되어 나간 이들이 정말 많았지. 일본으로부터 해방된 뒤에도 감옥으로 사용하다가 얼마 전 공원과 박물관으로 꾸며진 거야."

용선생은 아이들을 공원 안의 역사관으로 이끌었다. 역사관 전시실에는 일본의 식민 지배에 저항한 독립운동의 역사가 빼곡하게 새겨져 있었다. 그 무게감 탓인지, 다른 때 같으면 천방지축으로 폴짝거릴 아이들의 발걸음은 꽤나 조심스러웠다.

"이 사진들은 다 뭐죠?"

작은 얼굴 사진들이 벽면을 가득 채운 전시실에 들어서며 왕수재가 물었다.

"3·1 운동이 일어나기 전에 이 감옥은 500명 정도의 죄수를 가둘 수 있는 규모였대. 그런데 만세 시위가 일어나면서 감옥에 잡아 가두는 사람들이 하도 많아지는 바람에 규모를 몇 배나 확장했다지. 일제 강점기 동안 이곳을 거쳐 간 독립운동가들 중에서 감옥에 공식적인 기록이 남아 있는 사람만 5천여 명이나 된다는구나. 이 사진들은 바로 그분들의 수형 기록표야. 가만, 여기 어디에 있을 텐데……."

뭔가를 찾는 듯 사진들을 훑던 용선생이 "찾았다!" 했다.

"하다야, 바로 이게 유관순의 수형 기록표야."

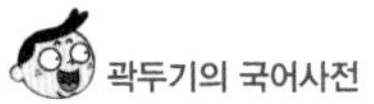

수형(受刑)
받을 수(受), 형벌 형(刑). '형벌을 받는다'는 뜻이야.

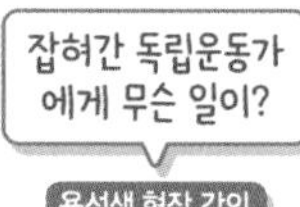

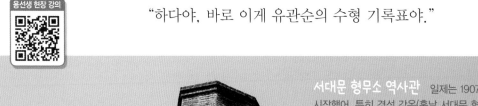

서대문 형무소 역사관 일제는 1907년부터 전국 각지에 감옥을 세우기 시작했어. 특히 경성 감옥(훗날 서대문 형무소)은 당시 돈으로 5만원이라는 엄청난 금액을 들여 가장 크게 만들었어.

"네? 그럼 유관순도 이 감옥에 갇혔던 거예요?"

"그래. 당시 유관순은 열여덟 살 여학생이었어. 총독부가 만세 시위가 더 커지는 걸 막으려고 임시 휴교령을 내리자, 많은 학생들이 고향으로 내려가게 되었지. 그런데 휴교령 때문에 오히려 시위가 더욱 빨리 확산되는 효과도 생겼다는구나. 고향을 찾아 전국 곳곳으로 흩어진 청년들이 각지에서 만세 시위를 이끌었으니까. 유관순도 고향인 천안으로 내려가 만세 시위에 참여했어. 그러곤 붙잡혀 감옥에 갇히게 된 거지. 그뿐 아니라 여기엔 한용운과 손병희 같은 3·1 운동 민족 대표들의 수형 기록도, 또 김구나 여운형처럼 해방 뒤까지 많은 활동을 벌인 지도자들의 수형 기록도 있어."

용선생의 말에 아이들은 벽면 여기저기 달라붙어 눈동자를 바쁘게 굴렸다.

"어…… 그런데요, 이 사진은 나랑……."

유관순(1902~1920)의 수형 기록표 이화 학당을 다니다가 3·1 운동에 참가했어. 학교에 휴교령이 떨어지자 고향인 천안으로 내려가서 만세 시위를 계속 했는데 그 과정에서 체포되었고, 그녀의 부모님은 목숨을 잃었지. 유관순은 감옥에 갇혀서도 만세를 부른 것으로 전해져.

곽두기가 사진 한 장을 뚫어져라 바라보며 중얼거렸다. 딱 보기에도 두기와 닮은 데가 있는, 아직은 엄마 품에서 어리광을 부려도 좋을 것 같은 소녀이었다. 장하다가 사진에 대고 "앗, 두기야! 왜 거깄냐!" 하며 익살을 떨었지만 아무도 웃지 않았다.

"참 귀엽게 생긴 아이구나……. 만세 시위에는 아주아주 많은 사람들이 참여했어. 그중엔 막 피어나는 젊은이들도 있었고, 나이가 지긋한 노인들도, 또 이렇게 어린 소년, 소녀들도 있었던 거야. 어떤 사람들은 만세를 부르다가 잡혀 오기도 하고, 또 어떤 사람들은 그 자리에서 총에 맞고 칼에 맞아 다치고 죽어 갔단다."

"에? 아니, 만세 불렀다고 총을 쐈단 말예요?"

장하다는 놀란 표정으로 용선생을 바라보았다.

"응. 만세 시위는 대부분 평화롭게 이루어졌어. 사람들은 맨몸에 태극기를 들고 만세를 불렀지. 하지만 일본은 군대까지 출동시켜 무자비한 폭력으로 대응했어. 3월부터 6월까지 감옥에 갇힌 사람만 1만 3천여 명, 죽임을 당한 사람은 550여 명, 다친 사람도 1천4백여 명이었다

3·1 운동 지도자들에 대한 공판을 다룬 기사 〈기미 독립 선언서〉를 작성하고 배포하는 데 주도적인 역할을 한 48명에 대한 첫 공판을 다룬 기사야. 일제는 약 20개월 동안 공판을 끌다가 결국 대부분에게 징역 1년~3년형을 선고했어.

어린 학생을 체포하는 헌병 경찰 3·1 운동은 전국적인 규모의 저항 운동이었어. 노동자, 농민은 물론 교사와 학생, 기생 등 다양한 사람들이 참여했지. 일본은 시위 참가자들에게 총을 쏘고 수많은 사람들을 연행했어.

는데, 이것도 총독부의 기록에 따른 거니까 실제로는 그보다 얼마나 많을지 알 수 없지. 당시 한 캐나다인 선교사가 중국으로 보낸 사진과 기록들이 미국 언론에 알려지면서 외국인들이 큰 충격에 빠진 일이 있어. 경기도 화성의 제암리라는 작은 마을에서 벌어진 사건을 담은 거였지."

"대체 무슨 사건이었는데요?"

"4월 15일의 일이었어. 일본군이 마을 전체를 포위하고는 마을 남자들을 교회에 모이라고 했지. 사람들이 교회당 안에 모이자, 군인들은 문을 잠그더니 사람들을 향해 총을 쏘기 시작했어. 그래도 살아남은 사람들은 다시 칼로 찔러 죽였지. 그러곤 교회 건물에 불

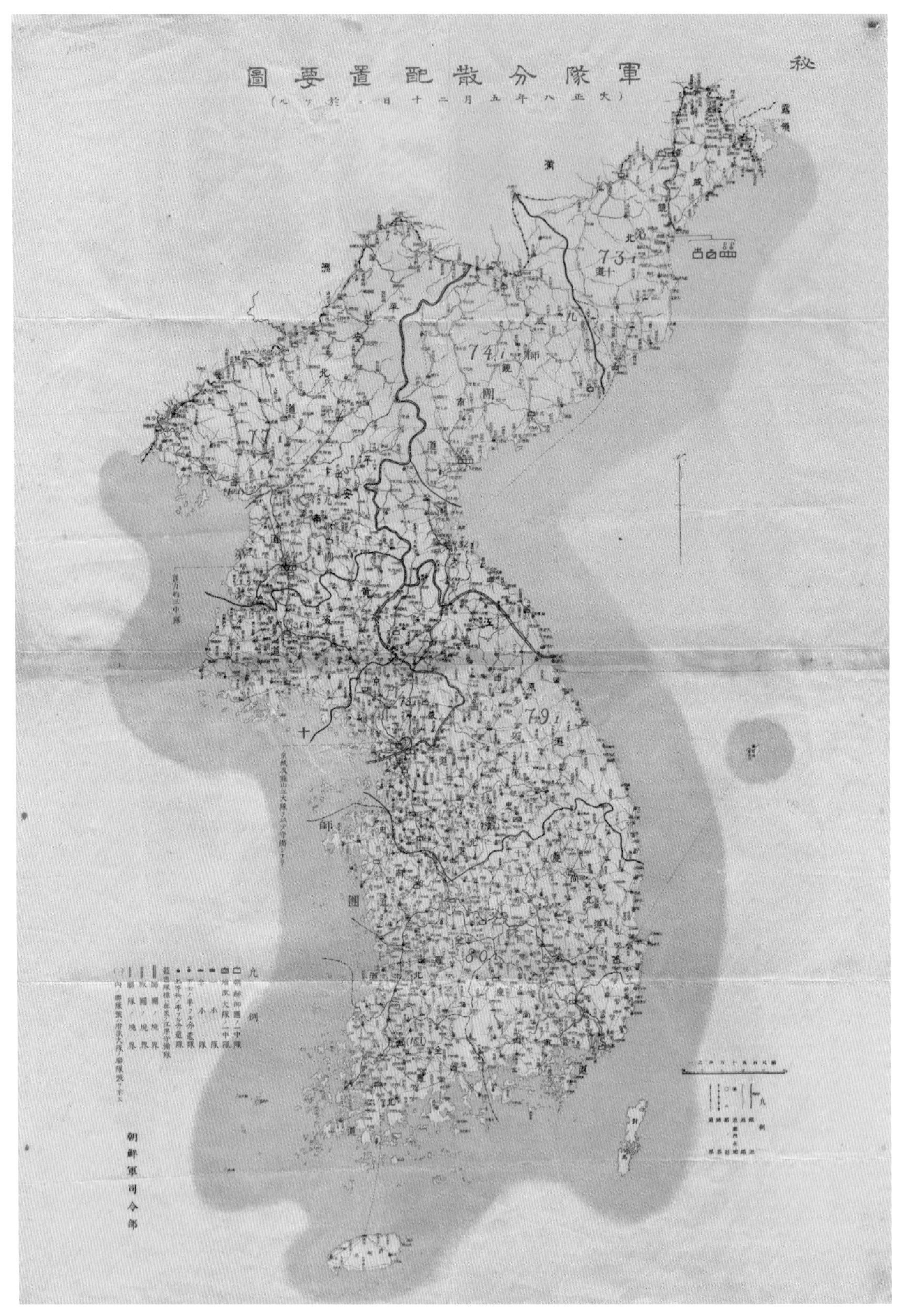

조선에 주둔한 일본군 배치도 일제는 군대까지 동원해 3·1 운동을 무력으로 탄압했지. 3·1 운동이 무력 진압된 직후에 만들어진 이 지도는 조선에 주둔한 일본군의 규모와 배치 현황을 보여 주고 있어.

을 질렀어. 일본의 탄압은 이토록 잔인했어……."

아이들은 커다래진 눈동자만 깜작거릴 뿐 할 말을 잃고 있었다. 곽두기가 한 걸음 앞으로 나가 다시 한번 벽면에 붙은 소년의 얼굴을 들여다보았다. 용선생은 그런 두기의 어깨를 살며시 감싸 안아 주었다.

폐허가 된 제암리 제암리 주변의 주민들이 만세 시위를 벌이자, 일본은 만세 시위 참가자들을 검거하고, 마을을 불태웠어. 그래도 만세 시위가 계속 일어나자 수촌리, 제암리 사람들을 잔인하게 학살했지.

"당시 이 사건을 접한 외국인들은 스스로 문명국이라고 내세우는 일본이 이런 야만적이고 끔찍한 짓을 저질렀다는 데 더욱 경악했어. 뿐만 아니라 일본이 평화롭게 시작한 만세 시위를 오로지 무자비한 탄압으로만 대응했다는 점은 국제 사회에서 많은 비난을 사게 됐지. 이 점은 이후 총독부가 조선에 대한 통치 방식을 바꾸는 데 한 계기가 되었단다. 한편 3·1 운동은 우리 민족의 독립 의지를 전 세계에 알리는 역사적 사건이었어. 또한 만세 시위에 참여한 노동자와 농민 학생들이 이후 독립운동의 주체로 성장하게 돼. 그리고 3·1 운동이 남긴 중요한 성과가 또 있지!"

"그게 뭔데요?"

용선생은 대답 대신 아이들을 다른 전시실로 이끌었다.

대한민국 임시 정부로 힘을 모으다!

"그 성과가 뭐냐 하면…… 바로 대한민국 임시 정부가 탄생했다는 것!"

용선생은 낡은 건물 사진 한 장을 가리키며 목청을 돋우었다.

"여러분! 이것이 바로 역사적인 상하이의 대한민국 임시 정부 청사랍니다!"

"에계계, 정부 청사? 이렇게 작은 집이요?"

예상치 못한 왕수재의 반응에 김이 샌 용선생이 대꾸를 못하자 장하다가 대신 나섰다.

"우리 집보다 훨씬 커 보이는데 뭘. 너네 집은 이거보다 더 커?"

"으휴, 거기서 집 얘기가 왜 나오냐? 핵심을 좀 파악하라고."

"그만, 됐다 됐어. 비록 작고 낡아서 초라하게 보일지라도 그 의미만큼은 정말 크다고. 그때껏 나라 안에서나 나라 밖에서나 제각기 자기 길을 걷던 수많은 단체와 독립운동가들이 서로 뜻을 합해 조선 민족을 대표하는 정부를 세운 거니까."

"그런데 정부면 정부지, 왜 임시 정부예요?"

"아직 조선이 독립해서 정식으로 정부를 세울 수 있는 단계는 아니잖아? 그러니 임시로 정부 조직을 꾸려 훗날 세울 나라와 정부의 기본 바탕을 마련하려 했던 거지."

"아하! 그렇네요. 미리미리 준비를 해야 멋진 나라를 만들지!"

"독립운동가들이 처음부터 하나의 정부 아래 모일 수 있었던 건

대한민국
임시 정부 청사
미주 지역의 한인들이 독립운동을 위해 기부한 돈으로 임대한 임시 정부의 첫 건물이야. 중국 상하이의 프랑스 조계지에 있었어. 조계지란 다른 나라에 빌려준 땅을 뜻해.

한국에서 만나는
임시 정부!

아니었어. 서로 연락도 자유롭게 하지 못했던 상황이니 처음부터 힘을 모으기는 쉽지 않았지. 그렇지만 임시 정부가 필요하다는 생각이 퍼져 있었기 때문에 여러 곳에서 임시 정부가 세워졌어. 1919년 3월 연해주 블라디보스토크에서 '대한 국민 의회'가 만들어졌고, 4월에는 상하이의 '대한민국 임시 정부'와 경성의 '한성 정부'가 세워졌어. 이들 세 단체는 활발히 활동하며 다른 단체들에도 영향을 주었지. 또한 민족의 힘을 한데 모으기 위해 임시 정부를 하나로 통합하려고 했어. 그리고 마침내 같은 해 9월 중국 상하이에서 '대한민국 임시 정부'라는 이름으로 통합된 거야! 대통령엔 이승만, 국무총리엔 이동휘가 임명되었어."

"근데 왜 상하이로 갔어요? 우리나라 정부인데 나라 안에 있는

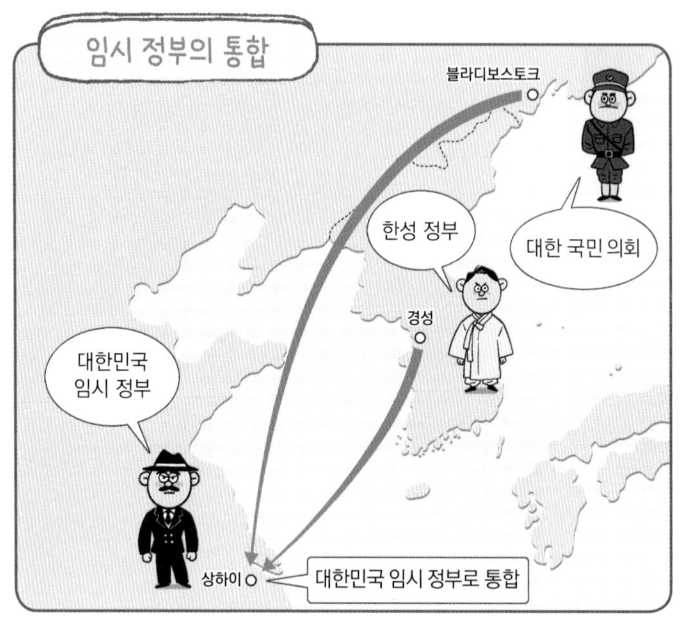

게 맞는 거 아니에요?"

나선애가 고개를 갸웃거리며 물었다.

"일단 국내는 일본의 감시와 탄압을 피하기 어려워 외국에 세울 수밖에 없었어. 그런데 독립을 어떠한 방법으로 이루어야 하느냐에 대한 생각의 차이가 있었지. 그래서 독립운동가들 사이에서도 임시 정부의 위치를 놓고 서로 다른 의견들을 내놓았단다. 한쪽에서는 무장 투쟁을 준비하기 위해서는 국내와 가까운 연해주에 두어야 한다고 했고, 다른 쪽에서는 외교를 바탕으로 국제 사회에서 독립을 승인받아야 한다고 생각했기 때문에 외교 활동에 적합한 상하이를 주장했지. 결국 상하이에 임시 정부를 만들게 되었어."

"대한민국이란 이름은요? 우리나라 이름이 그때 처음 지어진 거 맞죠?"

나선애가 다시 물었다.

"그렇지! 옛 '대한 제국'에서 따온 '대한(大韓)'에 '국민들이 주권을 가진 나라'를 뜻하는 '민국(民國)'을 붙인 거야. 다시 말해 대한민국이라는 이름에는 더 이상 왕이나 황제를 섬기지도 않고 양반, 천민 차별도, 남녀 차별도 없는 평등하고 민주적인 사회를 만들겠다는

뜻이 담겨 있는 거야. 이런 의지는 당시 만들어진 대한민국 임시 헌장에도 분명하게 드러나 있어. 임시 헌장 제1조, 대한민국은 민주 공화제로 한다! 제3조, 대한민국의 인민은 남녀 귀천 및 빈부의 계급이 없고 일체 평등하다!"

"와아! 얼쑤! 박수~!"

장하다가 어깨까지 들썩거리며 요란하게 박수 소리를 내자, 다른 아이들도 따라서 짝짝짝 손뼉을 쳤다.

"임시 정부는 우선 서양의 여러 나라들을 대상으로 대한민국 정부가 수립되었음을 알리고 대한민국의 독립을 위해 힘을 보태 달라고 호소했지. 또 국내의 민족 운동을 지도하고, 자금을 모으기 위

곽두기의 국어사전

공화제
중국에서 왕이 없는 동안 제후 등이 나라를 다스렸던 때를 '공화'라 부른 데서 유래했어.

임시 정부를 이끌었던 사람들 1921년 1월 1일에 찍은 사진이야. 대한민국 임시 정부와 의정원(지금의 국회) 사람들이 새해를 축하하기 위해 모였어. 동그라미로 표시한 사람들은 왼쪽부터 김구, 이동휘, 이승만, 안창호야.

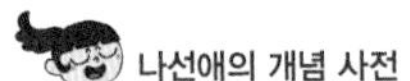
나선애의 개념 사전

연통제(聯通制)
연결하고[聯] 알린다[通]는 뜻이야. 임시 정부의 공문을 전달하고 국내의 독립운동 상황 등을 파악해 보고했어.

해 연통제와 교통국을 만들었어. 연통제는 임시 정부의 지침을 국내에 전달하고, 독립운동에 필요한 군자금을 모집하기 위해 만들어진 비밀 행정 조직이야. 통신 기관인 교통국은 정보 수집과 분석, 연락 업무를 담당했어. 그런가 하면 조직적으로 무장 투쟁을 벌이기 위해 군사 학교를 운영하며 독립군을 길러 내기도 했어. 때로는 활기를 띠기도 했고 때로는 겨우 조직만 이어 갈 정도로 힘든 시기를 보내기도 했지. 하지만 임시 정부는 어려운 여건 속에서도 여러 활동을 펼치며 해방을 맞기까지 27년 동안이나 이어졌어. 그리고 무엇보다도 지금 우리가 사는 대한민국이 '대한민국 임시 정부'를 계승한 나라란다. 우리나라는 임시 정부 아래 민주 공화제를 채택

$100 No. 176

Republic of Korea

Certificate of Indebtedness

This Certifies that there is due from the Republic of Korea to the Bearer, the sum of ONE HUNDRED DOLLARS, of the standard of value, weight and fineness of gold coin of the United States of America, for the redemption of which we pledge the good faith and credit of the Republic of Korea upon presentation to the Minister of Finance, at Seoul, Korea, within one year after the recognition of the Republic of Korea by the United States of America; the original holder hereof having loaned the amount of this certificate of indebtedness to the Republic of Korea. Redemption shall be made either in cash or in authorized bonds of the Republic of Korea drawing not less than four per cent per annum as the said Minister of Finance, acting for the said Republic of Korea, by proper authority shall direct. This certificate shall draw interest at six per cent per annum until time for redemption as above specified.

Done and certified by and for the Republic of Korea this first day of September, A. D. 1919.

ATTEST:

Chairman of the Korean Commission

President of the Republic of Korea

임시 정부 독립 공채 임시 정부는 독립운동에 필요한 자금을 마련하기 위해 독립 공채를 발행했어. 공채는 정부가 국민들에게 돈을 빌리기 위해 발행하는 증명서 같은 거야. 나중에 독립하면 돈을 돌려줄 것을 약속했지.

임시 정부가 발행한 외교 선전 책자 임시 정부는 미국, 프랑스, 중국 등 주요 지역에 외교 위원부를 두고 외교 활동을 활발히 전개했어. 독립운동의 선전을 목적으로 각종 외교 선전 책자를 발행했지.

하고 있고, 대한민국 헌법 전문에는 대한민국의 정통성이 대한민국 임시 정부에 있다고 분명하게 밝히고 있어."

"이야~ 대한민국 임시 정부에서 임시가 아닌 대한민국 정부가 된 거네요."

"장하다. 너, 어쩐 일로 멋있는 말도 다한다?"

"이거 왜 이러셔, 허영심! 날 너무 우습게 보는 거 아니야?"

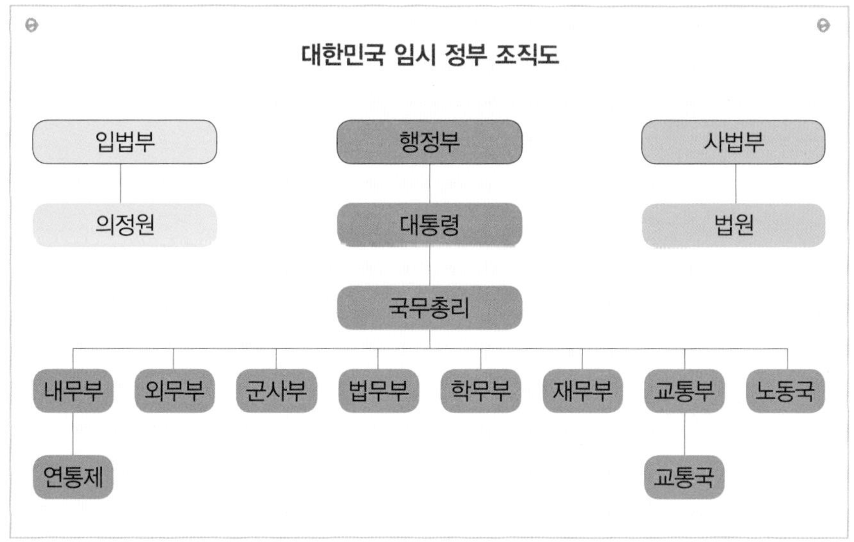

왁자지껄 떠들기 시작하는 아이들에게 용선생이 갑자기 음산한 표정을 지으며 다가섰다.

"참, 얘들아 있잖아, 이 건물 지하에 가면 무시무시한 고문 도구들이 있어. 그중엔 직접 체험해 볼 수 있는 것도 있는데, 컴컴하고 좁아터진 관 같은 것을 벽에 세워 놓은 '벽관'이라는 거야. 돌아가기 전에 한번 체험해 볼래? 독립운동가들의 고통을 조금이라도 느껴 본다는 뜻으로. 거기 들어가면 있지, 한 10분만 있어도 엄청난 공포심이 몰려들고, 두어 시간이 지나면 몸에 피가 안 통해서 온몸이 아파지기 시작하고 말야, 또 몇 시간이 지나면 건강한 사람도 정신을 잃고 말 정도로……."

"엄마야! 싫어요!"

곽두기가 제일 먼저 뒷걸음을 치고, 허영심도 "대체 그런 걸 왜!" 하며 뒤로 물러섰다.

"우린 그냥 밖에서 놀다 가는 게 좋겠어요. 고문 체험은 할 수 없이 선생님만 혼자 하셔야겠네요. 얘들아 그치?"

장하다의 말에 아이들은 동시에 고개를 끄덕였다. 그러곤 누가 먼저랄 것도 없이 줄줄이 전시관을 빠져나갔다.

1. 3·1 운동

① 배경

- 제1차 세계 대전 끝!

- 미국의 윌슨, 러시아의 레닌이 민족 자결주의 주장

② 전개 과정

1919년 2월 8일	도쿄에서 일본 유학생들이 독립 선언 발표
1919년 3월 1일	태화관에서 민족 대표 33인이 독립 선언식을 치름 → 탑골 공원과 전국 곳곳에서 동시에 만세 시위가 일어남!

2. 대한민국 임시 정부(1919년 9월)

① 3·1 운동 직후 만들어진 임시 정부들을 합침

② 성격: 민주 공화제 — 국민이 주인이 되는 나라!

3. 무장 독립 투쟁

① 국내 비밀 단체

- 의병 운동과 애국 계몽 운동에 참여했던 인물 중심

ex. 대한 독립 의군부(1912년), 대한 광복회(1915년)

② 해외 군사 학교 건설

- 일제의 감시를 피해 간도, 러시아, 연해주에서 군사 훈련 실시

ex. 신흥 강습소(1911년)

http://cafe.naver.com/yongyong

용선생의 역사 카페

역사계의 슈퍼스타,
용선생의 역사 카페에
오신 걸 환영합니다

Log in

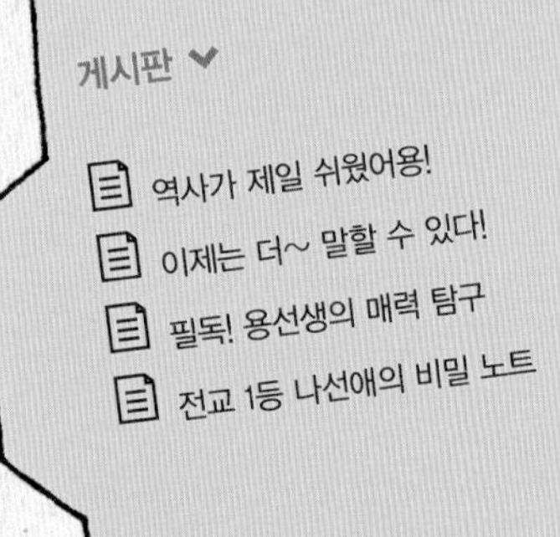

일본의 인권 변호사, 후세 다츠지

일본인 변호사 후세 다츠지(1880~1953)의 이름을 아는 한국인은 많지 않아. 하지만 그는 일본인의 신분으로 조선 독립의 정당성을 옹호하고 일제의 인권 탄압에 맞서 싸우다 옥고까지 치른 인물이지.

일본 미야기현에서 태어난 후세는 1902년 메이지 법률 학교를 졸업한 후 이듬해 판·검사 등용 시험에 합격해 변호사가 됐어. 그런데 그는 한국 병합 직후인 1911년 〈조선의 독립운동에 경의를 표함〉이라는 글을 통해 조선 독립에 대해 논의했다는 이유로 경찰의 조사를 받았어.

후세가 독립운동 지원에 나서기 시작한 것은 1919년 도쿄에서 2·8 독립 선언 사건으로 검거된 최팔용·백관수 등 조선인 유학생의 변론을 맡으면서였어. 그는 1923년 일본 공산당 잡지 《아카하타》 창간호에서 "한국 병합은 어떠한 미사여구로 치장하더라도 실제는 자본주의적 제국주의의 침략"이라면서 '조선 민중의 해방 운동에 특단의 주의와 노력을 바칠' 것을 공개적으로 알렸단다. 이후 후세는 일본 내의 조선인과 관련된 법률 사건 대부분을 변론하며 조선의 독립을 지원했어. 박열 부부의 천황 암살 미수 사건(1923년), 일본 왕궁에 폭탄을 던진 김지섭 의사의 천황 시해 미수 사건(1924년) 등등 독립 투사의 변호를 도맡다시

피 했지.

사실 후세 변호사의 활발한 독립 지원 활동을 말로 다 하기도 힘들 정도야. 후세는 조선의 사회·농민 단체 초청으로 1923년, 1926년, 1927년 세 차례 한국을 방문했어. 그때마다 김시현의 총독부 건물 폭파 기도 사건, 조선 공산당 사건 등의 무료 변론을 맡는가 하면, 전국 순회 강연을 통해 일제의 만행을 고발하기도 했어. 이 같은 활동 때문에 그는 일본 정부에 '요주의 인물'로 분류되었어. 1933년과 1939년 두 차례나 투옥됐고 변호사 자격까지 박탈당했단다.

후세 변호사는 한국과 대만 등 식민지 민족의 인권 문제에 앞장서 온 양심적 지식인으로 널리 알려져, 오늘날 일본에서는 '일본 변호사 100인'에 꼽힐 만큼 활발한 연구의 대상이 되고 있단다. 2004년 12월 21일 대한민국 정부로부터 우리나라 독립에 헌신한 공로를 인정받아 일본인으로서는 처음으로 건국 훈장을 수여받았을 정도라니, 올바름을 실천하는 지식인이 얼마나 고귀한지 알 수 있겠지?

후세 다츠지

COMMENTS

용선생 : 아 참, 후세 변호사가 남긴 말 중 유명한 말이 있어. "인간은 누구든 자신이 어떠한 삶을 살아야 하는지에 대해 진정한 자신의 소리를 들어야 한다. 이는 양심의 소리다."

└ 왕수재 : 카아, 감동적이에요. ㅠ.ㅠ 저도 이렇게 살아야 할 텐데.

한국사 퀴즈 달인을 찾아라!

01 ★☆☆☆☆

전국적인 규모의 저항 운동인 3·1 운동! 3·1 운동이 몇 년 몇 월 며칠에 시작됐는지 기억나?

당연하지!
(　　　　　)년 (　　)월 (　　)일이잖아.

02 ★★☆☆☆

"…에헴, 그러니까 제 말의 결론은 이겁니다. 전쟁을 멈추고 평화를 유지하기 위해서는, 한 민족이 다른 민족이나 국가의 간섭을 받지 않아야 한다는 것이죠. 다시 말해 한 민족은 자신의 정치적 운명을 스스로 결정해야 합니다!"

우아, 좋은 연설이네. 한 민족이 자신의 운명을 직접 결정한다니! 이걸 어려운 말로 뭐라 그러더라? (　　　　)

① 민족 타결주의　　② 민족 자결주의
③ 민족 자랑주의　　④ 민족 자만주의

05 ★★★★☆

곽두기가 오늘 배운 사건들을 시간 순서대로 정리해 보려고 해. 혼란에 빠진 곽두기를 누가 좀 도와줘!

( ) – ( ) – ( ) – ( )

① 대한 광복회가 결성되다.
② 상하이에 대한민국 임시 정부가 세워지다.
③ 만주에 신흥 강습소가 세워지다.
④ 조선의 독립을 요구하는 시위가 전국으로 퍼지다.

03 ★★★☆☆

형아들, 누나들! 3·1 운동에 대한 이야기 좀 들려줘~.

① 자기 민족의 일은 민족 스스로 결정한다는 '민족 자결주의'의 영향을 받아 일어났어.

② 탑골 공원에서 시작되어 전국으로 퍼져 나갔지.

③ 3·1 운동을 계기로 대한민국 임시 정부가 세워졌어.

④ 일본 유학생들도 3·1 운동의 영향을 받아 2월 8일에 독립 선언을 했지.

이런, 혼자 딴소리를 하고 있는 아이의 번호는 ( )!

04 ★★★★★

지도 속 말풍선의 빈칸이 비워져 있네. 빈칸에 들어갈 단체에 대한 설명으로 옳지 않은 것은 무엇일까? ( )

① 민주 공화제로 운영되던 단체다.
② 상하이에서 군사 학교를 운영하며 독립군을 길러 냈다.
③ 연통제를 만들어 정보를 수집하고 분석하며, 연락 업무를 담당하게 했다.
④ 대한 국민 의회, 대한민국 임시 정부, 한성 정부를 하나로 통합해 만들어졌다.

• 정답은 301쪽에서 확인하세요!

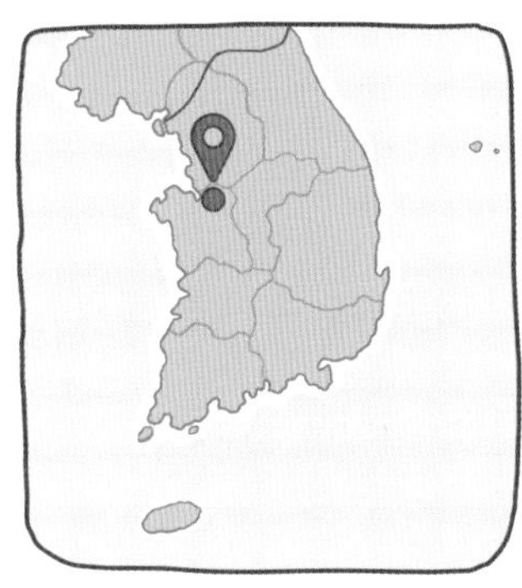

아직도 만세의 함성이 울리고 있는 **천안을 가다**

떠나 볼까?

용선생 현장 강의

1919년 3월 1일에 시작된 만세 시위는 전국으로 퍼져 나갔어. 유관순도 고향 천안에서 대한 독립 만세를 외쳤지. 뜨겁게 타올랐던 만세 시위의 현장, 충청남도 천안으로 떠나 볼까?

독립 기념관

천안시 동남구에 위치한 독립 기념관에 갔어. 기념관에는 선사 시대부터 일제 강점기까지 우리 민족이 겪은 시련과 이를 극복하기 위한 노력들이 전시돼 있었어. 그중 독립운동가들이 사용했던 권총과 간직했던 태극기 등을 보니, 독립을 위해 힘쓴 조상들의 마음이 고스란히 느껴지는 것 같았어. 나라를 위해 싸우다 돌아가신 분들을 추모하는 장소도 있어서 친구들과 함께 묵념하는 시간을 가졌어.

불굴의 한국인 상
굽히지 않는 독립 정신과 강인한 한국인을 표현한 조각상이래.

독립 기념관 1987년 국민 성금 500억 원이 모여 지어졌어. 너른 마당에는 수많은 태극기가 누구의 눈치도 볼 것 없이 자랑스럽게 펄럭이고 있어.

아우내 독립 만세 기념공원

지난 2009년, 3·1 운동 90주년을 맞아 조성된 공원이야. 이곳은 1919년 만세 시위가 일어났을 때 수많은 사람들이 만세를 외치다 일제의 총칼에 목숨을 잃은 장소이기도 해. 친구들과 함께 만세 시위 조각상 앞에서 사진을 찍었어. 어디선가 만세의 함성이 들려오는 것 같았어.

광덕사

차로 30분을 달려 광덕사에 도착했어. 광덕사는 신라 선덕 여왕 때 지어진 절인데, 우리나라에서 가장 오래된 호두나무가 있는 것으로 유명해. 무려 400살이 넘었대. 전설에 따르면, 고려 충렬왕 때, 유청신이란 관리가 원나라에서 호두나무를 가져와 여기 광덕사에 심었대. 그래서 지금까지 광덕사는 호두나무가 처음 심어진 곳이란 뜻인 '호두나무 시배지'로 여겨지지.

광덕사와 호두나무

호두과자 1933년 천안의 한 제과 기술자가 광덕면에서 나는 호두를 넣어 만든 과자야.

문화 통치, 조선인을 분열시키다

온 나라를 뜨겁게 달군 만세 시위와 함께 1910년대가 저문 뒤, 총독부는 통치 방식을 바꾸었어. 총칼을 뒤로 감추고 사람들을 옥죄던 제도들도 얼마간 풀어 주었지. 하지만 그 대신 조선인 중에서 자신들을 도울 친일 세력을 본격적으로 키워 나갔어. 뿐만 아니라 식민지에서 이득을 취하려는 제국주의의 본심도 결코 감추지 않았지.

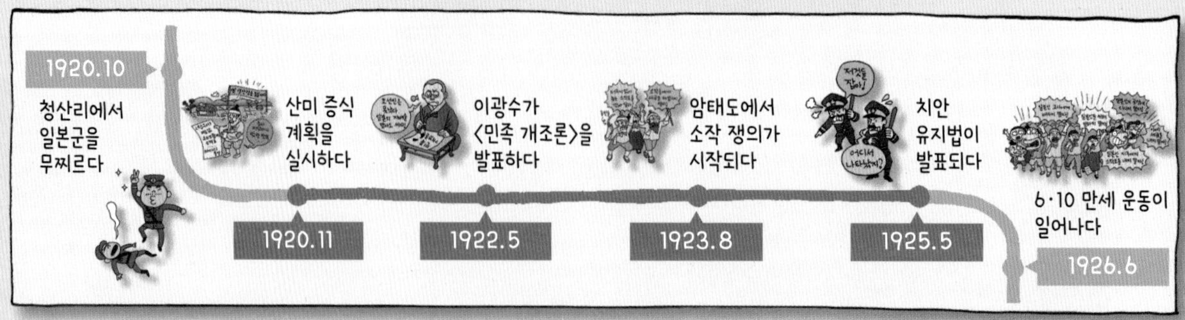

검열당한 신문

十週年紀念號를 通하야 朝鮮에 부치는 付託

內外各國名士

Messages from Foreign Lands to The Dong-A Ilbo on Its Tenth Anniversary

No Outside Pressure Can Take Away Own Culture

C. P. SCOTT
MANCHESTER GUARDIAN

Too little is known in this country of the position in Korea, but as long as your paper appears there will be *a rallying point* whatever is wise and stable in Korean nationalism. Nationalism has been pushed too far of late in several European countries and you will not, I hope, make that mistake. *Political restraint* should only make you the more resolute to maintain your own culture and to improve it. That is a thing which no outside pressure can take away.

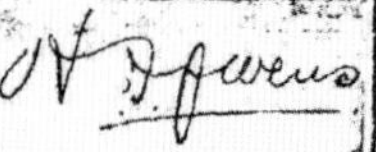

Glad to join in greetings To The Dong-A Ilbo

JAMES T. SHOTWELL
Director, Division of Economic And History, Carnegie Endowment For International Peace

I am very glad indeed to have the opportunity of joining others from abroad in greetings to you and to the Dong-A Ilbo on the occasion of its tenth anniversary.

I was very glad to learn from Dr. Yun that your delegation at the Institute of Pacific Relations felt satisfied that its work here had created some measure of success and that your plans for participation in the work of the Institute may now proceed unhampered. I am particularly happy over the participation in research, for I am sure that joint work upon a common theme will prove of great value in the integration of the group with the others in the Institute.

Hope the path smoother in the Second Decade

H. T. OWENS
Secretary and Treasurer
Cooperating Board for Christian Education in Korea

It is a pleasure to offer a word of congratulation to the poineer Korean newspaper of the present era on its tenth anniversary.

In spite of many difficulties and vicissitudes, it has built up a wide circulation and maintained its financial strength.

In entering upon its second decade of service to the *people of this peninsula*, its wellwishers will hope that its path may be much smoother than in the first ten years, and that it will play an *increasing* part in leading the people along *constructive lines* of thought and action.

Perhaps there is no stronger force in the world to-day in moulding public opinion than journalism. The Dong-A Ilbo is fortunate in having a well-trained group of young men directing its editorial and business policy. That they may through this journal exercise an even greater influence on public opinion in the years to come is my earnest wish.

To Serve the People's Highest purposes is Function of Newspaper

Prof. F. W. Eggleston
Australian Member
Central Council
Institute of Pacific Relations

May I wish your newspaper success in spreading to its constituent correct information about world affairs? It is the function of the press not only to earn money for its proprietors or to give news, but to serve their highest purposes and guide them aright along the lines of prudence and statesmanship.

Considering the difficulties under which they labour, the intellectual activities of oriental communities is remarkable and I hope that influence of those interested in the East willbe to encourage this form of expression.

共進大同 王寵惠

民衆을 指導 一層猛進을 期待

同業者祝辭

世界의 消息 正確報道希望

共同研究는 各國協同促進

問題解決은 彼此人格尊重

政治拘束은 文化意識發達

輿論指導에 偉力發揮希望

東亞日報 共同奮鬪 孫科

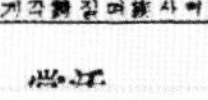

알고 있는 용어에 체크해 보자!

- [ ] 문화 통치
- [ ] 산미 증식 계획
- [ ] 친일파
- [ ] 물산 장려 운동
- [ ] 민립 대학 설립 운동
- [ ] 사회주의

복도 창문 밖으로 얼굴을 내밀고 두리번거리던 곽두기가 장하다를 불렀다.

"형아, 저 사람 좀 봐."

장하다가 복도를 내다보자 제복을 입은 남자가 척척 걸어오는 것이 보였다.

"군인인가 본데? 군인이 왜 우리 학교에…… 어! 선생님이네!"

옆구리에 긴 칼을 차고 코 밑에는 옹색하게 콧수염까지 만들어 붙인 용선생이 아이들을 보고도 못 본 척, 교실 문을 활짝 열어젖혔다.

"제군들! 모두 주목! 우리 일본 제국이 너희 조선인들을 보살피기 시작한 지도 벌써 9년이 흘렀다. 지금부터! 우리는 조선에 대한 통치 방식을 완전히 바꾸기로 했다!"

눈을 끔벅거리던 곽두기가 조심스레 손을 들었다.

"근데 선생님, 지금 누구신 거예요?"

"나 말인가? 나는 이번에 새로 부임한 조선의 세 번째 총독, 사이토 마코토다!"

"어휴, 이제 별 사람을 다 흉내 내시네요."

나선애가 새삼스런 눈길을 보내며 중얼거리고, 허영심도 꺼림칙한 표정으로 용선생의 차림새를 훑어보았다.

"전체 차려엇! 지금부터 내 말을 잘 듣도록!"

총독이 발을 쿵 구르자, 움찔 놀란 아이들이 저도 모르게 허리를 좍 폈다.

3·1 운동 이후, 총독부가 달라졌다?!

"총독부는 지금껏 조선의 발전을 위해 밤낮을 가리지 않고 애써 왔다. 그 결과 비좁은 진흙탕 길이 도로로 바뀌었고 느려 터진 소달구지 대신 기차가 달리기 시작했지! 우리가 아니었다면 조선이 어느 세월에 이렇게 달라졌겠는가! 그런데도 너희는 틈만 나면 독립 만세를 부르네 어쩌네 하면서 질서를 어지럽히니 은혜를 몰라도 이렇게 모르는가! 쯔쯔쯧……."

사이토 마코토
(1858~1936)
일본 해군병 학교를 졸업하고 미국 유학을 다녀온 뒤 해군 대신에까지 올랐어. 1919년에 3대 조선 총독을 맡아 1927년까지 조선을 통치했어.

아이들의 표정이 하나둘 일그러졌지만 총독은 아랑곳하지 않고 다시 목소리를 높였다.

"아무튼! 너희가 불만이 좀 있었던 모양인데 우리는 기꺼이 받아들이겠다! 이제부터 우리는 더 이상 조선인을 차별하지

않겠다. 또한 사회 각 분야의 정책도 아주 부드럽게 바꿀 것이다. 우선 헌병 경찰 제도부터 없앤다! 관리나 교사들이 제복을 입고 칼을 차는 것도 이제 그만이다!"

그 말에 아이들의 시선이 일제히 총독의 옆구리로 향했다. 따가운 시선을 느낀 총독은 얼른 옆구리에 매단 칼을 풀어 바닥에 내던졌다.

"흐음, 그럼 헌병들은 어떻게 할 거죠? 일본으로 돌려보내나요?"

왕수재가 묻자 총독이 별 이상한 소리를 다 듣겠다는 듯 귀를 후비적거렸다.

"돌려보내긴 왜 돌려보내? 그냥 헌병 옷 대신 경찰 옷 입히면 되는데. 하지만 그래도 헌병이 떡하니 버티고 있을 때보단 질서가 안 잡힐 거야. 헌병도 경찰로 만들고, 새로 경찰도 좀 뽑아서 경찰 수를 늘려야겠다!"

"경찰을 늘려요? 얼마나요?"

"글쎄…… 예전 경찰 수의 3배쯤?"

"네에?"

"뭘 그리 놀라나! 다 너희들을 세심하게 돌보기 위해서다! 앞으로는 경찰 주재소도 서너 배 늘려 각 면 단위마다 꼭 하

나씩은 주재소를 두어서 조선인들이 언제 어디서나 경찰의 보살핌을 받을 수 있도록 하겠다! 이 정도면 조선의 질서는 완벽해질 것이다! 어험!"

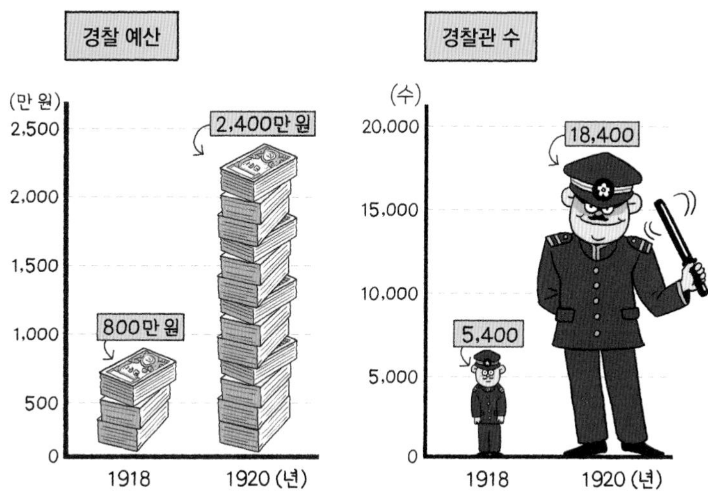

"저게 다 무슨 소리래……?"

곽두기의 불안한 목소리에 나선애가 조용히 대꾸했다.

"앞으로 더 집요하게 감시하고 일일이 간섭하겠단 소리 같은데."

총독이 다시 목소리를 높였다.

"이제 자유도 준다! 신문도 만들고 잡지도 만들고, 책도 만들어라! 모여서 단체를 만들든 회의를 하든 다 좋으니 마음대로 해!"

"응? 그 말, 진짜예요?"

"물론이다! 단, 미리 우리가 신문과 잡지 내용을 한번 보고 잘못된 내용은 고쳐 주겠다. 그래도 정 이상한 내용만 싣는 언론사가 있으면 깔끔하게 정리해 줄 테니 걱정 말고. 그리고 모여서 집회를 하려면 미리 신고를 해라. 안 되는 것 빼고는 다 허가를 내 줄 테니까. 단

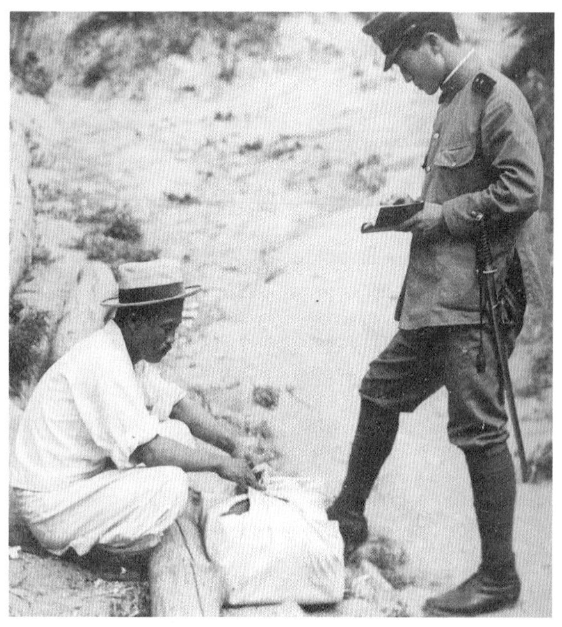

조선인을 검문 중인 경찰 제복을 입고 칼을 찬 경찰이 조선인을 조사하고 있어. 이 때 일본은 '경찰 국가'라고 할 만큼 경찰에게 큰 권한을 주었단다.

체를 만들 때도 무슨 단체인지, 누가 누가 모일 건지 미리 알려야겠지?"

"흥! 안 되는 단체 빼고는 다 허락해 준다는 거겠죠?"

허영심의 말에 총독이 "바로 그거다!" 했다.

"뻔하네. 말로만 자유를 준다고 해 놓고 이건 이래서 안 된다, 저건 저래서 안 된다 할 거잖아요?"

"무슨 소리! 《조선일보》와 《동아일보》가 어떻게 생겨났는데? 우리가 표현의 자유를 주지 않았더라면 이 신문들은 아예 만들어지지도 못했을걸! 조선인들이 교육받을 수 있는 기회도 늘려 준다! 학교도 더 짓고, 조선인의 교육 기간도 늘리고 말이지. 조선어, 조선 역사도 가르쳐 주마! 이제 정말 부드럽게 다스린다니까? 물론 학교 지을 돈은 너희가 알아서 마련해야 돼. 학부모들한테 돈을

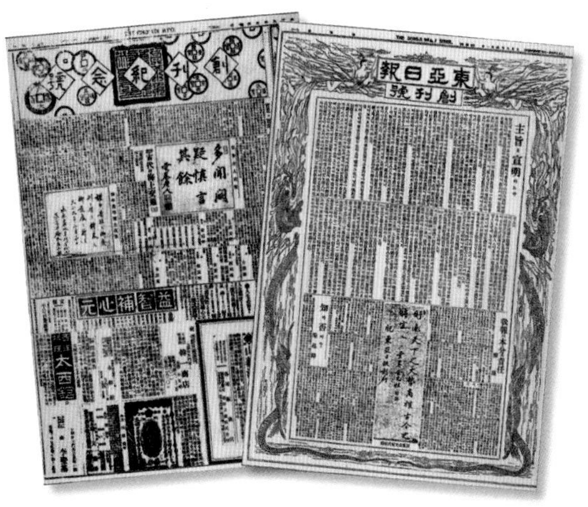

《조선일보》와 《동아일보》 창간호
총독부는 조선인이 민간 신문을 발행하는 것을 허용한다고 발표했지만, 실제로는 《조선일보》, 《동아일보》, 《중외일보》 등 3개 신문만을 허가했어.

검열당한 신문 총독부의 검열에 걸려 군데군데 빈 지면으로 발행된 신문이야. 총독부의 검열관은 신문 초판을 보고 무슨무슨 기사를 삭제하라고 지시했어.

걷든 동네 부자들한테 걷든 잘해 보라고. 그리고 학교마다 전부 교육 기간을 늘리면 애들이 공부 많이 하느라 피곤하지 않겠어? 골라서 일부만 늘릴게. 공부 많이 하고 싶은 애들만 시험 봐서 들어가라고 하면 되잖아. 뭐, 일찍부터 경쟁하는 법을 배워 두면 좋~잖아? 또 있다! 앞으로는 총독도 꼭 군인 출신으로만 임명하지 않기로 했다!"

"그러는 아저씨는 군인 아닌가요?"

장하다가 손가락으로 총독의 제복을 가리키며 물었다.

"그야 난 일본 제국의 자랑스러운 해군 대장이지!"

"그 다음 총독들은요?"

"해군 출신인 나 빼고는 모두 용맹한 육군 대장들이시다!"

"엥? 금방 군인 출신만 총독으로 보내지 않는다면서요!"

앞으론 군인이
아닌 사람도 총독으로
임명하겠습니다.
크윽!
모조리 군인인데
지금 장난?
총독명단
군인 1
군인 2
군인 3
군인 4
군인 5

"방침은 그렇다는 거다! 살다 보면 계획대로 안 되는 일도 있는 거지. 뭐 문제 있나?"

읔박지르는 소리에 기분이 상한 장하다가 "참 부드럽게도 얘기하시네" 하며 비아냥댔다.

"뭐? 좋다. 부드럽게 하자고. 부드~럽게. 우리는 말야, 그저 너희 조선인들의 수준을 높여주려는 거야. 언젠가 너희의 문화 수준이 우리 일본인만큼 높아지는 날에는 조선인을 일본인과 똑같이 대우해 줄 수도 있지. 그러니 괜히 쓸데없이 독립운동을 한답시고 힘 낭비하지 말고 문화나 좀 발전시키라고. 가만, 문화? 이거 괜찮네! 문화 통치! 이제부터 달라진 정치 방식을 문화 통치라고 부르겠다. 으히히!"

간드러진 목소리로 히히거리는 소리에 허영심은 아예 귀를 막아버렸다.

"어우, 진짜 못 참겠다! 생뚱맞게 웬 문화 타령이람! 속셈이 뭐죠? 왜 이러는 건데요?"

"왜냐고? 솔직히 3·1 운동 때문에 우리가 좀 힘들었거든. 조선을 너무 만만하게 봤던 모양이야. 아무래도 무식하게 힘만 써서는 안 되겠어. 남들 눈도 있고 말이지. 세계에 소문이 다 났잖아! 그러니 이제 총칼로만 다스릴 게 아니라 머리를 써야겠어. 아까도 말했지만 조선을 식민지로 삼은 지도 벌써 10년이 다 되어 가니까 다스리

나선애의 개념 사전

문화 통치

1919년 총독부는 조선의 문화와 관습을 존중하는 '문화 통치'를 실시하겠다고 선전했어. 하지만 사실은 조선인들을 분열시키는 데 그 목적이 있었어.

는 체제도 어느 정도 갖춰졌고, 또 3·1 운동 그거, 결국 독립 못하고 끝났잖아? 앞으로도 별수 있겠어?"

아이들은 기가 차다는 듯 입을 딱 벌렸다.

쌀은 늘어났으나 농민들은 굶주리고

"자! 우리 총독부가 이번에 새로 추진하는 아주 중요한 경제 사업이 있다. 이름하여 '산미 증식 계획', 쌀 생산량을 늘리기 위한 계획이라는 뜻이지. 어떻게 늘리느냐? 전국에 저수지를 잔뜩 만들어서 가뭄이 들어도 논에 물이 마르지 않게 할 거야. 물만 잘 대 줘도 땅

수리 조합 저수지 익옥 수리 조합이 이리(지금의 전라북도 익산)에 만든 저수지야. 수리 조합은 물을 이용하는 시설들을 만들고 관리하는 단체였어. 수리 조합은 땅 주인들에게 수리 조합비를 거뒀는데, 지주 대신 소작농들이 내는 경우가 많았지.

이 기름지게 변하고, 그만큼 곡식이 많이 열리는 법이거든. 쌀 품종도 바꾸고 비료도 더 많이 쓰고, 또 빈 땅도 일궈서 논으로 바꾸고, 필요하면 밭도 논으로 바꿔야지. 무조건 쌀 생산량을 확 늘리는 거야!"

"쌀에 무지하게 집착하시네. 왜 그러는 건데요?"

"일본에 쌀이 모자라니까! 지난 몇십 년 동안 일본의 공업은 눈부시게 발전했어. 하지만 농사에는 그만큼 신경을 못 썼거든. 안 그래도 쌀이 모자란데 흉년도 겹치고."

"일본에 쌀이 모자라니까 조선에서 쌀을 늘려 다 갖다 바치겠다 이거예요 지금?"

"갖다 바치긴! 엄연히 돈 주고 사 갈 거라고! 싼값이긴 하지만. 이런 이득도 없으면 뭣하러 식민지를 두겠냐, 안 그래? 산미 증식 계

일본으로 보낼 쌀을 검사하는 장면 1929년 강원도 철원 평야에서 생산된 쌀을 수리 조합에서 검사하고 있어. 이곳에서 생산된 쌀은 주로 일본 오사카로 보내졌지.

획은 꽤나 성공적이었어. 1920년에 시작해서 1934년까지 조선의 연간 쌀 생산량이 224만 석이나 늘었으니까. 하지만 애초에 우리가 계획했던 양에는 미치지 못했어. 그렇다고 일본 국민들을 굶주리게 할 수야 없는 일! 나중 이야기지만, 우리 총독부는 사명감을 갖고 맡은 바 책임을 다해 일본에 보낼 쌀의 양을 확실히 맞추었다! 그 15년 동안 조선에서 일본으로 흘러든 쌀이 평균 잡아 1년에 560만 석쯤 될 거야."

"헉! 늘어난 쌀보다 두 배도 넘게 보낸 거잖아요? 조선 사람들은 뭘 먹고 살라고요!"

나선애가 책상을 내리치며 소리쳤다.

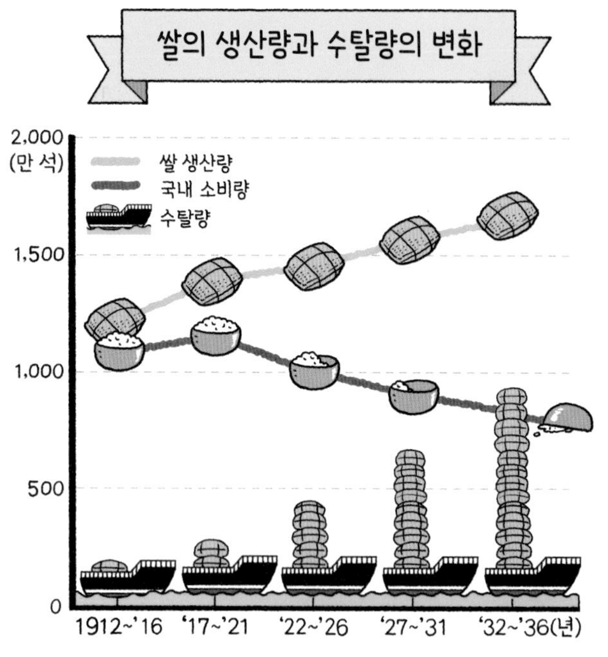

"그, 그래도 우린 만주에서 콩이랑 수수 같은 잡곡들도 날라다 줬다 뭐……. 솔직히 먹을 건 모자랐을 거야. 오죽했으면 산미 증식 계획이 시작된 1920년부터 조선인들의 평균 키가 줄어들기 시작했다는 통계도 있다나 뭐라나. 그래, 농민들이 고생은 좀 했지. 토지 조사 사업 때 겨우 버티며 자기 땅을 지켜 온 사람들 중에도 이때 땅을 잃고 소작농이 된 경우가 많았어. 조선인 하면 열에 일고여덟은 농민인데, 농민 하면 그중 여덟쯤은 소작농이었지. 근데 그 소작료가 웬만해야지? 세금도 비싸지, 비료 값에 수리 시설 사용료까지 다 농민들 몫이었으니까."

목소리가 잦아드는가 싶던 총독이 다시 목청을 돋웠다.

"하지만! 조선인 중에도 득 본 이들이 있어. 지주들이야 말할 것도 없고, 쌀 수출하는 사람이나 비료 파는 사람, 토목 사업가, 금융가들은 돈을 많이 벌었지! 그게 다 우리 일본 덕이니 그들이 우리랑 더 친해지는 건 당연하고! 그러니 우리 입장에선 꿩 먹고 알 먹고지!"

"대체 왜 맨날 농민들만! 조선 농민들이 세상에서 제일 불쌍한 것 같아……."

"잠깐! 아직 경제 정책은 끝나지 않았다! 1920년대의 시작! 총독부가 마련한 또 다른 방침이 있다! 바로 회사령 폐지! 총독부의 허가 없이는 회사를 세울 수 없도록 했던 제도 말야. 이미 일본 기업들이 충분히 성장했기 때문에 이 제도가 별로 필요가 없어졌어. 그리고 회사령이 없어져야 일본 기업가들이 더 편하게 조선에 들어와 사업을 할 수 있겠지? 마음껏 조선의 원료를 사용하고 조선 노동자들을 싼 임금에 부리는 데 아무 제약이 없을 테니까."

"그럼 새로 차려진 회사들은 주로 일본인들이 세운 거겠네요?"

"그렇긴 하지만 조선인 회사도 좀 늘었어. 아무렴 어때? 공장에서 일하는 노동자들은 거의 조선인들이었는데 뭐. 먹고살 길도 없는데 일자리도 늘려 주고, 굶어 죽지 않을 만큼 임금도 주었으니 우리에게 고마운 마음을 가지도록!"

총독이 고개를 끄덕이는데 아이들의 불만이 터져 나왔다.

"고마워요? 정말 해도 해도 너무 하시네."

"조용! 그리고 우리 일본은 이제 본격적으로 조선인의 머릿속, 마음속까지 지배해 볼 참이니까!"

'친일파를 키워 조선을 분열시켜라!'

"대체 어떻게 지배하겠다는 거죠? 3·1 운동이 끝난 지도 얼마 안 됐고, 조선인들은 특히 더 독립에 관심이 많은데요. 대책이라도 있습니까?”

왕수재가 묻자 총독은 기다렸다는 듯 종이 한 장을 펼쳐 보였다.

“대책! 물론 있지. 자, 이걸 똑똑히 보라구. 내가 총독으로 임명된 뒤 친히 마련한 거야.”

종이에는 큼지막한 글씨로 ‘조선 민족 운동에 대한 대책’이라는 제목이 쓰여 있었다. 제일 앞자리에 앉은 나선애가 심각한 표정으로 한 줄씩 읽어 내려갔다.

“첫째, 조선인 관리를 재조사·검토해서 일본에 절대 충성을 다하는 자를 승진시킨다. 둘째, 귀족·양반·부자·사업가·교육가·종교가 등 각 계급과 사정에 따른 각종의 친일 단체를 조직한다. 셋째, 각종 종교 단체에 대한 간섭을 강화해서 그 최고 지도자에 친일파를 앉힌다. 넷째, 조선 문제 해결의 핵심은 친일 인물을 많이 기르는 데에 있으므로 친일 민간인에게 편의와 원조를 주어 수재 교육의 이름 아래 그들을 양성한다. 다섯째, 양반·유생 가운데 일정한 직업이 없는 자에게 생활 방도를 마련해 주는 대가로 온갖 선전에 동원한다…….”

“크, 치밀하네.”

왕수재의 감탄 아닌 감탄에 허영심이 찌릿 눈을 흘겼다.

“치밀은 무슨! 여기도 친일, 저기도 친일, 무조건 친일파 만들기구먼! 어떻게든 친일파를 잔뜩 만들어 내서 조선 사람들 사이를 다 갈라놓겠다 이거 아니에요?”

“오호, 너희들 꽤 머리가 돌아가는구나? 쉽게 말하면 그런 거지.

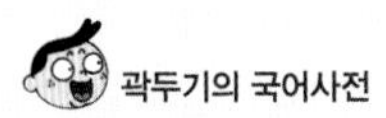

친일파(親日派)
일본 제국[日]을 지지하는[親] 무리[派]라는 뜻이야. 자신의 이익을 위해 민족을 배신하고 일제를 도운 사람을 가리키는 말이지.

이게 바로 우리가 고민 끝에 찾아낸 가장 효과적인 통치 방식이거든. 너희가 순순히 협력을 하도록 해야 서로 충돌도 없고 낭비도 줄일 수 있는 거지. 그게 너희도 좋고 우리도 좋은 일 아니겠어?"

"그게 어디 일본 마음대로 될 줄 알고요?"

허영심이 쏘아붙이자 총독이 씨익 웃었다.

"글쎄, 안 될 것 같니? 예를 들어주지. 너희들 이광수라는 사람에 대해 들어 봤는지 모르겠다. 아주 유명한 소설을 남긴 조선의 대표적인 소설가지. 이광수는 2·8 독립 선언서를 작성했고 대한민국 임시 정부에서도 일을 했지. 그런데 이 사람이 1922년에 뭐라고 했는지 알아? 조선 민족은 게으르고 거짓되고 용기도 없는 민족이기 때문에 식민지가 된 거라고 했어. 다 뜯어고치지 않으면 독립도 어렵다고 했지."

"뭐 그런 사람이 다 있어? 자기는 조선 사람 아닌가?"

"말이 되냐! 식민지가 된 게 왜 조선 사람들 탓이야? 쳐들어온 일본 탓이지!"

아이들이 흥분하자 총독은 여유롭게 손바닥을 들어 올리며 기다리라는 시늉을 했다.

"이광수 혼자만 그런 소릴 했을까? 3·1 운동 때 33인의

이광수(1892~1950) 소설가로, 장편 소설 《무정》을 발표해 큰 인기를 누렸어. 임시 정부에서 일하다가 귀국했는데 경찰에 체포되었다가 곧 석방되어서 의혹을 샀지. 1922년 5월에 조선인을 비판하고 민족성을 바꿔야 한다는 주장을 담은 〈민족 개조론〉을 발표했어. 맨 왼쪽에 있는 사람이 이광수야.

최남선(1890~1957) 유명한 시인이자, 역사가야. <기미 독립 선언서> 초안을 쓰기도 했어. 이 일로 투옥되었다가 풀려난 후 노골적으로 친일을 했지. 해방 후 최남선은 "그것은 단순히 돈을 위한 방향 전환에 지나지 않았다"고 변명했어.

민족 대표 중 한 사람이었던 최린! 독립 선언서 초안을 썼던 시인 최남선! 이 사람들도 무모하게 독립 투쟁을 벌일 게 아니라 민족성을 뜯어고치고 문화 운동을 벌이는 데 힘써야 한다고 했지! 참 현실적이고 현명하고, 또 문화적인 생각 아니겠어?"

"치, 고작 몇 명 가지고 너무 큰소리치지 말라고요!"

"고작 몇 명이라니? 최린하고 최남선은 조선에서 제일 존경받는 인물 1, 2위로 꼽혔던 사람들이란 말이야. 그래서 우리가 유독 그들한테 공을 들인 거고."

"공을 들이다니요?"

"몰라서 묻나? 아, 가만 놔두는데 우리 일본이 너희한테 하는 소리를 그렇게 똑같이 할 리가 있겠어? 다 밥 사 주고 술 사 주고, 직업도 주고 용돈도 팍팍 주고, 살살 달래 가면서 많이 만나다 보니…… 이광수만 해도 이 총독이 직접 만나서 깊~은 이야기를 나눈 게 몇 번인데? 결국 20년대 중반에는 이런 생각을 가진 이들이 아주 많~아졌다는 거 아니냐! 어때, 역시 성공했지?"

신이 나서 떠들던 총독은 이글거리는 아이들의 눈빛에 멈칫하며 재빨리 덧붙였다.

"참고로 말야. 이광수와 최린은 나중엔 일본의 지배를 확실히 인정하고 조선인도 일본 국민으로서 정치에 참여할 권리를 얻어 보자고 주장했어. 쉽게 말하면 독립은 아예 포기하자, 대신 일본한테 잘 부탁해서 조선인들이 쪼금 더 자유롭고 쪼금 더 풍요롭게 살 수

있는 권리를 달라고 해 보자, 이런 얘기지."

"어으, 내 걸 훔쳐 간 도둑놈한테 거꾸로 사정을 하는 거 아냐? 거지도 아니고 그게 뭐람?"

"거지라니, 어떻게 그렇게 심한 말을! 그러지 마라. 다 존경받던 조선 최고의 지식인들이었다니깐. 아까 보여 준 '대책'에서 너희도 느꼈겠지만 우린 특히 많이 배운 지식인들, 지위나 명예를 가진 이들, 돈깨나 가진 이들을 우리 편으로 끌어들이기 위해 무진장 애썼어. 상층부를 사로잡으면 저 아래 못 배우고 가난한 녀석들은 결국 힘을 못 쓰게 되어 있거든.”

“으, 야비하다! 싫다!”

장하다가 두 손으로 머리털을 쥐어뜯으며 소리치는데 나선애가 “모든 지식인들이 그렇게 친일의 길을 걸었나요?” 했다.

 ‘실력을 키워서 독립을 이루자!’

“뭐. 모두 친일파가 된 건 아니야. 조선인의 힘을 키워서! 민족의 실력을 양성해서 독립의 발판을 마련하자는 이들은 여전히 있었어. 회사령을 철폐해 줬더니 몇몇 조선인 기업도 성장했고……. 그래도 우리 일본은 끄떡없어! 어차피 너희끼리 지지고 볶아 봐야 우리한텐 손해날 게 별로 없거든. 그동안 우리 일본에서는 꾸준히 일본 상품들을 조선에 갖다 안겼지! 일본 상품이 조선에 들어올 때 매기는 관세도 팍팍 낮춰서 싼값에 팔 수 있게 했어! 좋은 물건을 싼값에 파는데 조선인들이 안 사고 배길 수 있나? 그러니 조선 회사들은 큰일 났다 싶었겠지.”

내 살림 내 것으로
《동아일보》 1924년 1월 1일자에 실린 삽화야. 조선 물산 장려회는 조선 사람이 만든 것을 쓰자는 운동을 벌였어.

용선생의 말에 곽두기가 “그냥 안 사면 되는 거 아닌가요?” 했다.

“안 사면 된다! 그 말 한번 잘했다. 그렇게 생각한 조선인

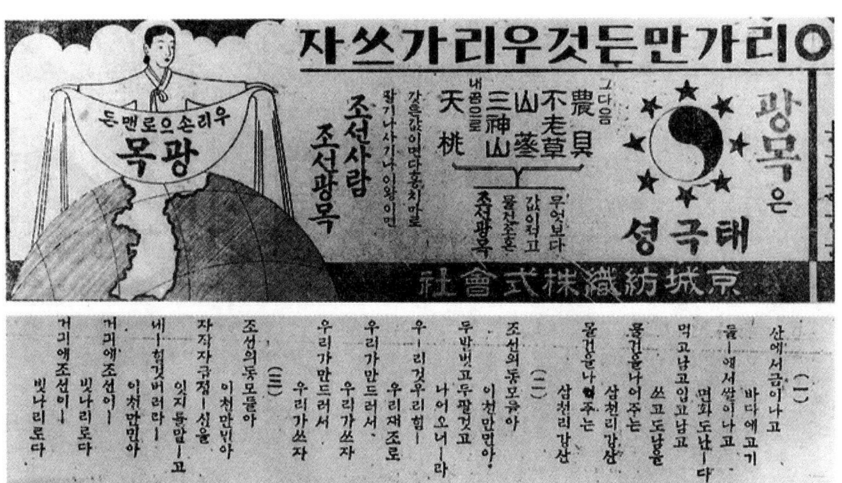

우리가 만든 것 우리가 쓰자 경성방직 주식회사의 신문 광고야. 조선의 옷감이 값싸고, 질 좋으니, 국산품을 애용하자는 내용을 담고 있었어. 경성방직은 조선 회사가 만든 상품이란 것을 강조하기 위해 '태극성'이라는 브랜드를 만들고, 태극 마크를 상징으로 사용했지. 광고에도 한복을 입은 조선 여성을 그렸어.

들이 있었지. 좀 비싸더라도 조선 회사가 만든 물건을 사서 쓰자, 그게 나라를 살리는 길이다 하고 떠들면서 사람들을 들쑤시고 다녔지. 조선인들은 이걸 물산 장려 운동이라고 불렀어."

"그래서 잘됐나요?"

"처음에야 그 얘기에 혹한 사람들이 많았지. 잠깐이지만 조선 회사에서 만든 물건이 다 동나 버리기도 했으니까. 하지만 금세 시들해졌어."

"왜요?"

"아, 생각을 해 봐. 조선 회사 살리자고 비싼 돈 내는 것도 한두 번이지. 계속 비싼 물건만 사 쓸 만큼 여유 있는 사람이 얼마나 되겠어? 게다가 물건 질도 더 떨어지는데. 더구나 이 운동 때문에 모자

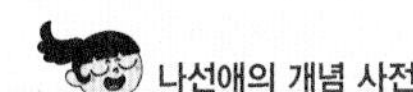
나선애의 개념 사전

물산 장려 운동 (物産奬勵運動)
'조선 상품[物産]을 쓰도록 권하고[奬] 격려하는[勵] 운동'이라는 뜻이야.

며 고무신같이 많이 팔린 물건은 값이 엄청 뛰어 버려서 농민이나 노동자들은 그나마도 사 쓰지 못하는 일도 생겼어. 결과적으로 물산 장려 운동으로 이득을 보는 건 조선인 중에서도 먹고살 만한 자본가와 상인들이었고, 가난한 사람들은 물가가 올라서 더 힘들었단 말야. 그러니 조선인들 중에도 이걸 비판하는 사람들이 있었지."

"끄흐으……."

장하다가 허탈한 표정으로 신음 소리를 냈다.

"그뿐인가? 조선인의 힘으로 조선 대학을 세운다면서 모금을 하고 다닌 이들도 있었어. 민립 대학 설립 운동이라는 거였는데, 이것도 애초에 쉽지 않은 얘기였어. 대학 지으려면 돈이 얼마나 많이 필요한데? 그 대학 생기면 도대체 누가 갈 수 있는데? 길가에 나가 보면 글자도 읽을 줄 모르는 사람이 수두룩 빽빽한데 대학이 아니라 야학이나 강습소부터 늘려야 되는 것 아냐? 이렇게 생각하는 사람들이 많았거든. 그리고 우리도 힘 좀 썼지. 대학 짓겠다고 모금하는 걸 살짝살짝 방해해 줬지. 그러곤 우리가 나서서 1924년에 떡

민립 대학 기성회 기성회란 '이루어지기를 기약하는 모임'이란 뜻이야. 이상재 등은 민립 대학(지금의 사립 대학) 기성회를 조직하고, 대학 설립을 위한 전국적인 모금 활동에 나섰어.

경성 제국 대학 일본은 식민지 조선에 고등 교육 기관인 대학을 설치하는 것이 식민지 지배 정책에 맞지 않는다고 여겼어. 그러나 민립 대학 설립 운동이 진행되자 경성 제국 대학을 세웠지. 경성 제국 대학은 식민지 조선의 유일한 대학이었지만 첫해의 예과 입학자 168명 중에서 조선인은 44명에 불과했어.

하니 경성에 대학을 세워 줬거든! 경성 제국 대학! 물론, 조선인들이 낸 세금으로 세웠다. 학생으로는 일본인이 많긴 했지만 조선 학생도 꽤 있었어. 장기적인 관점에서 우수한 조선 청년들을 뽑아 수재 교육을 시켜 줬지!"

"가만, 이거 분명 들어 본 말인데……."

나선애가 고개를 갸웃거리는가 싶더니 "아, 아까 그 조선 민족 운동에 대한 대책!" 했다.

"음, 기억력 좋군! 맞아. 경성 제국 대학은 조선의 수재들을 친일 지식인과 친일 관리로 길러 내기 위한 훌륭한 통로가 되어 주었지! 역시 수재 교육의 산실이라고 할까!"

"아, 자꾸 수재 수재 하지 말아요 쫌!"

왕수재가 와락 짜증을 내는 바람에 놀란 총독이 한 걸음 뒤로 물러서 다시 말을 이었다.

"뭐, 그치만 경성 제국 대학 졸업생이라고 다 우리 마음대로만 됐던 건 아니야. 끝까지 우리 편으로 넘어오지 않는 녀석들도 적진 않았지……. 어쨌거나! 그런 운동들이 다 조선이 식민지가 된 게 일본보다 실력이 모자라기 때문이니 실력부터 키우자는 건데 말야. 사실 하나만 알고 둘은 모르는 소리지. 그럼 실력이 커지면 저절로 독립이 되나? 누가 독립시켜 준대나? 흐흐. 그거 사실 우리 통치 정책하고 별로 다를 게 없어! 쉽게 말하면 우리 논리는 이런 거거든. '조선 민족은 문명과 문화 수준이 낮다, 그러니 우리가 발전시켜 주겠다, 그래서 조선인 수준이 높아지면 우리 일본인하고 같이 어울릴 자격을 주겠다!' 어때, 비슷하지 않냐?"

"아냐, 엉터리! 그럴 리 없어요!"

허영심이 분에 차 고개를 내저었다. 하지만 나선애는 실망스런 표정을 감추지 못했다.

"근데 정말 그런 것 같긴 하네……."

"그렇지? 맞지? 그러니까 실력부터 키우자고 하던 사람들 중 적

지 않은 수가 나중엔 독립은 관두고 그냥 일본의 지배를 받으면서 조선인의 권리를 키워 보자는 소리를 하게 된 거라고. 한발 더 나가면 조선 민족은 애초에 글렀으니 일본인을 본받자! 일본 사람이 되자! 이렇게 가는 거고. 이게 바로 우리가 원하는 결론! 조선인의 머릿속까지 식민지로 삼는 것!"

 '땀 흘려 일하는 사람들이 주인인 나라로!'

"하아. 우리도 힘들다고. 요즘 농민과 노동자들이 얼마나 시끄러운지 아냐? 이게 다 사회주의 사상인지 뭔지 하는 것 때문에……."

"사회주의 사상? 그게 뭔데요?"

"사회주의? 사회주의는 사람들이 시장에서 자유롭게 경쟁하는 속에 경제 발전을 이루고자 하는 자본주의에 반대해 생겨난 사상이다! 자본주의 아래서는 농민과 노동자들이 아무리 열심히 일해도 땅 주인이나 공장 주인이 이익을 가로채기 때문에 가난하게 살 수밖에 없다고 거기서 벗어나기 위해 노동자들이 혁명을 통해 권력을 얻고, 경제며 사회 여러 제도를 바꾸어야 한다나? 땅이나 공장은 나라에서 직접 관리하고, 거기서 생겨난 이익은 사람들이 고루 나누어 가질 수 있도록 하고, 이런 사회를 점점 더 늘려가서 마침내는 전 세계 나라의 경계도 없도록 만들어야 한다는 꿈

사회주의 사상을 선전하는 포스터 사회주의 혁명을 이끈 레닌이 황제, 종교인, 부자를 지구 밖으로 쓸어 버리고 있어.

여운형(1886~1947) 양반집 넷째 아들로 태어났지만 스물두 살이 되자 스스로 상투를 자르고 집안의 노비를 해방시켰대. 상하이로 건너가 신한청년당을 조직하고 임시 정부에도 참여했어. 국제 공산당이 식민 지배를 받는 민족을 경제적으로 지원해 주자 고려 공산당에 가입했지.

같은 이야기를 하면서 농민과 노동자를 선동하는 자들이 얼마나 많았는지 너희들은 모를 거다."

"어휴, 대충 무슨 이야긴지는 알겠는데 그런 게 가능한 일인가요?"

"물론! 쉽지는 않지. 그런데 1917년에 러시아에서 혁명이 일어난 거야! 머리 아픈 문제는 거기서부터 시작된 거였어!"

"러시아? 아! 노동자들이 혁명을 일으키고, 황제를 내쫓은!"

왕수재가 공책을 뒤적이다가 흥분하며 말했다.

"러시아 혁명이 바로 이 사회주의 사상에 따라 일어난 혁명이지. 책에서나 가능한 줄 알았던 이야기가 떡하니 현실로 벌어지는 모습을 보더니 러시아 연해주에서 여전히 독립이라는 허황된 꿈을 꾸는 사람들부터 사회주의에 눈을 뜨기 시작하더군. 그런데 이 조선까지 그런 불순한 사상이 금세 들어

와서 3·1 운동 때는 이미 조선 땅에도 사회주의 단체들이 여럿 생겨나 우리 총독부를 곤란하게 만들었다. 우리가 신문도 만들게 해주고, 회사도 세우게 해주고, 대학도 세워 주는데 왜 뭐가 부족해서 농민과 노동자들의 편을 들면서 우리 총독부의 신경을 거슬리게 만드느냔 말이다!"

박헌영(1900~1955) 고등학생 때 3·1 운동에 참여했다가 일제의 감시가 심해지자 1920년 상하이로 건너가 고려 공산당에 가입했어. 조선으로 돌아와 《동아일보》 기자로 일하며 비밀리에 조선 공산당을 만들었다가 경찰에 붙잡혔어. 정신 이상자인 척해서 감옥에서 나온 후 감시를 피해 극적으로 소련으로 탈출했어.

"그러니깐, 지금 사회주의를 배운 사람들이 조선에서도 러시아처럼 혁명을 일으키려고 노동자와 농민의 편을 들었다는 거죠?"

선애의 심각한 표정에 총독은 침을 꼴깍 삼켰다.

"사회주의 사상을 깊이 받아들인 '사회주의자'들은 그랬지. 하다 하다 이 무리는 1925년에 '조선 공산당'까지 만들더군. 글쎄, 조선

조선 노농 총동맹 창립 총회 기념 1924년 4월 18일 전국 농민 · 노동자 단체 167개의 대표들이 모여 조선 노농 총동맹 창립 총회를 열었어. 노동자와 농민이 주인이 되는 새로운 사회를 만들기 위해 끝까지 싸울 것을 목표로 삼았어.

에서 사회주의 혁명을 일으킨다나? 여운형, 박헌영…… 이름조차 잊어버릴 수가 없는 총독부의 원수들!"

"총독이 원수라는 거 보니. 일본에 저항을 하셨나 보네."

영심이가 눈을 가늘게 뜨고 총독을 바라보았다.

"그런데 이 무렵 이 사회주의자라고 떠들던 이 무리가 모두 사회주의 혁명을 이룩하고자 했느냐? 그렇게 보긴 어렵단 말이지! 많은 이들은 우리에게서 독립하고, 새로운 사회를 건설하기 위한 수단으로 사회주의를 받아들였던 거였다! 이 괘씸한 것들. 강한 나라가 약한 나라를 힘으로 지배하는 것이 당연하다는 것을 인정하지 않고, 우리가 고생해서 일본의 편으로 만든 조선인 자본가와 지주들을 비판하면서 가난한 노동자와 농민들의 편을 들고, 노동자와 농민들에게 고통에서 벗어나기 위해서는 독립해야한다, 자본가와 지주들과 맞서 싸워야 한다 이러면서 바람을 넣더란 말이야. 하~ 3·1 운동 때 못된 버릇을 들인 농민과 노동자는 적극적으로 그들과 힘을 합치고, 투쟁은 점점 조직적으로 이루어지더란 말이지. 1924년에는 260여 개에 이르는 전국의 농민·노동자 단체들을 더해서 '조선 노농 총동맹'이란 걸 만들더니 3년 뒤에는 더 구체적으로 우리에게 맞서기 위해서 '노동 총동맹', '농민 총동맹'으로 나뉘어서 저항을 하는데……."

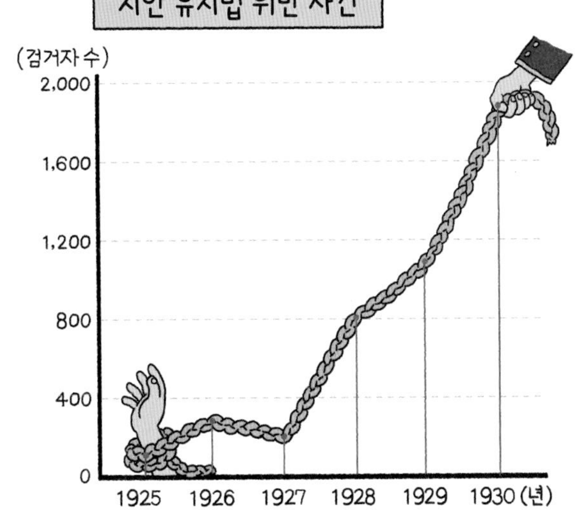

"저항을 했다고 하니 간만에 속이 좀 뚫리는 것 같다."

"다 친일파가 되는 줄 알고 조마조마했는데."

"오죽했으면 노동자와 농민들이 힘을 합쳐서 저항을 했을까. 어쨌건, 진짜 대단해."

"그치, 참 대단하지? 아, 그게 아니라…… 대단히 골치 아픈 녀석들이라는 거지. 험험."

자기도 모르게 말이 헛나온 총독이 헛기침을 한 뒤 다시 눈에 바짝 힘을 주었다.

"이 골치 아픈 녀석들을 위해 우리는 특단의 조치를 내렸다! 혁명이 어떻고, 독립이 어떻고 하면서 선량한 백성들을 꼬드겨서 사회의 질서를 통째로 뒤흔들려는 무리들을 위해! 그런 위험한 무리들을 관리하기 위한 특별한 법, '치안 유지법'을 만들었다! 우하! 하! 하!"

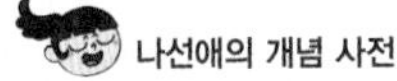

치안 유지법(治安維持法)
'안정적으로[安] 나라를 다스리는[治] 걸 유지하기[維持] 위한 법'이란 뜻이야. 독립운동가들을 탄압하는 악법으로 작용했어.

총독의 과장된 웃음소리가 그치자 교실에는 침묵이 흘렀다. 아이들의 냉랭한 눈초리에 머쓱해진 총독은 더 할 말을 찾지 못했다.

"애들아…… 화, 화났니? 이제 다 끝났어. 나야 나!"

총독, 아니 용선생이 콧수염을 떼고 어색하게 웃어 보였지만, 아이들은 여전히 냉랭했다.

"볼일 끝나셨으면 나가 보시죠, 총독님!"

"응? 그래…… 뭐…… 그럼 다음 시간에 만나자."

떨어지지 않는 발걸음을 겨우 옮겨 교실을 나선 용선생은 후다닥 문가에 귀를 대고 아이들의 반응을 살폈다.

"야, 선생님 얼굴이 원래 저렇게 뻔뻔스럽게 생겼었냐?"

"그러게 말야. 어쩜 목소리도 그렇게 간사하니? 다시 듣고 싶지도 않아."

"그 옷에 때 묻은 거 봤어? 콧수염 삐뚤어진 건 또 어떻고? 정말 짜증이야!"

끝도 없이 이어지는 험담에 저절로 귓가가 벌게진 용선생이 쩝쩝 입맛을 다셨다.

'역시 내가 연기를 너무 잘했군! 근데 이게 좋은 일일까, 나쁜 일일까?'

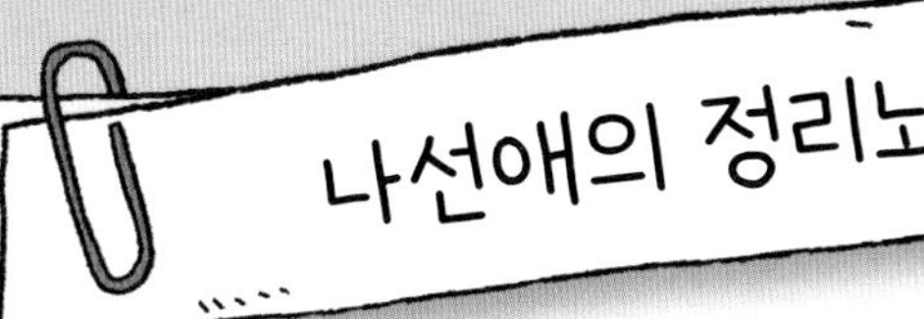

1. 문화 통치란?

말로는	실제로는
헌병 경찰 제도 폐지	경찰의 숫자 ↑, 치안 유지법
신문·잡지의 발행 허가	미리 총독부의 검사를 받아야 함
총독을 문관 중에서도 뽑을 수 있도록 함	문관은 한 번도 총독이 되지 않음

* 친일파 양성

2. 1920년대 총독부의 경제 정책

① 산미 증식 계획: 쌀 생산량을 늘려 일본으로 가져가려는 계획

② 회사령 폐지: 회사를 세우려면 신고만 하면 됨. 일본 기업 진출 활발

3. 실력 양성 운동

	물산 장려 운동	민립 대학 설립 운동
내용	조선 사람은 조선 물건을 쓰자!	조선인을 위한 대학을 세우자!

4. 사회주의

① 자본주의에 반대해 생겨난 사상

땅과 공장은 국가에서 관리하고 그 이익은 사람들이 나누어 가지자고 주장

② 사회주의가 독립운동에 끼친 영향

레닌이 사회주의 국가 건설 → 자본주의 국가에 억압당하는 식민지 국가들을 도와주겠다고 선언→ 조선에서 사회주의 사상이 빠르게 퍼짐!

http://cafe.naver.com/yongyong

간토 대지진과 조선인 학살 사건

1923년 9월 1일 일본 간토(도쿄와 그 주변 지역)에서 강한 지진이 일어났어. 이 지진으로 인해 10만여 명이 죽고, 집 57만 채가 완전히 부서져 버렸어. 게다가 점심밥을 짓느라 각 가정에서 사용하던 불이 일제히 집에 옮겨 붙으면서 엄청난 화재가 일어나 피해가 더욱 극심했지. 이 지진을 '간토 대지진'이라 불러.

일본 정부는 복구 활동에 나섰지만 혼란은 쉽사리 수습되지 않았어. 집을 잃고 굶주리게 된 사람들의 분노가 위험 수준에 다다랐지. 그러자 일본 정부는 분노한 민심이 정부로 향하지 않도록, 사람들의 분노를 정부가 아닌 다른 곳으로 향하게 해야 한다고 생각했어.

9월 2일 일본 정부는 각 지방의 관공서에 '조선인들이 폭탄을 들고 불을 지르려 한다'는 내용의 공문을 보냈어. 순사들은 '조선인 방화범이 돌아다니고 있으니 주의하라'고 사람들에게 말하고 다녔고, 일본 신문들도 일제히 '조선인들이 폭동을 조장하고 있다', '조선인들이 단체를 만들어 불을 지르고 다닌다', '조선인들이 폭탄을 던져 불길을 조장하고 있다', '각지의 우물에 독약을 넣고 어린아이들에게 독약이 든 빵을 주고 있다'는 기사를 내보냈어.

정부의 의도대로 일본인들은 조선인들을 증오하게 되었

어. 일본인들은 몇십 명 단위로 '자경단(주민들이 스스로를 지키고 주변을 경계하기 위한 단체)'을 조직했어. 그리고 지나가는 사람들을 막무가내로 붙잡고, 조선인으로 확인되면 가차 없이 살해하기 시작했지.

살해 이유는 오직 조선인이라는 것만으로 충분했어. 조선인이 발음하기 어려운 일본어 단어를 말하게 한 후, 발음이 좋지 않으면 그 자리에서 죽였어. 심지어 경찰서로 피신한 조선인을 경찰이 보는 앞에서 죽이기도 했지. 이런 식으로 간토 지방에 살던 조선인 3만여 명 중 무려 6천여 명이 잔혹하게 살해됐어. 이 와중에 조선인으로 오인받은 중국인들과 간토 지방이 고향이 아닌 일본인들까지 목숨을 잃었어.

COMMENTS

허영심 : 세상에……. 그때 조선에서는 이 사실을 몰랐나요?

용선생 : 《동아일보》와 《조선일보》는 이 사실을 보도하려고 애썼지만, 총독부 때문에 단 한 줄도 보도할 수 없었어. 그래도 소문이 퍼지는 것을 막을 순 없었어. 그러자 총독부는 신문에 '간토 지방 조선인들 중 죽은 자는 2명뿐이다'라는 기사를 내게 하고, 간토 대지진에 대해 말하는 사람들을 잡아들였어.

한국사 퀴즈 달인을 찾아라!

출발!

01 ★★☆☆☆

조선 총독이 된 사이토가 자신이 한 일에 대해 자랑을 하고 있어. 그런데 자기가 무슨 일을 했는지도 잘 모르는 모양이야. 사이토 총독의 말 중에서 틀린 말을 찾아 줘!

(　　　)

① 헌병 경찰 제도부터 없앴지! 교사들이 제복을 입고 칼을 차는 것도 그만두게 했고!

② 근데 헌병이 없으면 질서가 안 잡힐 거 아냐? 그래서 헌병을 경찰로 만들고, 새로 경찰도 좀 뽑아서 경찰 수를 늘렸지.

③ 자유롭게 신문도 만들고 잡지도 만들고, 책도 만들게 해 줬지. 이상한 내용이 있어도 절대로 간섭하지 않았어.

④ 그리고 많이 배운 지식인들이나 돈깨나 가진 자들을 우리 편으로 만들기 위해 무진장 애썼지! 우하하하!

02 ★★★☆☆

다음은 '조선 민족 운동에 대한 대책'이라는 글의 일부야.

- 귀족 · 양반 · 부자 · 사업가 · 교육가 · 종교가 등 각 계급과 사정에 따른 각종의 친일 단체를 조직한다.
- 양반 · 유생 가운데 일정한 직업이 없는 자에게 생활 방도를 마련해 주는 대가로 온갖 선전에 동원한다.

① 어떻게든 친일파를 잔뜩 만들어 내겠다는 거잖아.

② 저렇게 되면 조선인들 사이만 나빠지는 거 아냐?

③ 그래서 '동경 제국 대학' 같은 민립 대학도 세워 준 거구나.

④ 이광수, 최남선 같은 사람들이 이래서 친일파가 된 거군.

너희 중 딴소리를 하는 사람이 있어. 그 사람의 번호는 (　　　)!

04 ★★★★★

밑줄 그은 '이 사상'에 대한 설명으로 옳지 않은 것은 무엇일까? (　　　　)

이 사상은 땀 흘려 일하는 노동자들이 일한 대가를 고루 나눠 가질 수 있는 사회를 만들자는 사상이다.

① 1917년 일어난 러시아 혁명도 이 사상에 따라 일어난 혁명이다.

② 이 사상을 받아들인 농민과 노동자들이 힘을 모아 일제에 저항했고, 일제는 치안 유지법으로 저항을 억압했다.

③ 이 사상을 받아들인 사람들은 1925년에 조선 공산당을 세우기도 했다.

④ 이 사상을 받아들인 자들은 실력을 키워 독립을 이루어야 한다고 했다.

03 ★★★★☆

아이들이 산미 증식 계획에 대해 이야기를 나누고 있어. 이 중에서 엉뚱한 얘기를 하는 아이는 누구일까? (　　　　)

① 조선의 쌀을 일본으로 가져가기 위해서 세운 계획이야.

② 다시 말해, 쌀 생산량을 늘리기 위한 계획이라고 할 수 있지.

③ 밭을 논으로 만들고, 저수지도 만들었어.

④ 쌀 생산량이 늘어 조선인, 일본인 모두 배불리 먹을 수 있었지.

• 정답은 301쪽에서 확인하세요!

4교시

저항의 목소리들이 터져 나오다

1920년대, 일제에 맞선 조선인들의 저항은
사회 각계각층에서 다양한 방식으로 이루어졌어.
농촌의 논밭에서, 도시의 공장에서, 청년들과 학생들의 모임 속에서,
그런가 하면 전통 사회에서 차별받던 사람들도
한편으로 자신의 목소리를 내며 일본의 지배에 맞섰지.
이렇게 자라난 저항의 열기는 1926년, 또 한 번의 만세 시위로 이어지고,
1929년에는 광주에서 시작된 학생들의 시위를 전국으로 퍼져 나가게 했어.

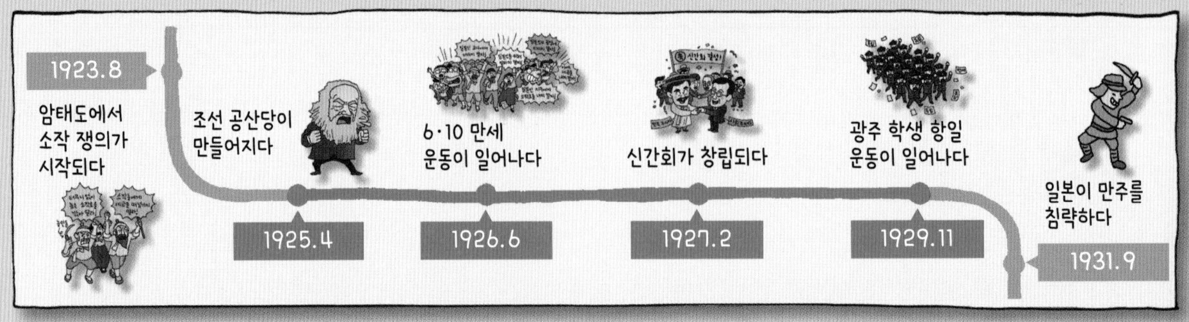
1923.8
암태도에서 소작 쟁의가 시작되다
조선 공산당이 만들어지다
1925.4
6·10 만세 운동이 일어나다
1926.6
신간회가 창립되다
1927.2
광주 학생 항일 운동이 일어나다
1929.11
일본이 만주를 침략하다
1931.9

✔ 알고 있는 용어에 체크해 보자!

- ☐ 소작 쟁의
- ☐ 6·10 만세 운동
- ☐ 신간회
- ☐ 광주 학생 항일 운동
- ☐ 봉오동 전투
- ☐ 청산리 대첩

순종의 장례 행렬

"아이고 애들아! 운동장으로 오라는 말 못 들었어? 내가 얼마나 기다렸는데…… 헉헉!"

허겁지겁 교실로 달려온 용선생이 아이들을 보자마자 숨찬 소리를 했다. 하지만 아이들은 아무 대답이 없었다. 다들 용선생의 눈길을 피하는 게 분위기가 이상했다. 그러고 보니 하나같이 가방을 꼭 둘러멘 채 금방 나갈 사람처럼 어정쩡하니 서 있었다.

"우린 아무 데도 안 가요. 죄송하지만요……. 우린 다 같이 역사반 그만두기로 했어요. 역사 그만 배울래요."

"뭐! 그만 배워? 아니 왜? 역사가 재미없어졌어? 아님 내가 싫어진 거니? 아, 저번 수업 때문에 그래? 그 콧수염 삐뚤어진 총독 때문에? 대체 왜들 그러는 거냐, 응?"

눈이 휘둥그레진 용선생이 다다다다 질문을 퍼부었다.

"더 배워 봤자 속만 상하겠어요. 뭔가 하려고 하면 일본이 집요하게 방해하고 희망이 없다고요!"

허영심이 도리질을 치며 내지르는 소리였다. 몇 초쯤 눈만 껌벅거리던 용선생은 그제야 상황을 이해하고 후우, 한숨을 내쉬었다.

"알겠다. 그러니까 문화 통치 이후 일본의 수법에 완전히 말려들어서 지식인들이 죄다 친일파가 되어 버린 것 같다, 일본의 통치 방식은 더욱 치밀해졌고, 그러니 더 이상은 희망이 없다, 이런 거지? 그래서 더는 역사를 배우기가 싫어졌다는 거야?"

아이들이 고개를 끄덕거렸다.

"으구, 귀여운 것들! 그건 오해야. 물론 친일파도 있었지만, 그보다 훨씬 많은 사람들이 줄기차게 저항했단 말이야."

"정말이에요?"

아이들의 의심스러운 시선에 용선생이 고개를 마구 끄덕거렸다.

"그렇고말고! 어차피 광주까지 가긴 틀린 것 같고, 다들 가방 내려놓고 앉아 봐. 오늘 수업이 끝나면 그 생각이 싹 바뀔 테니까. 아, 얼른~!"

잠시 망설이던 아이들은 마지못해 하나둘 자리에 앉았다.

 농민과 노동자, 벼랑 끝에서 반기를 들다

"이 무렵 조선에 새로 불어온 바람. 사회주의 사상 기억하고 있

터무니 없이 높은 소작료를 깎아 달라!
소작농에게 세금을 떠넘기지 말라!
농민들

지? 이 시기 누구보다도 힘겹게 살았던 농민과 노동자들은 사회주의 사상에 힘입어 점점 조직적으로 싸워 나갔어. 소작인들은 소작인회, 농민 조합 등의 단체를 만들어서 아예 소작료를 내지 않고, 집단으로 버티기 시작했지. 이런 농민들의 움직임을 소작 쟁의라고 해. 농민들은 지주들에게 자신들의 요구를 들어주지 않으면 곡식을 추수하지 않겠다는 협박도 마다하지 않았대. 1920년대부터 들끓기 시작하더니 1930년대 농촌이면 어디나 소작 쟁의 때문에 조용한 곳이 없을 정도가 되었어."

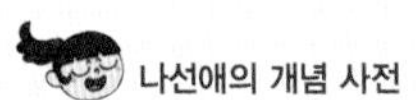
나선애의 개념 사전

소작 쟁의
소작 쟁의는 소작료를 낮추기 위해 소작인들이 지주와 벌이는 다툼을 의미해.

"오, 그게 진짜에요? 나가자! 싸우자! 이기자!"

장하다가 반색을 하며 농민과 노동자를 응원하는 듯 목소리를 높였다.

"1923년 암태도에서는 말이야."

"암태도? 그게 어딘데요?"

"전라남도에 있는 섬인데, 거기 땅이 거의 다 문재철이라는 사람 거였어. 근데 이 사람이 소작료를 수확량의 70%나 받은 거야. 그러니 농민들은 못살겠다고 소작회를 만들어서 항의하기 시작했어. 소작료를 낮춰라. 못 낮춘다. 옥신각신하니 경찰들이 가만히 있었겠니? 소작회 지도자를 잡아 가뒀겠지. 그런데 농민들은 거기서

암태도 소작 쟁의 암태도 소작인회에 모인 사람들의 모습이야. 농민들은 시위를 벌이다가 지주가 동원한 청년들에게 폭행을 당하고, 경찰에게 체포를 당하기도 했어. 하지만 이에 굴하지 않고 목숨을 건 단식 투쟁을 이어 나갔지. 총독부는 암태도 소작 쟁의가 전국적인 관심을 받자 결국 조정에 나설 수밖에 없었어.

멈추지 않고, 재판소까지 찾아가서 잡아간 사람들을 풀어 달라며 항쟁했어. 600명이나 되는 농민들이 재판소까지 찾아와서 물러서질 않으니 당황한 재판소는 그들을 풀어 주기로 약속했는데……."

"일본이 약속을 지켰을 리가."

용선생이 말이 채 끝나기도 전에 허영심이 한숨 섞인 말투로 비꼬듯 말했다.

"영심이가 짐작한 것처럼 재판소에서 풀어 주지 않자 농민들은 다시 찾아와서 더 큰 시위를 벌였어. 다 같이 굶어 죽겠다면서 밥도

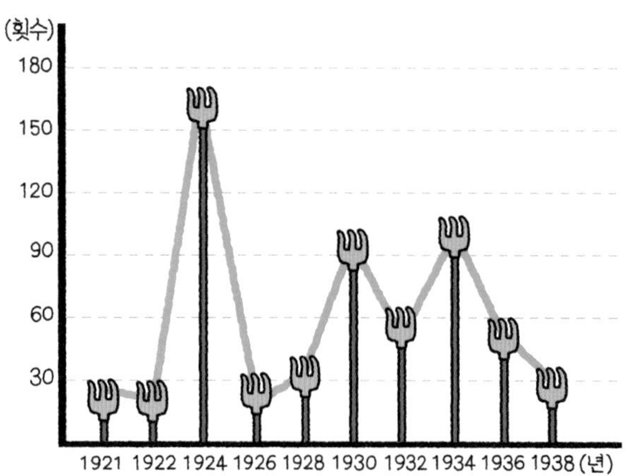

안 먹고……. 어디 그 뿐이었을까? 신문에서도 일본을 비판하고, 다른 지역 농민 단체, 사회 단체들까지 암태도 소작 쟁의를 거들었어. 일본 입장에선 지주 한 명 봐주려다가 조선 농민 전체와 싸워야 할 판이 된 거야. 결국 1년 만에 소작료를 수확량의 40%로 낮추라고 했어."

"지주, 경찰, 재판소까지 농민들에게 진 거네요?"

"잠깐, 그럼 노동자들은요? 아까 분명 노동자들도 투쟁했다고 했잖아요!"

나선애가 재촉하자 용선생이 다시 설명을 시작했다.

"그 당시 노동자들에게 갖은 먼지며 약품이 풀풀 날리는 비좁은 작업장에서 하루에 열두 시간씩 일하는 것은 기본이었어. 기계에 깔려 다치고, 손가락이 잘려도 눈 하나 꿈적하는 사람도 없었지. 임금도 적었기 때문에 집에서 한 명이 버는 걸로는 가족들이 먹고 살 수가 없어서 온 가족이 공장에 나가야 했어. 열두 살, 열세 살 먹은 어린 아이들도 공장에서 일을 했단다. 하지만 여자와 아이들은 어른 남자보다 훨씬 더 적은 돈을 받았어. 뿐만 아니라 같은 공장에서도 감독이나 관리직처럼 편하고 높은 자리는 일본인들 차지였고, 같은 일을 해도 일본인 노동자가 높은 임금을 받았지. 거기다가 조선인 노동자들이 마음에 들지 않으면 아무 때나 해고해 버리기도 했어."

"그래서 견디다 못한 노동자들이 서로 힘을 합치기 시작한 거군요?"

"그래, 노동자들도 여기저기서 노동조합을 만들고, 파업을 했어. 임금을 올려 달라! 작업장 환경을 개선시켜 달라! 노동 시간을 줄여 달라! 하는 주장으로 노동 쟁의가 시작된 거야. 노동자들이 부산 부두에서, 평양 양말 공장에서, 목포 기름 공장에서, 경성 방직 공장에서, 영흥 흑연 광산에서……. 20년대 내내 전국에서 파업이 줄을 이었어. 처음엔 같은 공장 노동

자들끼리만 뭉쳤는데 나중엔 아예 지역별로, 같은 산업별로 뭉쳐서 한 달이고 두 달이고 투쟁을 지속했어. 특히 1929년 함경도 원산에서 벌어진 총파업에서는 80여 일 동안이나 온 도시 전체가 회사와

일본 정부에 맞섰어."

"네? 80여 일을 온 도시 전체가요?"

"시작은 사실 그렇게 큰 것이 아니었어. 어느 석유 공장에서 일본인 감독이 조선인 노동자를 때린 일이 있었는데 그게 파업으로 번진 거였지. 그런데 이때 원산에는 노동자들이 뭉쳐서 만든 노동 연합회라는 것이 있었어. 회사 쪽에서 몇 달 뒤에 문제를 해결하겠다 하고, 나중에 모른 척을 하니 노동 연합회가 조직적으로 움직인 거였지. 노동 연합회 소속 노동자들이 석유 공장에 관련된 일을 거부했더니 회사는 그들을 해고해 버렸어."

"문제를 해결한다더니, 해고를 했다고요?"

"그 이후 원산의 회사들은 노동 연합회 회원들을 아예 고용하지 않기로 하고, 노동자들이 말도 안 되게 임금을 올려달라고 해서 이런 일이 벌어진 것이라고 거짓 말을 했어. 그런데 노동자들이 파업을 그만두기는커녕 노동 연합회 소속 노동자들, 거기다 회원이 아닌 노동자들까지 차례차례 파업에 들어간 거야. 운수 노동자, 부두 노동자, 인쇄 노동자……. 1월 22일부터 시작해서 얼마 뒤에는 원산이 통째로 멈춰 버렸어! 총파업! 경찰들이 파업에 앞장선 사람들부터 잡아들이고, 원산의 경찰 전 병력이 나서서 총검을 들고 골목골목을 지켰어. 일본 군대 역시 중무장을 하고 도시를 휘젓고 다니면서 공포 분위기를 만들었어."

원산 총파업 원산의 한 공장에서 노동자들이 파업을 하자 회사 측에서는 3개월 안에 문제를 해결할 것을 약속했어. 하지만 약속은 지켜지지 않았고, 오히려 파업을 지지하는 노동자들이 해고당하고 말았지. 1929년 1월 원산의 노동자들은 총파업에 들어갔어.

"아…… 어떡해. 노동자들을 얼마나 괴롭혔을까?"

허영심이 안타까운 표정을 지었다.

"그런데 이 노동자들은 꿈쩍도 안하고 오히려 더 똘똘 뭉쳤어! 또 여기다 파업 소식이 알려지니 전국 곳곳에서 뜨거운 반응이 쏟아졌어. 파업 기금을 보내고, 격려문도 보내고, 심지어 일본 노동 단체에서까지 격려문을 보내 줬어. 당시 원산에서 임시로 일하고 있던 일본인 노동자들도 파업에 참여했고."

"오호, 이번엔 노동자들도 해볼 만했겠네요."

을밀대 지붕 위에서 농성하는 강주룡 1931년 5월, 평원 고무 공장 노조의 여성 간부였던 강주룡은 평양 을밀대 지붕 위로 올라가 시위를 했어. "우리 49명의 임금 인하는 평양 2,300명 고무 공장 직공의 임금 인하의 원인이 될 것이므로 죽기로써 반대하려는 것이다"고 외쳤지. 일단 임금 인하는 막았지만 강주룡은 감옥에서 병을 얻어 결국 빈민굴에서 숨을 거두었어.

"이때 총독부가 이용한 게 치안 유지법이었어. 파업 지도부며 뭔가 좀 나서서 움직였다 싶은 사람들은 무슨 죄를 뒤집어씌워서든 다 잡아들였어! 특히 노동 연합회 회원들은 하나하나, 그 집까지 돌면서 으름장을 놓았어. 회사 쪽에서는 다른 지역에서 노동자들을 끌어모으면서 노동 연합회를 대신할 다른 노동 단체도 직접 만들었지. 파업이 길어지면서 돈을 전혀 벌지 못하는 노동자들은 식량까지 모자란 형편이었어. 결국 4월 초, 총파업은 끝이 났어."

노동 쟁의 횟수

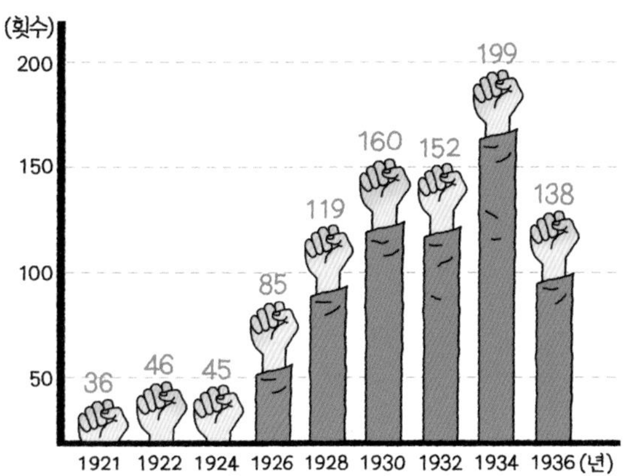

"그래도 정말 대단해요."

"그렇지? 이렇게 원산 총파업이 큰 힘을 발휘할 수 있었던 것은 노동 단체들이 조직적으로 그들의 뒷받침을 해주었기 때문이야."

"그래도…… 결국 일본이랑 싸운 건 노동자와 농민들뿐이었단 얘기 아닌가요?"

나선애의 조심스러운 목소리에 용선

생이 고개를 내저었다.

"그렇지 않아! 이 무렵 조선에서는 사회 여러 분야, 아니 거의 모든 분야에서 수많은 단체들이 만들어져 활발하게 활동했어. '이대로는 안 된다!', '확 바꾸자!', '우리가 직접 나서자!' 하는 분위기가 온 조선을 휘감고 있었거든. 정치 단체며 청년 단체, 학생 단체는 수백 개에 달했고, 오랜 세월 동안 숨죽여 지내 온 여성들도 여성 단체를 만들어 남녀 평등을 외치기 시작했지. 이 무렵에는 처음으로 어린이에게도 인격이 있다는 주장이 나오면서 소년 운동이 벌어졌고, 예전의 천민 집안 출신 사람들이 중심이 되어 차별 없는 사회를 만들자는 운동을 벌이기도 했어."

여성 잡지 《근우》와 《여자시론》 《근우》는 1929년 근우회에서 펴낸 잡지이고, 《여자시론》은 1920년 조선 여자 교육회에서 만든 잡지야. 여성이 배우고 익혀서 깨어나야 한다는 내용의 기사를 많이 실었어.

"그 사람들이 아직도 차별을 받고 있었단 말이에요?"

"응, 신분 제도는 벌써 갑오개혁 때 폐지되었지만 차별은 이어졌어. 총독부는 이를 개선하려 들기는커녕 호적에 백정임을 따로 표시하게 해 오히려 차별에 앞장섰지. 이런 차별에 맞서고자 한 이들은 1923년에 '조선 형평사'라는 단체를 만들었어. 형평(衡平)이란 저울[衡]처럼 평등한[平] 사회를 만들자는 뜻이야."

어린이날 포스터 방정환(1889~1931)은 '어린이'라는 말을 만들고, 매년 5월 1일을 '어린이날'(지금은 5월 5일)로 정했어. 어린이는 '한결 더 새로운 시대의 인물'이므로, 어린이를 어른보다 더 높이 대접하고 항상 칭찬을 하라고 당부했지.

"호~ 뭐가 꽤 많네요."

"그렇지? 한마디로 온 조선이 더욱 평등하고 민주적인 사

조선 형평사 포스터 백정 출신 장지필은 일본 유학까지 다녀왔지만 취업을 하지 못했고, 이학찬은 자녀의 학교 입학이 거절당했어. 이들은 1923년 4월 진주에서 '조선 형평사'라는 단체를 조직했어.

회로 나아가려는 열망으로 부글거리고 있었던 거야. 그리고 그들의 눈앞에 놓인 가장 급한 숙제는 바로 일본으로부터의 독립이었지. 일본이 가로막고 있는 한 그들이 꿈꾸는 미래도 없었으니까. 그러니 각계각층에서 사회 운동을 벌이던 이들은 제각기 제 목소리를 내면서도 일본에 맞서 싸우는 일이라면 언제든 힘을 한데 합칠 준비가 되어 있었어!"

"뭔가 좀 희망적이지 않냐?"

벌써부터 싱글거리던 장하다의 말에 곽두기가 "얼른 "응!" 했다.

 다시 울려 퍼진 만세의 함성

"그러던 1926년 4월 25일, 조선인들을 통곡하게 만드는 일이 생겼어. 대한 제국의 두 번째 황제이자 우리 역사상 마지막 왕인 순종이 세상을 떠난 거야."

"어, 순종이요? 순종이 아직도 있었네?"

"쯧, 진짜 안됐다. 왕 노릇 한번 제대로 못해 보고, 후손들은 자기가 있었는지도 까먹고."

아이들이 하는 소리를 들으며 용선생이 씁쓸히 고개를 끄덕였다.

"그러네…… 빼앗긴 나라의 이름뿐인 임금이라는 게 얼마나 비참

한 처지였겠니. 그런 마지막 임금을 잃은 식민지 백성들의 심정은 또 오죽했겠어? 순종이 세상을 떠났다는 소식이 알려지자 수많은 사람들이 전국 곳곳에서 경성을 향해 머리를 풀어 헤치고 통곡을 했대. 아주 어린 아이들까지 '상감님'을 부르며 엎드려 울었다지. 그리고 곧 치러질 순종의 장례식을 준비하며 많은 사람들이……."

용선생의 말이 끝나기도 전에 나선애가 딱 손뼉을 쳤다.

"아! 지난번 3·1 운동도 고종 장례식 때를 맞춰서 일어났죠? 그럼 이번에도!"

순종(1874~1926) 조선의 27대 왕이야. 황태자 시절 독이 든 커피를 마시고 건강이 급격히 악화되었다고 해. 강제 병합 이후 창덕궁에 갇혀 당구를 소일거리로 삼아 지냈어.

"바로 그거야! 다시 한번 온 민족의 힘을 보여 줄 기회가 온 셈이었지. 사회주의자들과 종교계 지도자들, 그 밖의 사회 운동 지도자들이 뜻을 모아 전국적인 만세 시위를 준비했어. 그런데 말야, 이렇게 눈치가 빠른 게 우리 선애뿐은 아니지 않겠니? 총독부도 3·1 운동 때를 떠올리며 경계를 강화했어. 그래도 준비는 착착 진행되고 있었는데, 약속한 날짜를 며칠 앞두고서 그만 시위 계획이 들통 나 버렸어. 시위 때 쓰려고 미리 인쇄해 둔 전단지가 경찰에게 발각된 거였지. 총독부는 당장 경찰들을 거리마다 쫙 깔고, 그걸로 모자라 군대까지 풀어놓았어. 시위를 준비했던 사람들이 단 며칠 만에 수도 없이 잡혀 들어가고, 미리 준비한

전단지도 모두 빼앗겼지."

"어휴, 어떻게 해! 그럼 그대로 끝난 거예요?"

"아니지! 장례식 날인 6월 10일, 장례 행렬이 종로를 지나는데 갑자기 학생들이 나서서 전단을 뿌리며 만세를 외치기 시작했어. 그러자 울음을 삼키며 장례 행렬을 따르던 사람들도 함께 만세를 외쳤어. 순식간에 거리 전체가 만세 소리로 가득 찼지! 당황한 일본 경찰과 군사들이 학생들을 닥치는 대로 붙잡았지만 이날 만세 시위는 장례 행렬이 지나는 곳곳에서 여덟 차례나 이어졌단다."

"우아, 학생들이 아니었으면 끝내 실패했을지도 모르겠네요?"

"응. 그날 시위에 앞장선 것은 조선 공산당과 연결된 학생 단체 소속의 학생들이었어. 그리고 경성의 만세 시위 소식이 알려지자 전국에서 크고 작은 규모의 시위가 잇따랐어. 특히 학생들은 동맹 휴학으로 응했어. 동맹 휴학은 학생들이 서로 뜻을 합해서 수업을 거부하고 학교에서 시위를 벌이거나 아예 학교에 가지 않고 거리로 나와 시위를 벌이는 걸 말하는 거야. 이렇게 하마터면 물거품이 될 뻔했다가 학생들이 앞장서 살려 낸 만세 시위를 '6·10 만세 운동'이라고 부른단다."

"그래도 뭔가 아쉽긴 하네요……."

나선애의 서운한 표정에 용선생도 고개를 끄덕였다.

순종의 장례 행렬 순종의 장례 행렬이 청량리 부근을 지나는 모습이야. 말을 탄 경찰이 시위를 벌이려는 군중을 경계하고 있어.

"그래, 분명히 아쉬운 감이 있지. 하지만 그 의미는 결코 작지가 않아."

"왜 그렇죠?"

"이날 사람들은 단지 '대한 독립 만세!'라고만 외친 게 아니라 '일본 제국주의를 물리치자!' 하고 한 목소리로 외치며 일본에 대한 저항의 뜻을 분명히 했어. 당시 뿌려진 전단지를 보면 그런 의지를 더욱 잘 확인할 수 있어."

용선생은 교탁 밑에 쌓아 둔 자료들 속에서 종이 한 장을 꺼내 들었다.

"울 때에는 같이 울고 울음을 그칠 때에는 같이 그치자. 고함을 부르면 같이 부르자. 싸울 때가 있으면 같이 싸우자. 사지(死地)에 임할 때에는 같이 들어가자. 우리들은 이와 같이 우는 사람, 슬퍼하는 사람 모두 총단결하여, 곧 울고 싶어도 울지 못한 전 조선 민중의 단결에 의하여 일본 제국주의에 대항하는 싸움을 시작하자! 슬퍼하는 민중들이여! 하나가 되어 혁명 단체 깃발 밑으로 모이자! 오늘 상복을 입고 통곡을 하는 충성과 의분을 돌려 우리들의 해방 투쟁에 바치자! 일본 제국주의를 박멸하자!"

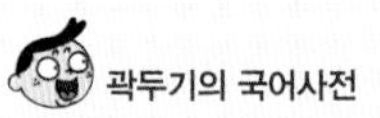

의분(義憤)
의로운[義] 분노[憤]라는 뜻이야.

"으, 피가 끓는다, 끓어!"

장하다가 눈에 힘을 주며 주먹을 꽉 쥐었다.

"다른 전단지에는 이런 내용도 있어. '조선인 관리는 퇴직하라!', '일본인 교사에게 배우지 말라!', '일본인 공장의 직공들은 총파업하라!', '농민은 일본인 지주에게 소작료를 바치지 말라!', '일본 상인과는 관계를 끊어라!' 즉, 조선 사람들이 일본에 저항하기 위해 어떤 일들을 해야 할지를 이전보다 훨씬 구체적으로 제시했다는 이야기지."

"듣고 보니 진짜 그렇네요. 막연하게 '독립 만세'만 외치는 거랑은 많이 다른 것 같아요."

"그렇지? 또 있어. 학생들 사이에서는 이후 사회주의에 대해 공부하는 독서 모임이나 비밀 단체들이 더 많이 만들어졌고 학교별로, 또 지역별로 동맹 휴학 투쟁을 벌이는 일도 더욱 많아졌지. 이

처럼 6·10 만세 운동으로 학생들은 민족 운동의 중심 세력으로 성장했어. 그런가 하면 이 일을 계기로 사회의 여러 분야에서 활동하는 다양한 세력들이 서로 힘을 모아야 한다는 생각을 더욱 강하게 갖게 되었어. 아무리 제각각 입장이 다르고 사상이 달라도, 일본을 몰아내고 독립을 이루기 위해서는 단결이 꼭 필요하다는 걸 분명히 깨닫게 된 거지."

"또 좀 희망적인 분위긴데? 그치?"

장하다가 허영심을 쿡 찌르며 말했다. 대꾸는 없었지만 영심의 눈빛도 기대에 차 있었다.

사상이 달라도 독립을 위해서라면!

"여기서 잠깐 짚어 볼 게 있어. 이 무렵 나라 안에서의 독립운동 세력은 크게 둘로 나뉘어 있었어. 사회주의 사상에 따라 독립을 이루고 새 나라를 만들어야 한다고 생각하는 사람들, 그리고 실력을 양성해서 민족의 힘을 키워 독립을 이루자는 사람들. 앞쪽을 사회주의 세력이라고 부르고, 뒤쪽을 민족주의 세력이라고 불러. 그런데 너희도 알다시피 민족주의 세력 중 일부는 일본의 지배를 받아들이면서 민족의 살길을 찾아보자고 주장하며 친일파가 되었지. 민족주의 세력이 분열된 거야. 사회주의자들 또한 6·10 만세 운동을 준비하던 중에 일본에게 발각되고, 치안 유지법으로 인해 점점 세력이 약해지고 있었지. 이런 상황에서 친일파와는 절대 손을 잡을 생각이 없는 민족주의 세력, 그리고 사회주의 세력은 사상의 차이를 뛰어넘어 손을 잡기로 했어. 그리고 1927년 2월 15일, 그 결실이 맺어졌지! 바로 신간회!"

신간회 창립 총회 경성 기독교 청년회(YMCA) 회관에서 신간회 회원과 방청객 1천여 명이 모인 가운데 신간회 창립 총회가 열렸어. 당시 《조선일보》의 보도에 따르면, 창립 총회가 열리기 한 시간 전부터 송곳 하나 꽂을 공간도 없을 정도로 사람이 많았대.

"신간회라…… 신문을 만드

는 모임인가 보군요?"

열심히 듣고 있던 장하다가 넘겨짚었다.

"아니 아니, 그런 뜻이 아니야. 애초에는 '신한회(新韓會)' 그러니까 새로운 대한을 꿈꾼다는 뜻의 이름을 지으려고 했지만 총독부가 끝내 '한(韓)' 자를 문제 삼았대. 그래서 종종 '한(韓)' 자와 같은 뜻으로 쓰이곤 하는 '간(幹)' 자를 집어넣었다는구나. 신간회는 일제 강점기 독립운동 단체 중에 유일한 합법 단체였어. 그러니 총독부가 이름 짓는 데까지 간섭을 하고 나선 거지. 그리고 '신간'은 '고목신간(古木新幹)'이라는 말에서 따온 이름이기도 하대."

용선생이 칠판에 한자를 쓰자 아이들이 약속이나 한 듯 곽두기를

홍명희(1888~1968)
3·1 운동에 앞장섰다가 감옥살이를 했어. 《동아일보》 편집국장, 시대일보사 사장을 지내고 신간회 창립에 참여했어. 그가 쓴 《임꺽정》은 '조선 문학의 거탑'이라는 찬사를 받았어.

이상재(1850~1927)
보이 스카우트 창립을 주도하고 조선일보사 사장을 지냈어. 신간회가 결성될 무렵, 병석에 누워 있었지만 좌우 통합을 위해 신간회 회장직을 수락했어.

바라보았다.

"오래된 나무에서 새 가지가 나온다는 뜻, 맞죠?"

"응! 이 이름을 붙인 사람은 신간회 지도자 중 한 명이었던 홍명희라는 사람이었어. 당시에도 최고의 인기를 누렸고 지금도 많은 이들이 읽고 있는 소설 《임꺽정》의 작가이기도 하고, 당시 최남선, 이광수와 함께 3대 천재로 꼽혔던 인물이기도 해."

"오! 어쩐지 이름이 괜찮더라니! 역시……."

"으이구, 됐어! 금방 그 두 사람은 다 일본 편에 붙었던 사람들 아니에요?"

왕수재의 설레발을 막고 나선 것은 허영심이었다.

"그랬지. 하지만 홍명희는 그들과 달랐어. 끝까지 일본에 맞서 저항했지. 일본에 절대 타협하지 않는 것! 이것은 신간회의 철칙이기도 했어. 이렇게 독립운동 지도자들이 사상의 차이를 떠나 한데 뭉치기로 했다는 소식이 퍼지자, 조선 사람들은 무척 기뻐했어. 각지에서 뜻을 함께하는 사람들이 신간회 깃발 아래로 모여들기 시작했지."

"음…… 지식인들도 많이 참여했나요?"

허영심이 긴가민가하는 표정을 지으며 물었다.

"그렇고말고! 신간회에는 여러 계층이 참여하긴 했지만, 주로 활동한 것은 지식인층이었어. 신간회는 본부가 세워진 지 열 달 만에 전국에 100개가 넘는 지회가 생겨날 만큼 빠르게 커 갔어. 당시 이미 회원 수가 2만여 명이었고 단체가 가장 커졌을 때는 회원 수가 4만 명에 달했대. 이게 무슨 뜻이냐? 그 당시 조선의 인구는 2천만 명이 채 안 되었고 그중에서 고등 교육을 받은 사람의 수는 아주 적었단 말야. 그러니까 대충 생각해도 조선에서 지식인이라는 사람들은 대부분 신간회에 참여했을 거라고 추측할 수 있지."

"와아…… 지식인들은 다 친일파가 된 줄 알았더니!"

드디어 터져 나온 허영심의 감탄에 마음이 놓인 용선생은 목소리를 더욱 높였다.

신간회 안동 지회 예안 지부 1927년 8월 26일 경상북도 안동에서 신간회 지회가 창립되었어. 처음에는 197명이 참여했는데, 1929년에는 700여 명이 참여했어. 신간회 지회 중 두 번째로 큰 규모였다고 해.

"이렇게 당대 최대 규모의 조직이 된 신간회는 다양한 분야에서 일본의 식민 지배에 맞서기 위한 활동을 펼쳤어. 특히 각 지역에서 벌어지는 노동자들의 파업 투쟁이나 농민들의 소작 쟁의에 적극적으로 개입했고 제국주의 식민지 교육에 반대하는 학생들의 동맹 휴

근우회 발회식
1927년 민족주의, 사회주의 계열의 여성들이 힘을 합쳐 근우회를 결성했어. '조선 여성의 굳은 단결'과 '조선 여성의 지위 향상'을 강령으로 삼았지. 글을 읽을 줄 모르는 여성들에게 글을 가르치고, 여성 노동자들의 파업을 지원하는 등 여성 운동을 전개했어.

학에도 힘을 보탰어. 만주의 독립군들에게도 군자금을 모아 보내주었지. 남녀 차별이나 신분 차별과 같은 사회 문제를 해결하려는 운동에도 함께했어."

"그러면 원산 총파업 같은 것도 신간회가 도왔겠네요?"

"당연하지! 원산 지회는 물론이고 중앙 본부와 다른 지역 지회들도 노동자들의 싸움을 다양한 방법으로 지원했어. 그뿐이 아니지. 신간회는 먹을 것이 모자라 고통을 겪는 가난한 이들을 돕는 데도, 또 어디선가 물난리라도 나면 그 지역 주민들을 돕는 일에도 앞장섰어. 그런가 하면 각 지역 지회들은 야학이나 강연회, 연설회를 통해서 사람들에게 다양한 지식과 사상들을 전하며 일본에 대한 저항 정신을 일깨우는 역할도 했어."

"뭐, 다 했네요, 다 했어!"

"맞아! 1920년대 후반의 독립운동, 사회 운동, 그 밖에 조선인들이 겪은 큰 사건들에는 어김없이 신간회가 관련되어 있었다고 이해하면 돼. 자, 이렇게 온 조선이 저항의 열기에 휩싸여 있던 1929년 가을, 광주에서 일이 터졌어."

용선생의 말이 끝나기가 무섭게 장하다가 벌떡 일어서며 "아 참, 광주!" 했다.

"오늘 광주 간다고 했죠? 지금이라도 가면 안 될까요?"

"그러기엔 너무 늦었는걸."

"아, 아깝다. 진작 갈걸, 괜히 역사반 그만두네 마네 해서!"

"광주에서 무슨 일이 터졌는데요?"

장하다를 의자에 끌어 앉히며 허영심이 물었다.

차별과 억압에 맞서 학생들이 일어서다!

"이 사건을 직접 겪은 조선인 학생의 증언에 따라 얘기해 줄게. 1929년 10월 30일이었어. 광주에서 출발한 열차가 나주역에 도착하자 학생들이 줄줄이 열차에서 내렸어. 광주까지 열차를 타고 학교에 다니는 학생들이었지. 그런데 열차에서 내린 조선인 여학생 두 명이 걸어가는데 일본인 남학생들이 따라가 댕기 머리를 잡아당기며 놀린 거야."

"아니, 남의 나라에 쳐들어온 주제에 얻다 대고!"

박준채(1914~2001)
광주 학생 항일 운동 때문에 경찰에 체포돼 3개월간 감옥살이를 했고, 학교에서도 퇴학을 당했어. 해방 이후 대학 교수로 활동했어.

"더 들어 봐. 마침 그 자리에 있던 조선인 남학생이 그 모습을 보았어. 광주 고등 보통학교 2학년인 박준채라는 남학생이었지. 박준채는 일본 학생들한테 무슨 짓이냐고 따져 물었어. 하지만 그들은 사과를 하기는커녕 '센진'이라고 부르며 비웃었어."

"못된 놈들이네! 근데 '센진'이 무슨 말이에요?"

"조선인의 '선인(鮮人)'을 일본식으로 읽은 건데, 일본인들이 조선인을 깔볼 때 쓰는 말이었어. 박준채는 분한 마음을 참지 못하고 주먹을 날렸어! 그러자 일본인 학생들도 박준채를 에워싸고 주먹질해댔고, 그 모습을 본 조선인 학생들이 박준채를 구하기 위해 끼어들고, 또 다른 일본인 학생들도 다시 끼어들고, 이렇게 싸움은 점점 커졌어. 수십 명의 남학생들이 서로 뒤엉켜 치고받는 통에 나주역은 순식간에 아수라장이 되어 버렸지."

이광춘과 박기옥 광주 학생 항일 운동의 도화선이 된 여학생들이야. 이후 이광춘(1914~2010)은 광주 학생 항일 운동에 적극적으로 참여했어. 시험 시간에 체포된 학생들이 석방될 때까지 시험지에 아무것도 쓰지 말자고 연설했다가 퇴학당했지.

"어머, 일이 너무 커졌네요?"

"암, 커졌지. 그런데 경찰들이 일을 더 키웠어. 싸움을 말린다고 끼어들어서는 일본인 학생들 편만 들었지. 게다가 박준채의 뺨을 때리기까지 했어. 그런데다 지역 신문인 《광주일보》는 또 어느 못된 조선인 학생이 아무 잘못 없는 일본인 학생에게 난데없이 주먹을 휘둘렀다는 식으로 기사를 내보냈어."

"흐아, 누가 먼저 잘못했는데?"

"그러게 말이다. 학생들은 도저히 분을 가라앉힐 수가 없었어. 그동안 일본의 식민지 교육 체제와 일본인 교사들의 차별 대우에 시달리며 누르고 눌렀던 울분까지 한꺼번에 폭발해 버렸지. 일본인 교사들은 툭하면 조선 민족이 원래 야만적이고 게으르다는 둥, 덜 떨어진 민족이라는 둥 하는 소리로 조선 학생들에게 모욕을 주곤 했거든. 박준채도 이런 글을 남긴 적이 있었어. '센진이란 얼마나 우리 민족을 모욕하는 말인가? 일본인 선생이나 지각 없는 일본인들 입에서 불시로 튀어나오던 이 모욕적인 호칭에 대해 평소 나는 어린 마음에도 앙심을 품고 있었다.'"

"열 받네! 못 참죠! 참으면 안 되죠!"

장하다가 벌게진 얼굴로 씩씩거렸다.

"싸움이 벌어진 지 나흘 뒤인 11월 3일, 이날은 일본인들이 높이 떠받들던 메이지 천황의 생일을 기념하는 날이었어. 총독부는 지역마다 기념행사를 크게 열고 조선인들도 강제로 참석하도록 했어. 물론 광주도 마찬가지였지. 일장기가 여기저기 나부끼고 온 도시가 기념행사에 참여한 사람들로 북적였어. 그런데 이날도 박준채가 다니던 광주 고등 보통학교 학생들과 일본인 학생들 사이에 우연히 시비가 붙은 거야. 양쪽 사이에 격렬한 몸싸움이 벌어졌고, 이 소식은 금세 여러 학교로 퍼져 나갔어. 오후가 되자 수백 명의 학생들이 거리로 나섰지! 그들은 광주 시내를 행진하며 시위를 벌였어. 경찰과 소방대가 이들을 가로막았지만 학생들은 끝내 시내 곳곳을

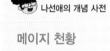

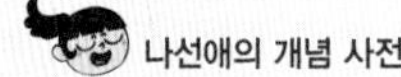
나선애의 개념 사전

메이지 천황
(1852~1912)
서양 문물을 싫어하고 나랏일에 관심이 없었던 인물로 일본 정부는 정통성을 확보하고자 그를 메이지 유신의 상징으로 만들었어. 메이지 유신으로 번영을 누리자 일본 국민들은 천황을 숭배하기 시작했어.

어쭈?
왜 여학생을
희롱해?
부끄럽지도 않아?

센진이 어디서
까불어?
뭐?
센진?

삑-
삑-
흠~ 딱 보니
센진이
잘못했네!
기자

광주일보
나쁜 조선
학생들,
아~무 이유없이
일본인 학생 때려
폭력 학생
조선인들의 폭력성
이대로 좋은가?
순 엉터리
기사다!
조선인
학생들

조선 학생
차별하지 마라!
식민지 노예
교육을 멈춰라!
대한 독립
만세!

식민지 교육 반대!
전국의 학생
들이여,
함께 싸우자!
독립
독립
만세
독립
독립

돌아 행진을 마쳤지. 일본인들이 그렇게도 중요하게 여기는 축제날 벌어진 학생들의 시위에 경찰은 크게 당황했어. 당장 온 광주 시내에 경찰들이 깔렸고 시위에 참여한 학생들이 속속 붙잡혔어. 또 그들은 강제로 광주 시내 학교들을 임시 휴교에 들어가도록 했어. 학생들이 서로 만나서 시위 계획을 세우거나 하는 일이 없도록 하려던 거지."

전국으로 퍼진 학생들의 함성!

용선생 현장 강의

"그래서…… 그 다음엔 어떻게 됐는데요?"

나선애가 조마조마한 표정으로 물었다.

"어떻게 되긴! 학생들의 저항은 더욱 거세졌지! 광주 학생들은 한층 본격적으로 시위를 일으킬 계획을 세웠어. 여기에 11월 3일에 벌어진 시위 소식을 접한 여러 사회 단체들도 거들었어. 특히 신간회는 부당하게 처벌을 받은 시위 학생들을 돕기 위해 애쓰는 한편, 광주 학생들의 시위를 전국적인 학생 저항 운동으로 이어 가야 한다고 생각하고 적극적으로 개입했지. 그리고 11월 12일, 다시 학생들이 거리로 나섰어! 학생들은 소리 높여 구호를 외쳤어. '붙잡아간 학생들을 즉시 석방하라! 경찰은 학생 탄압을 즉시 멈춰라! 일제의 노예 교육을 거부한다! 학생 대표가 학교 운영에 참여할 권리를 보장하라!'"

"후, 어째 내가 다 떨리네."

허영심이 두근거리는 가슴을 꼭 눌렀다.

"이렇게 시작된 학생들의 저항의 물결은 곧 광주를 넘어 전라도 전 지역으로, 얼마 뒤에는 전국 곳곳으로 퍼져 나갔어! 전국에서

성진회 1926년 11월 3일 광주 지역의 학생들이 만든 비밀 학생 운동 단체로, 깨닫고 나아가기 위한 모임이라는 뜻이야. 성진회의 회원들은 광주 학생들의 시위를 전국적인 항일 학생 운동으로 확산시켰어.

194개에 달하는 학교가 동맹 휴학 투쟁을 벌였고, 시위나 동맹 휴학에 참여한 학생 수는 5만 4천여 명이나 되었지. 학생들의 구호도 점점 더 격렬해졌어. '일본의 식민 통치에 반대한다! 제국주의를 무너뜨리자! 노동자 혁명으로 조선을 바꾸자!' 학생들은 이런 구호들과 함께 '대한 독립 만세!'를 부르기도 했어. 물론 탄압도 뒤따랐지. 당시 학교에서 퇴학을 당하거나 경찰에 붙잡혀 감옥에 갇힌 학생들 수는 3천여 명에 달했단다. 광주에서부터 시작된 이 사건을 '광주 학생 항일 운동'이라고 불러. 이 광주 학생 항일 운동은 3·1 운동 이후 최대의 저항 운동이었어."

"하아…… 쫌 감동!"

"학생들, 진짜 멋졌다."

수업을 시작할 때와는 완전히 딴판으로 달라진 아이들의 눈빛을 보며 용선생이 빙그레 웃음을 지었다.

"자랑스럽다는 생각이 저절로 들지? 너희들은 바로 그 멋진 학생들의 후배들이야. 충분히 자부심을 가져도 좋아! 너희들 11월 3일이 학생의 날이라는 것 알고 있지? 바로 광주 학생 항일 운동을 기억하고 그날 조선의 학생들이 보여 준 용기와 열정을 이어받자는 뜻으로 그렇게 정하게 된 거야."

"그랬어요? 몰랐네. 아, 근데 대체 왜 학생의 날은 안 노냐고요."

장하다가 옆길로 새자 나선애가 "지금 그게 문제니?" 하고 얼른 가로막았다.

"그래서 그 다음엔 어떻게 됐어요? 더 큰 운동으로 이어질 수도 있는 거잖아요!"

그 말에 용선생의 표정이 어두워졌다.

"음…… 그래, 그럴 법한 상황이었지. 그 기회를 놓치지 않기 위해 신간회에서는 곧바로 12월에 전 민족 차원의 대규모 민중 대회를 열기로 했어. 하지만 이번에도 총독부가 보고만 있지 않았지. 생각해 보렴. 신간회가 전국 규모의 조직으로 뿌리를 내리고, 학생들이 경찰도 두려워하지 않으며 엄청난 저항 운동을 이끌어 내는 상황이잖아. 게다가 노동자와 농민들의 투쟁도 한껏 달아오르고 있었으니 일본이 얼마나 위기감을 느꼈겠어? 총독부는 신간회 쪽에 당장 민중 대회 준비를 그만두라고 했어. 신간회는 아랑곳하지 않았지. 그러자 총독부는 민중 대회가 열리기 바로 하루 전날 신간회 본부를 덮쳤어. 경찰들이 신간

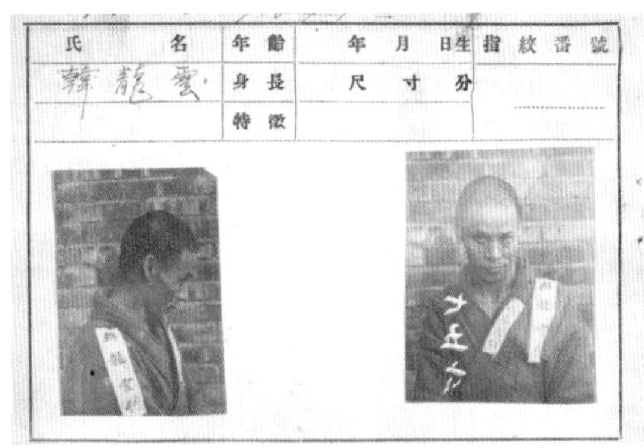

한용운의 수형 기록표 1905년 출가하여 승려가 되었어. 3·1 운동 때는 민족 대표 33인 중 불교 측 대표로 참여하였고, 1929년에는 신간회의 민중 대회를 주도하다가 서대문 형무소에 수감되었어. 〈님의 침묵〉 등 조국의 독립, 억압에 대한 저항의 뜻을 담은 시와 수필을 썼어.

회 본부를 완전히 포위하고는 지도자들을 닥치는 대로 잡아 간 거야. 신간회 지도자들, 함께 민중 대회를 준비하던 여러 단체 지도자들이 90여 명이나 한꺼번에 잡혀가 버리자 민중 대회도 그걸로 끝이었지. 그리고 얼마 뒤…… 신간회도 운명을 다하고 말았어."

"아…… 지도자들이 잔뜩 잡혀 가니까 단체가 흔들리게 된 건가요?"

"그런 점도 분명히 있지. 신간회를 못마땅하게 여기며 그 활동을 방해해 온 총독부가 단체 해산을 부추기기도 했고, 그리고 새로 뽑힌 지도자들 중 일부가 일본의 지배를 인정하면서 조선인들의 실력을 키우는 일에만 집중하자고 주장을 했어. 하지만 그러한 주장들에 대해 신간회가 만들어진 목적과 전혀 맞지 않다고 여긴 사람들도 있었어. 그들은 더 이상 신간회가 제 역할을 하기 어렵다고 여겼지. 게다가 마침 사회주의자들 속에서 지금의 신간회에서 벗어나 새로운 운동을 하는 단체가 필요하다는 주장이 나왔어."

"사회주의자들은 갑자기 왜 그러는 거죠?"

왕수재가 답답한 표정으로 용선생에게 물었다.

"음. 당시 국내 사회주의자들은 코민테른이라는 조직으로부터 많은 영향을 받고 있었어. 러시아 혁명의 지도자 레닌의 주도로 만들어진 코민테른은 각 나라의 공산당을 이끄는 국제 사회주의 조직이었지. 그런데 이 무렵 코민테른에서 조선의 사회주의자들에게 민족주의 세력과 손을 잡고 함께 활동하는 것을 그만두라고 한 거

신간회 전국 대회 그동안 일본 경찰은 신간회 본부의 집회를 허가한 적이 없었어. 신간회는 1931년 5월 처음으로 집회를 허가받아 전국 대회를 개최했는데, 이 대회에서 새로운 단체를 만들기로 결정했어.

야. 코민테른이 이런 결정을 내린 데에는 중국의 영향이 컸어."

"중국에서 무슨 일이 있었나요?"

"그 당시 중국도 민족주의자와 사회주의자들이 연합해서 일본과 맞서고 있었어. 그런데 권력을 잡은 민족주의 세력이 사회주의자들을 탄압하는 일이 있었거든……. 이후 신간회 회원들 사이에 뜨거운 논쟁이 펼쳐졌지만 이렇다 할 성과는 없이 결국 사회주의자들이 주도권을 쥐게 되었고, 보다 발전적인 새로운 단체를 만들기로 결정했지. 1931년 5월의 일이었단다. 하지만 이후 일본이 신간회의 활동을 모두 금지하면서 신간회는 더 이상 새로운 활동을 할 수 없게 되었어. 사상의 차이를 뛰어넘어 조선인들의 단결된 힘을 보여 주던 단체가 그렇게 사라지다니…… 생각할수록 안타까운 일이지."

아이들의 허망한 눈빛으로 용선생을 바라보다 고개를 숙이자 용선생은 애써 밝은 목소리를 내며 목청을 돋우었다.

"얘들아! 아직 안 끝났어! 해외 독립운동 기지가 있었잖아! 1910년대에 열심히 만들었던!"

독립운동이라는 소리에 아이들의 눈빛이 다시금 빛났다.

만주에서 들려오는 승리의 노래

"1919년 여름부터 1920년 사이에 나라 밖에서 활동하던 독립군들에게서 일본군과 싸워 이겼다는 소식이 들려왔어. 3·1 운동 후 거세진 독립군의 통쾌한 승리 소식은 한두 번이 아니었지. 홍범도와 이범석, 김좌진 같은 독립군 대장들이 이끈……."

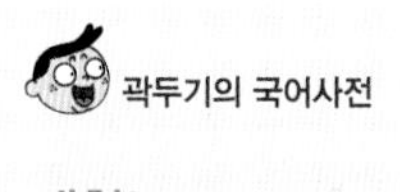

대첩(大捷)
클 대(大), 이길 첩(捷). '크게 이기다'는 뜻이야.

"김좌진 장군님? 아, 알죠! 청산리 대첩! 그분이 독립군 대장이셨구나!"

아는 이름이 나오자 기운이 난 장하다가 끼어들었다.

"어이쿠! 이름만 알고 정작 중요한 사실은 몰랐구나. 당시 승리를 거둔 전투 중 대표적인 것이 봉오동 전투와 청산리 대첩이었어."

"얘기해 주세요. 빨리요~!"

장하다가 두 손을 모아 쥐고 흔들었다.

"먼저 봉오동 전투는 1920년 6월, 독립군과 일본군 사이에 벌어진 첫 대규모 전투였지. 이 무렵 일본은 만주 지역의 독립 투쟁 세력을 말끔히 소탕하겠다며 군사 작전을 펼치기 시작했어. 당시 만주 지린성의 봉오동에는 홍범도가 이끄는 독립군 부대가 자리를 잡고 있었는데, 그들은 주로 한반도 안으로 진격해 들어가 일본군과 경찰을 습격하곤 했지. 1920년에만 1,651번을 한반도 안으로 들어가 일본군을 습격했다고 하니 정말 대단하지? 봉오동 전투가 시작된 것도 그들이 두만강을 건너 일본군 초소를 공격했던 데서 비롯

홍범도(1868~1943) 포수 출신으로 대한 제국 때부터 독립 전쟁에 참가했고, 대한 독립군을 이끌었지. 정확한 사격 솜씨와 천재적인 용병술로 이름이 높았어.

참고 영상

홍범도 장군을 만나 보자!

되었어. 독립군에게 당한 일본군은 그들을 뒤쫓아 강 건너 삼둔자라는 곳까지 갔는데, 또다시 공격을 당하고 물러나야 했어."

"호, 그럼 일본군들은 되게 분했겠네요."

"응, 더 많은 일본군들이 아예 봉오동까지 밀고 올라왔지. 이 소식을 들은 홍범도는 일단 마을 주민들부터 안전한 곳으로 옮긴 뒤 일본군이 오는 길목 곳곳에 부대원들을 배치했어. 한 무리의 독립군에게는 일본군이 들어오면 싸우다 도망치는 척하면서 그들을 유인해 오라고 했지. 그리고 마침내 일본군이 나타났어! 그들은 독립군의 예상대로 봉오동 골짜기 한가운데까지 들어왔지. 곧 전투 시작을 알리는 총성이 울리고, 독립군들은 사방에서 일본군을 공격하기 시작했어. 일본군도 얼른 정신을 차리고 맞싸웠지. 하지만 결과는 독립군 부대의 큰 승리로 끝났어."

"와아! 승리다!"

장하다가 기다렸다는 듯 환호성을 올렸다.

"봉오동에서 맥없이 지고 만 일본은 그 뒤 한층 집요하게 독립군을 추격했어. 그런데 그들에겐 걸림돌이 있었어. 이 지역이 중국 영토라는 점이었지. 사실 봉오동 전투 때도 일본군이 독립군을 쫓아 중국 영토로 침범해 들어간 일이 문제가 되었어. 중국은 자기 영토 내의 조선인 독립군 문제는 자신들이 알아서 처리하며 혹 필요하면 일본군에게 협조를 구하겠다는 입장이었지만, 일본은 자기네 군대가 직접 공격해 무너뜨리겠다고 고집했어. 중국 쪽에서 이를 받아들이지 않자, 일본은 대규모 병력을 집어넣기 위해 아예 계략을 꾸몄지."

독립군 군기 독립군 부대가 행진할 때 썼던 깃발이야. 왼쪽 상단에 태극기가 있어.

"계략이라니요?"

"이 지역에서 활동하던 마적들을 시켜 조선 땅에서 가까운 훈춘이라는 곳을 습격하게 한 거야. 마적들은 훈춘을 휘젓고 다니며 일본 영사관에도 불을 지르고 일본인들에게도 해를 입혔어. 일본은 이 일을 부풀려 떠들며 곧장 주변 지역의 일본군 부대들을 차례로 간도 땅으로 끌어들였지. 겉으로야 일본 영사관과 일본인들을 공격한 마적을 잡기 위해서라고 했지만, 속셈은 물론 그게 아니었어."

"에잇, 만날 그놈의 비열한 계략!"

"그나저나 어떡해, 이제 독립군들은 큰일이네."

"응, 큰일은 큰일이었지. 독립군은 숫자로 보나 무기와 전투 장비로 보나 일본군과 비교하기 어려울 정도로 세력이 약했거든. 하지만 그렇다고 쫓기기만 할 수는 없는 일! 독립군 세력은 당당히 일본군에 맞서기 위해 전열을 가다듬었어. 부지런히 군자금과 전투에 필요한 장비들을 모으고 일본군의 움직임을 자세히 알 수 있도록 치밀한 연락망도 갖추었고. 그 사이에도 일본군은 무서운 기세로

大韓民國二年十一月六日
{大韓独立軍血誠團}
☆ 軍人之証 ☆
團長 姜國模

혈성단 신분 증명서 혈성단은 1920년 11월 만주에서 만들어진 독립군 부대야. 일본이 보낸 간첩들이 독립군에 침투하는 걸 막기 위해 이 증명서를 만들었어.

김좌진(1889~1930) 대한 제국 육군 무관 학교를 나왔어. 3·1 운동 때 만주로 건너가 독립군 부대인 북로 군정서의 총사령관을 맡았어.

독립군의 뒤를 쫓았어. 자, 이제 그들과 크게 한번 맞붙을 차례였어."

아이들이 긴장한 표정으로 침을 꼴깍 삼켰다.

"봉오동 전투가 치러진 뒤 네 달쯤 뒤인 10월! 독립군들은 청산리라는 곳에 진을 쳤어. 이번에는 홍범도가 이끄는 부대와 김좌진이 이끄는 부대가 힘을 합쳤지. 처음 전투가 벌어진 곳은 백운평 계곡이었어. 김좌진은 좁은 계곡에서 일본군이 지나갈 길목을 지키고 있다가 기습 공격을 했어. 아무런 방비가 없었던 일본군은 그대로 무너져 내렸지. 이날 백운평 계곡에 들어온 일본군 중에는 살아서 도망친 이들이 많지 않았다지. 이렇게 첫 전투부터 큰 승리를 거둔 독립군은 그 뒤로 며칠 동안 이어진 전투를 끝내 승리로 이끌었어! 청산리 대첩은 독립군이 일본군에 맞서 치른 싸움 중 가장 큰 승리를 거둔 전투였단다."

김좌진과 북로 군정서 청산리 대첩을 승리로 이끈 김좌진과 북로 군정서 부대원들의 모습이야. 맨 앞에 앉아 있는 사람이 김좌진이야.

"우와아~! 만세!"

"진짜 대단하다! 일본군이 보통 벼른 게 아닐 텐데!"

"우리 독립군이 그 정도였다니, 멋지다!"

조마조마했던 아이들이 혀를 내두르며 감탄했다.

"하지만…… 이런 통쾌한 승

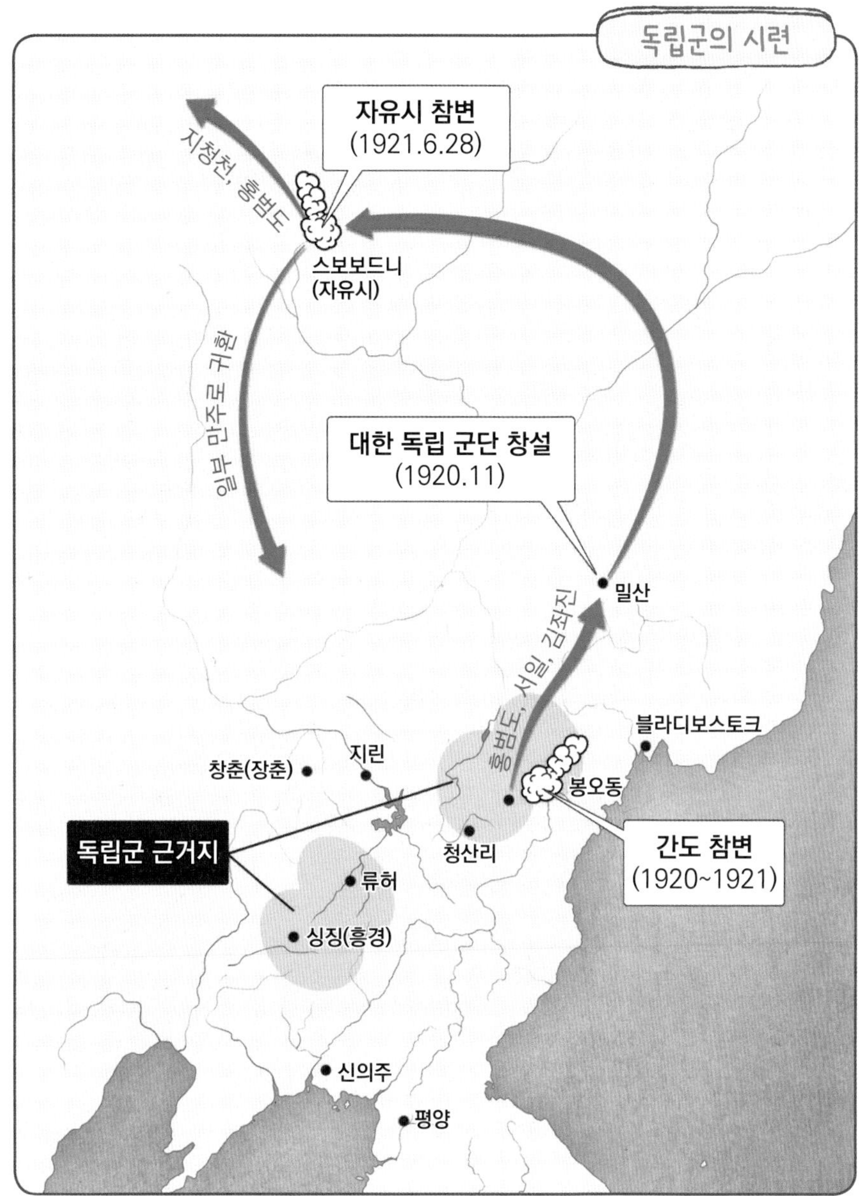

리의 뒤에는 희생도 뒤따랐어. 독립군을 완전히 소탕하기는커녕 오히려 전투에서 진 일본군은 총부리를 죄 없는 주민들에게 돌려 분풀이를 했어. 독립군을 잡는다는 이유를 대면서 이 지역의 조선인 마을들을 짓밟고 수많은 사람들을 잔인하게 학살했지. 이 사건

을 '간도 참변'이라고 해."

"그런…… 으, 비겁해! 너무해!"

"독립군 부대들은 일본의 추격을 피해 점점 북쪽으로 올라갔지. 북만주의 밀산에서 만난 독립군들은 '대한 독립 군단'을 조직하고, 소련의 자유시로 이동했어. 자유시에서 만주에서 이동한 독립군 부대뿐 아니라 연해주에서 활동하던 독립군 부대까지 모여서 힘을 모아 보려 했던 거야. 하지만 소련군이 독립군의 무기를 빼앗으려 하는 과정에서 많은 독립군이 죽었고, 독립군 부대의 연합은 실패했어. 결국 자유시로 향했던 일부 독립군 부대는 다시 만주로 돌아오게 되었단다. 만주로 돌아온 독립군은 참의부, 정의부, 신민부 3부로 독립군 부대를 조직하면서 다시 일본과의 싸움을 준비했어."

용선생이 안타깝다는 듯 수업을 마무리하는데 뜻밖에, 용선생의 귀에 허영심의 명랑한 목소리가 들려왔다.

"에이 뭘 그 정도 가지고 그렇게 기죽으세요? 역사엔 원래 이해할 수 없는 일도 많잖아요. 그렇다고 아예 희망이 사라진 것도 아니고. 또 독립운동 새로 하면 되죠! 기운 내시죠!"

알 것 같다가도 모르겠고, 모르다가도 갑자기 알아지는 아이들의 마음. 그게 어쩐지 찡해진 용선생은 '후우' 하고 길게 심호흡을 하며 아이들과 오래오래 눈을 맞추었다.

나선애의 정리노트

1. 노동자와 농민들의 저항 운동

	농민	노동자
배경	높은 소작료, 세금, 수리 시설 공사 비용 등	적은 임금, 나쁜 작업 환경, 차별과 폭력 등
활동	소작 쟁의: 소작료를 내지 않고, 추수도 하지 않음	파업: 하던 일을 멈춤
대표적인 저항 운동	암태도 소작 쟁의(1923년)	원산 총파업(1929년)

2. 6·10 만세 운동(1926년)

전개 과정	조선 공산당이 중심이 되어 순종의 장례식 날에 맞추어 만세 시위 준비 → 경찰들에게 발각됨 → 장례식 날 학생들이 만세 시위를 이끎 → 전국으로 퍼짐
의의	· 일본에 저항하기 위한 구체적인 투쟁 방법 제시 · 항일 운동에 활력 불어넣음

3. 신간회(1927~1931년)

① 사회주의 세력 + 민족주의 세력

② 1920년대 후반 여러 독립운동, 사회 운동에 관여

4. 광주 학생 항일 운동(1929년)

광주에서 조선인, 일본인 학생 간에 싸움이 일어남 → 일본 경찰이 편파적으로 처리 + 거짓된 신문 보도 → 대규모 학생 시위(식민지 교육 반대, 조선 독립) → 전국으로 확산

5. 해외 독립 투쟁

- 봉오동 전투와 청산리 대첩에서 대승을 거둠!
- 간도와 자유시에서 시련을 겪음
- 만주로 돌아와 참의부, 정의부, 신민부 3부 구성!

http://cafe.naver.com/yongyong

용선생의 역사 카페

역사계의 슈퍼스타,
용선생의 역사 카페에
오신 걸 환영합니다

Log in

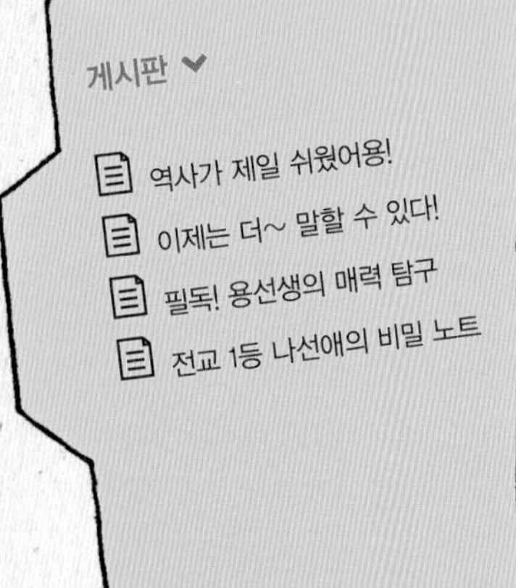

신간회의 자매 단체, 근우회

수업 시간에 '근우회'에 대해 잠깐 언급한 적이 있지? 근우회는 "여성에 대한 모든 차별을 반대"했던 단체야. 이 당시 여성들은 어떤 차별을 받았던 걸까?

우선 교육 문제부터. 보통학교 학생들 중 여자아이는 전체의 5.7%에 불과했어. 그나마도 여자아이는 보통학교만 보내고 고등 보통학교(지금의 중·고등학교)는 보내지 않는 경우가 대부분이었지. '여자아이가 웬 공부냐'는 분위기가 지배적이었거든. 그리고 여성은 경성 제국 대학에 입학할 자격조차 없었어.

노동 문제도 심각했어. 여성 노동자는 전체 공장 노동자의 1/4이나 될 정도로 그 수가 많았어. 하지만 이들은 전혀 보호받지 못했지. 남성과 똑같이 장시간 동안 노동을 했지만 임금은 남성의 절반에 불과했어. 출산 휴가나, 혹은 일하는 동안 아이를 맡길 수 있는 탁아소 같은 건 상상조차도 할 수 없었어. 게다가 남편과 똑같이 돈을 벌어도 집안일은 항상 여성의 몫이었지.

이처럼 여성은 차별받고 억압받았지만, 1910년대에는 제 목소리를 내기 힘들었어. 그러다가 총독부가 '문화 통치'를 내세우자, 여성들은 본격적으로 여성 단체를 만들고 여성 운동을 전개하기 시작했어. 1923년까지 무려 150개나 되는 여성 단체가 만들어졌다고 해.

그러던 1927년 5월, 최초의 전국적인 여성 단체인 근우회가 결성되었어. 근우회는 "통일된 조직과 통일된 목표를 가지고, 여성들이 모두 단결하여 운동하자"고 선언했지.

근우회는 우선 야학을 통해 여성을 교육하는 데 힘썼어. 여성들이 경제적으로 자립할 수 있도록 부인 강좌를 열어 자수, 염색, 재봉 등의 기술도 가르쳤지. 그리고 잡지 《근우》와 강연회, 토론회 등을 통해 남녀 차별에 반대한다는 주장을 널리 알리는 데 힘썼어. 여성들을 위한 탁아소를 운영하는가 하면, 여성 노동자들의 파업에 성금을 보탬으로써 지원했어.

근우회는 여성 운동에 주력하는 한편 신간회와 함께 민족 운동에도 힘을 쏟았어. 어려운 해외 동포를 돕기 위해 자선 음악회를 열고, 광주 학생 항일 운동을 적극적으로 지원했지. 이처럼 근우회와 신간회는 목표와 행동을 함께했기 때문에 근우회를 신간회의 '자매 단체'라고 불러.

COMMENTS

허영심 : 그런데 '근우회'는 무슨 뜻인가요?

↳ 용선생 : 근우(槿友)란 '무궁화[槿] 벗[友]' 이라는 뜻이야.

한국사 퀴즈 달인을 찾아라!

01 ★☆☆☆☆

허영심이 노트 정리를 하고 있어. 그런데 혼자서는 조금 버거워 보이는데? 친구들이 줄을 살~짝 그어서 도와줘!

① 암태도 소작 쟁의 •

② 원산 총파업 •

• ⓐ 원산의 한 공장에서 노동자들이 파업을 하자 원산의 회사들은 오히려 파업을 지지하는 노동자들을 해고함. 그러자 1929년 1월 원산의 노동자들은 총파업에 들어감. 무려 80여 일 동안 지속됨.

• ⓑ 1923년 암태도의 농민들이 지주 문재철에게 소작료를 내리라고 요구하며 시위를 벌임. 목숨을 건 단식 투쟁까지 함. 결국 총독부가 나서서 조정을 함.

02 ★★★☆☆

장하다가 6·10 만세 운동에 대해서 정리하고 있구나. 근데 틀린 곳이 딱 한 군데 있네. 어디인지 찾아 줄래? (　　　　)

〈6·10 만세 운동〉

① 고종의 장례일인 1926년 6월 10일에
② 장례 행렬이 지나가는 곳곳에서
③ 학생들의 주도 아래
④ 만세 시위를 벌임

도착!

05 ★★★★★

나선애가 검색한 단어에 대한 설명으로 옳은 것은 무엇일까? (   )

검색
검색 결과 1929년, 광주에서 일어난 조선인, 일본인 학생간의 충돌로 시작된 대규모 학생 시위이다.

① 6월 10일 순종의 장례식 날에 일어났다.

② 3 · 1 운동 이후 최대의 저항 운동이었다.

③ 광주 지역에 비밀 학생 운동 단체인 성진회가 만들어지는 계기가 되었다.

④ 민족주의와 사회주의 세력이 신간회를 결성하는 계기가 되었다.

04 ★★★★☆

민족주의 세력과 사회주의 세력이 서로 손잡고 만든 단체가 있다고 했지? 당대 최대 규모의 조직으로 민족의 힘을 한데 모아 일본과 맞서 싸우는 데 온 힘을 기울였잖아. 그 단체의 이름이 뭘까? (   )

① 신한회 ② 신간회 ③ 신민회 ④ 색동회

03 ★★★☆☆

1920년대에는 많은 분야에 걸쳐 여러 사회 운동이 일어났어. 그렇다면 다음 중, 1920년대에 사회 운동을 벌이던 사람들이 했을 법한 말이 아닌 건 뭘까? (   )

① 남녀를 차별하지 말라!
② 천민 출신을 차별하지 말라!
③ 영국인을 차별하지 말라!
④ 어린이에게도 인격이 있다!

• 정답은 301쪽에서 확인하세요!

5교시

화려하지만 허망한 도깨비 경성에서

지금으로부터 80년 전쯤, 서울 그러니까 당시의 경성 한복판을 지나는 사람들은 어떤 차림새였을까? 그들은 무슨 꿈을 꾸며 어떤 고민을 품고 있었을까? 옛것과 새것, 내 것과 남의 것이 한데 뒤섞이던 그때, 경성 사람들의 삶은 퍽이나 다양한 모양새였어. 하지만 때로는 같은 조선인이라는 이유로 한마음으로 울고 웃기도 했지. 오늘은 경성의 그들을 만나 보자.

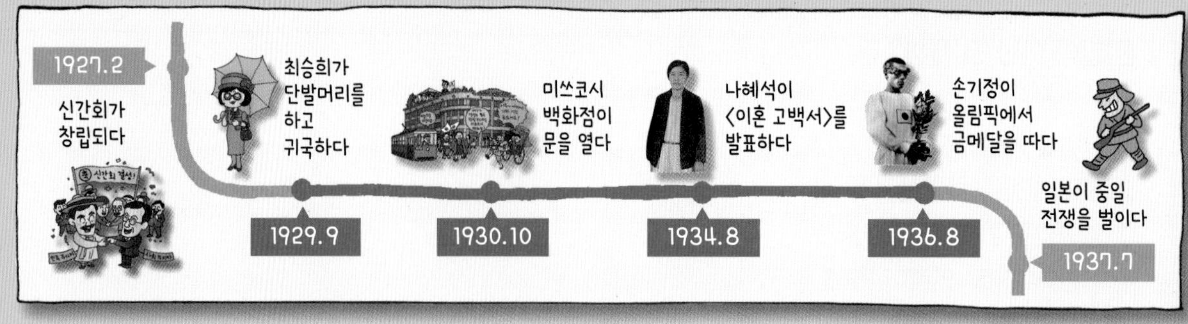
1927.2
신간회가 창립되다
1929.9
최승희가 단발머리를 하고 귀국하다
1930.10
미쓰코시 백화점이 문을 열다
1934.8
나혜석이 〈이혼 고백서〉를 발표하다
1936.8
손기정이 올림픽에서 금메달을 따다
1937.7
일본이 중일 전쟁을 벌이다

1930년대 경성의 본정

✔ 알고 있는 용어에 체크해 보자!

- ☐ 모던 보이
- ☐ 모던 걸
- ☐ 신여성
- ☐ 토막민
- ☐ 손기정

"형들은 식민지 시기에 태어났으면 뭐가 되었을 거 같아?"

복도를 걷던 곽두기가 물었다.

"그야 당연히 독립군이지! 김좌진 장군! 홍…… 홍범……."

"홍범도! 너는 장군님 이름도 똑바로 모르면서 독립군은 무슨 독립군이냐?"

왕수재의 핀잔에 헤헤거리던 장하다가 갑자기 웃음을 뚝 그쳤다.

"가만있자, 수재 너는 유학을 가든가 공무원이 되든가 해야 될 텐데 어떡하냐?"

"어떡하긴 뭘?"

"친일파 되기 딱 좋잖아! 이야, 넌 그때 태어났으면 큰일 날 뻔했다, 그치?"

"뭐? 이거 왜 이래? 나는 아마…… 그래! 임시 정부에서 일했을 거라고! 우수한 성적으로 해외 유학을 마치고 상하이 임시 정부 관료가 돼서……."

왕수재가 열심히 설명을 늘어놓았지만 이미 장하다는 듣고 있지 않았다.

“근데, 그러는 두기 넌?”

“모르겠어. 목숨 걸고 독립운동을 하려면 너무 무서울 거 같고, 그렇다고 우리나라를 빼앗은 일본 편에 서도 안 되는 거고……. 그때 태어났으면 정말 끔찍했을 거야.”

곽두기가 고개를 잘잘 흔들었다.

“헤, 뭐가 그렇게 심각해? 설마 독립운동가랑 친일파만 살았겠어? 맞다, 선생님이 오늘은 그때 사람들이 어떻게 살았는지 이야기해 주신다고 했으니까 빨리 가 보자.”

장하다가 교실 문을 여니 용선생이 대뜸 “3번!” 하며 하다의 어깨를 짚었다. 뒤를 이은 곽두기는 4번, 왕수재는 5번이었다.

“퀴즈 대회 순서야. 교실에 도착한 순서대로. 어때, 공평하지?”

“잉? 오늘 퀴즈 대회 해요?”

“오냐!”

“일등 하면 상품도 있나요?”

"그럼! 상품이 뭔지는 나중에 공개하마. 오늘 퀴즈 대회의 배경은 1920년에서 1930년대까지야. 이 시기에는 교통과 통신은 물론이고, 경제며 사회 제도, 또 사람들의 사고방식 등에도 많은 변화가 일어났어. 그런데 너희가 잘 아는 것처럼 이 엄청난 변화의 시기에 조선은 일본의 지배를 받았지. 자, 당시 조선인들의 생활에는 어떤 변화들이 있었는지 퀴즈를 풀면서 알아보자."

댕기 머리와 단발머리, 파마머리가 나란히

"첫 번째 문제는 당시 사람들의 옷차림에 대한 거야. 사람들의 겉모습이며 생활 방식을 살피면 시대가 바뀌고 있다는 걸 금세 알아차릴 수 있거든. 조선 사람들의 옷차림은 1800년대 말, 즉 개항 뒤부터 서서히 달라지기 시작했어. 1920년대 이후로는 제법 큰 차이를 보이게 됐지. 일단 도시를 중심으로 한복 대신 양복을 입는 사람들이 늘어났고, 한복도 점점 더 간편한 차림새로 바뀌어 갔어.

양장을 입은 송복신 1929년 미국 미시간 대학교에서 공중 보건학으로 박사 학위를 땄어. 1920년에 YMCA 활동을 위해 일본에 갔는데, 그때 찍은 사진으로 보여. 양 갈래로 머리를 땋아 내리고 종아리를 드러내는 통치마를 입었어.

여기에 당시 총독부가 집요하게 추진한 '생활 개선' 운동이라는 것도 큰 영향을 끼쳤어. 총독부는 전통적인 생활 양식이 미개하고 야만적이라며 자기네 기준에 맞추어 뜯어고치려 했어. 밥 먹는 횟수를 줄이라는 둥, 반찬 수를 줄이라는 둥, 온돌 때문에 산에 나무가 남아나질 않고 사람들이 게을러진다며 온돌도 고치라고 간섭을 했지."

'시의 기념일' 행사 총독부는 일상의 거의 모든 부분을 근대적으로 바꾸려는 생활 개선 운동을 벌였어. 특히 '시간을 지키자'는 캠페인을 대대적으로 벌였지. 총독부는 1921년부터 매년 6월 10일을 '시의 기념일'로 삼고, 모든 관청에서 이날을 기념하도록 했어. 시의 기념일을 맞아 길거리에서 시계를 고쳐 주고 있는 모습이야.

말을 멈춘 용선생이 "첫 번째 선수 허영심!" 하고 불렀다.

"총독부의 생활 개선 방침 중에는 조선인의 옷차림에 대한 것도 있었어. 과연 어떤 옷 대신 무슨 옷을 입으라고 했을까? 힌트는 '백의민족'!"

잠시 생각하던 영심은 선애에게 "백의민족 저거, 흰옷 입는 민족 맞지?" 하고 확인을 하더니 자신 있는 표정으로 대답했다.

"알겠어요. 흰옷 대신 까만 옷!"

"오! 정확히는 색깔 옷이지만 맞힌 것으로 하겠습니다!"

"야호!"

"당시 조선 사람들 중에도 흰옷은 쉽게 때가 타서 빨래를 자주 해야 하니 효율적이지 못하다고 여기는 이들이 있었어. 여기에 총독부가 흰색 옷을 입는 것이 역시 '야만적이고 비위생적인 풍습'이라며 색깔 옷을 입을 것을 강요하면서 때가 잘 타지 않는 진한 색깔 옷을 입는 사람들이 늘어났지."

"뭔 소리래요. 뭐가 묻어도 안 보인다고 빨래를 자주 안 하면 그게 더 더러운 거 아닌가?"

장하다가 고개를 갸우뚱거렸다.

"그러게 말이다. 하지만 조선인 중에는 계속 흰옷을 입는 사람들도 많았어. 오랫동안 입어 온 흰옷을 갑자기 바꾸기 싫어하는 사람들도 있었을 테고, 흰옷을 우리 민족의 상징처럼 여기며 계속 고집하는 사람들도 있었겠지. 어느 쪽이건 총독부에게는 빨리 뜯어고쳐야 할 대상이었어. 그들은 아예 흰옷을 입은 사람은 관청에 들어오지 못하게 하거나 관청 직원이 물총을 가지고 다니면서 흰옷 입은 사람이 눈에 띄면 먹물을 뿌리기도 했대."

"윽! 옷에 먹물을 뿌려요? 그거야말로 야만적인 짓이잖아!"

허영심이 자신의 새하얀 원피스 자락을 내려다보며 인상을 찌푸렸다.

"자, 다음 선수는 나선애! 먼저 이 사진을 보렴."

용선생은 여자 사진 한 장을 보여 주었다.

"이 사람은 최승희라는 무용수야. 당시에는 드물게 서양 무용을 했던 사람인데, 해외에 공연을 다닐 정도로 실력이 뛰어났지."

"어머, 그때 무용수도 있었단 말이에요? 게다가 해외 공연까지?"

"그래, 시대가 많이 바뀌어 가고 있다는 게 느껴지지? 문제! 최승희는 당시 일부 여성들 사이에 유행을 일으켰어. 과연 그 유행은 뭐였을까? 참고로 이걸 처음 한 것이 최승희는 아니었어. 20년대 초에 강향란이라는 기생이 여자라고 남자에게 기대 살 게 아니라 스스로 남자처럼 살아 보겠다며 처음 이걸 했는데 결국 그 때문

최승희(1911~1967) 숙명 여자 고등 보통학교를 졸업한 뒤 1926년에 일본으로 건너가 무용을 배우기 시작했고, 3년 만에 주연 무용수로 뽑힐 만큼 뛰어난 실력을 보였어. 1929년 경성에 돌아와 최승희 무용 연구소를 세웠지.

최승희의 무용 공연 여성이 몸을 드러내고 춤을 추는 것을 곱지 않은 눈으로 보던 시절이었지만 최승희는 아랑곳하지 않았어. 1936년부터는 조선뿐 아니라 일본, 중국, 미국, 유럽, 남미 등 전 세계를 다니며 공연을 했대.

단발머리, 파마머리를 한 여성들 잡지 《여성》 1939년 9월호에 실린 삽화야. 서양 여배우를 따라하는 여성들을 풍자하고 있어. 서양 영화가 선풍적인 인기를 끌면서 일부 여성들은 여배우의 단발머리와 옷차림을 따라하고 서양식 이름을 짓곤 했어.

에 다니던 여학교에서 퇴학을 당했다지. 그 뒤로도 여배우나 소설가 중에서 같은 것을 하는 사람들이 있었는데 그때마다 신문에 실릴 정도로 충격적인 소식으로 받아들여졌어."

나선애가 "아하!" 하고 책상을 쳤다.

"짧은 머리다! 단발이요!"

용선생이 빙그레 웃었다.

"조선의 여자들은 처녀 때는 댕기 머리를 하고 결혼한 뒤에는 비녀로 머리를 틀어 올렸지? 이 무렵 도시에서는 새로운 머리 모양이 조금씩 퍼져 나갔어. 두 갈래로 머리를 땋거나 비녀 대신 머리핀을 꽂는 식이었지. 그중에서도 가장 큰 변화는 바로 단발머리였어. 하지만 1920년대까지만 해도 짧은 머리의 여자는 조선 사람들에게 해괴망측해 보였어. 단발을 하려는 여자에겐 대단한 용기가 필요했지. 그러다 1920년대 말에 일본에서 유학을 마친 최승희가 이렇게 세련된 모습으로 돌아오자 그 모습에 반해 따라서 단발머리를 하는 여자들이 꽤 생긴 거야. 뿐만 아니라 1930년대부터는 파마머리를 한 여자들도 생겨났어. 그땐 전기로 머리카락을 지져서 모양을 냈다고 '전발(電髮)'이라고 불렀대."

"벌써 파마도 했어요? 그럼 그때 댕기 머리랑 파마머리가 같이 있었다는 거네요."

"그래. 머리뿐 아니라 이 시기엔 모든 게 그랬어. 아주 옛날부터 이어져 내려오던 풍습과 서양, 일본에서 들어온 새로운 풍속이 뒤섞여 있었어. 전차가 다니는 길과 소달구지 길이 한데 같이 있고, 그 길로 댕기 머리에 장옷을 쓴 아낙네와 단발머리, 또는 파마머리에 뾰족구두를 신은 아가씨가 마주쳐 지나가는 거야. 상상해 보면 참 재미난 모습이지."

반짝이는 쇼윈도의 화려한 유혹

"다음 문제로 가 볼까? 이 무렵엔 새로운 문물이 쏟아져 들어오고 공장에서 많은 상품들이 대량으로 만들어지면서 물건을 사고파는 방식도 이전과는 달라졌어. 물건을 만들어 파는 회사끼리 경쟁도 치열했고 신문이나 잡지에는 다양한 상품에 대한 광고들이 실렸지. 어떤 상품들은 없어서 못 팔 만큼 큰 인기를 누리기도 했고. 자, 그렇다면 이건 무슨 물건을 선전하는 광고였을까? 다음 선수, 징하다! 읽어 보세요!"

광고(廣告)
'널리[廣] 알린다[告]'는 뜻이야.

"강철은 부서질지언정 별표 ○○는 찢어지지 아니한다! ○○○이 질기다 함도 별표 ○○를 말함이오, ○○○의 모양 좋기도 별표 ○○가 표준이오."

거북선표 고무신 광고 이병두라는 사람이 짚신과 코신 모양을 본뜬 '조선식 고무신'을 만들어 팔자 큰 인기를 끌었어. 거북선표 고무신은 '거북선 상표의 물결 바닥'을 꼭 확인하고 사라면서 민족을 강조하고, 미끄럼 방지 기능까지 부각시켰어.

장하다는 광고를 읽자마자 "알았다!" 했다.

"축구공이죠!"

용선생이 눈짓을 하며 틀렸다는 신호를 보냈지만 장하다는 계속 "축구공!"을 외쳤다.

"땡이다! 답은 고무신이야."

"에? 고무신이 뭐가 대단하다고요! 웃기는 광고네!"

하지만 용선생은 정색을 했다.

"아니야, 지푸라기를 엮어 만든 짚신이나 삼으로 짠 미투리에 비하면 고무신은 정말 대단했어! 비가 와도 젖지 않지, 또 쉽게 닳지도 않지, 매끈매끈한 것이 모양도 나지. 너도나도 고무신을 사 신었기 때문에 고무신 회사들 사이에 경쟁도 심했대. 그래서 저렇게 강철보다 강하다고 허풍을 치는 광고도 나오고, 순종이나 순종의 동생인 의친왕이 신는 고무신이라고 내세우는 광고도 있었고, 또 가짜 상표가 많으니 속지 말고 꼭 자기네 회사 상표를 확인하라고 당부하는 광고도 있었지."

"가짜에 속지 말라니, 요즘 광고랑 똑같네. 또 무슨 광고가 있었어요?"

"재미있는 광고가 아주 많았지! 예를 들면 '박가분'이라는 화장품은 '흑인이 변해 미인이 된다!' 하고 광고를 했어. 박가분은 얼굴에 바르는 새하얀 분이었거든. 이 무렵에는 예전과 달리 백인의 흰 피부가 미의 기준으로 여겨졌다는 점도 엿볼 수 있지. 박가분은 하루에 1만 갑씩 팔려나갔단다.”

단순하고도 허풍스러운 문구에 킥킥대던 아이들은 당시 박가분의 인기에 놀라워했다.

박가분 ‘박씨 가문에서 만든 분’이라는 뜻이야. 원래는 박승직이라는 사람이 운영하는 포목점에서 사은품으로 주던 것이었는데, 입소문이 나자 정식으로 판매하기 시작했어. 박승직이 박가분으로 나라의 돈을 다 긁어모은다는 소문이 있을 정도로 인기였어. 1갑에 50전이었어.

“멋쟁이들 사이에서는 구두도 인기였어. 여자들의 치마가 짧아지면서 신발 패션에 좀 더 관심이 많아진 거지. 그런데 처음 구두가 나왔을 땐 거의 쌀 두 가마니 값이었다지 뭐냐. 그래서 당시 잡지에는 있는 돈 없는 돈 끌어모아 구두를 사는 아가씨들을 비꼬는 만화가 실리기도 했지.”

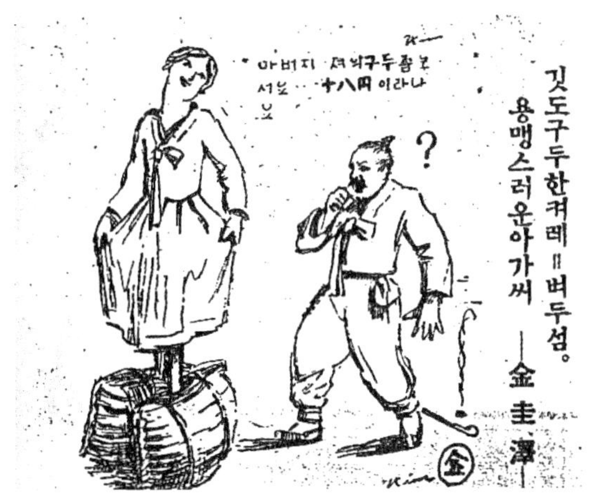

깃도 구두 한 켤레 = 벼 두 섬 ‘깃도’란 고급 양가죽을 가리키는 일본어야. 쌀 두 가마니 가격의 비싼 깃도 구두를 사서 신는 여성을 비꼬고 있어.

“어휴, 비싸긴 비쌌네요.”

나선애의 말에 용선생이 끄덕거렸다.

“그래. 지금과 같은 소비문화가 시작된 게 바로 이 무렵이니까 당시 사람들의 생활 모습을 보면 지금 우리 사회와 닮은 꼴로 느껴지는 게 한둘이 아니야. 값비싼 새로운 상품들, 멋진 옷과 장신구, 편리한 생활, 세련된 문화…… 이런 걸 간절히 원하는 사람들은 갈수록 많아졌어. 그런 것을 위해서라면 돈이 꼭 필요했으니, 돈의 중요성도 전보다

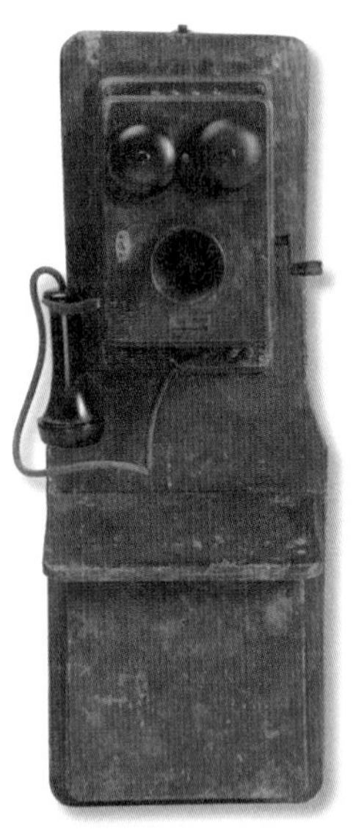

유성기(留聲機) 소리[聲]가 머무르는[留] 기계[機]라는 뜻이야. 소리를 기록해 놓은 레코드판을 올려놓고 바늘을 얹으면 레코드판이 빙빙 돌아가면서 소리가 흘러나와. 유성기 덕분에 음악을 언제든 들을 수 있게 되었지.

벽걸이형 전화기
전화기란 소리를 전기 신호로 바꿔 먼 곳까지 보내는 기계를 말해. 전화기에 달린 손잡이를 돌려 교환원을 부르면 교환원이 상대방을 연결해 줘 통화가 이루어졌어.

보급형 라디오 1호
라디오는 방송국에서 보내는 전파를 소리로 바꿔 들려주는 장치야. 이 라디오는 1936년에 만들어진 것으로, 40원이 넘는 일반 라디오보다 값이 싸서 큰 인기를 끌었어.

훨씬 커졌어. 옛 조선에서와는 완전히 다른 가치관이 빠른 속도로 퍼져 간 거지."

"흠, 돈이라…… 이제 돈이 최고가 된 세상이로군요."

왕수재가 고개를 끄덕거리며 중얼거렸다.

"응, 그런 셈이야. 이렇게 값비싼 상품이나 새로운 패션의 중심지는 경성의 남촌이었는데 말이야. 여기서 다음 문제! 이 남촌에는 1930년대 초반부터 이것이 생겨나기 시작했어. 이 중 가장 유명한 것은 지금의 서울 충무로에 들어선 미쓰코시 ○○○이었지. 화려한 고급 상품들을 한곳에 모아 깔끔하고 세련된 모습으로 진열해 둔 곳! 당시 경성 구경을 온 시골 사람들 중에는 이곳의 으리으리한 입구에서 신발을 신고 들어가야 할지, 벗고 들어가야 할지 몰라서 결국 들어가 보지도 못하고 오가는 사람들 구경만 하다 발길을 돌리는 이들도 있었대. 자, 이게 뭐였을까, 두기야?"

잠시 생각하던 곽두기가 자신 없는 표정으로 입을 열었다.

"지금으로 치면 딱 백화점 같은 델 텐데…… 설마 백화점은 아니겠죠?"

"오! 딩동댕!"

"정말요? 그때 벌써 백화점이 있었어요?"

"응, 백화점이야말로 최신 유행의 중심지였지. 당시 남촌 일대는 일본인들이 모여 살던 지역이었어. 지금으로 치면 충무로와 명동 주변인데, 이곳은 조선 땅에서 가장 화려한 별세계였어. 밤이 되면 색색의 네온등으로 더욱 화려하게 반짝이며 사람들의 눈을 사로잡

미쓰코시 백화점 미쓰코시 백화점은 지하 1층, 지상 4층의 건물로 상품 매장 외에도 미술관과 연회장, 고급 식당, 최신식 엘리베이터와 에스컬레이터까지 갖추고 있었어. 경성을 방문한 사람들의 필수 관광 코스 중 하나였지.

미쓰코시 백화점의 옥상 정원 미쓰코시 백화점 옥상에는 정원식으로 꾸민 카페 겸 식당이 있었어. 경성이 한눈에 내려다보여 전망대 구실을 했다고 해. 젊은이들의 데이트 코스이기도 했어.

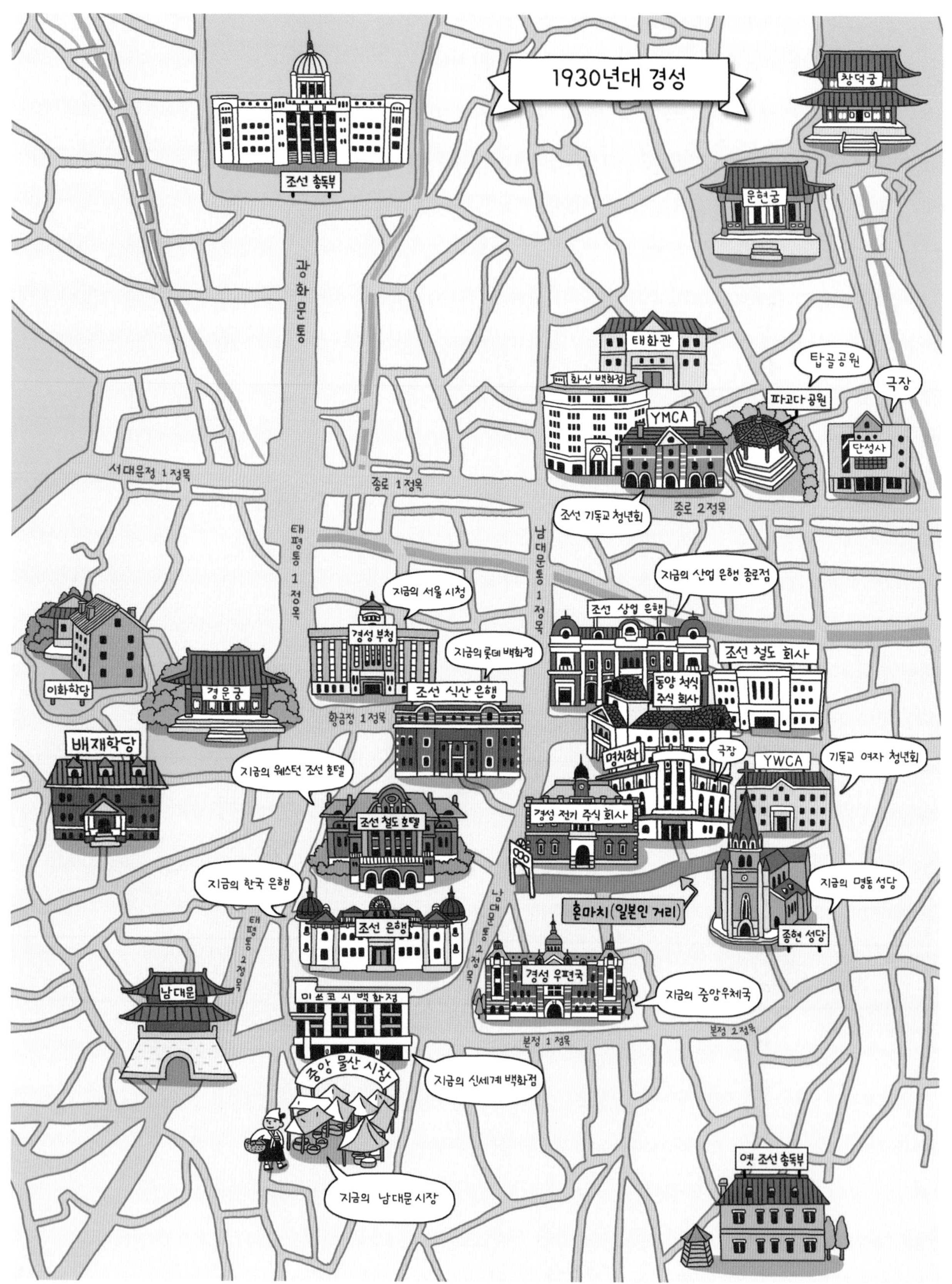

1930년대 경성
조선 총독부
창덕궁
운현궁
광화문통
태화관
화신 백화점
탑골공원
극장
파고다 공원
YMCA
단성사
서대문정 1정목
종로 1정목
조선 기독교 청년회
종로 2정목
태평통 1정목
남대문통 1정목
지금의 산업 은행 종로점
지금의 서울 시청
조선 상업 은행
경성 부청
지금의 롯데 백화점
조선 철도 회사
이화학당
경운궁
조선 식산 은행
동양 척식 주식 회사
황금정 1정목
배재학당
지금의 웨스턴 조선 호텔
명치좌
극장
YWCA
기독교 여자 청년회
경성 전기 주식 회사
조선 철도 호텔
지금의 한국 은행
지금의 명동 성당
혼마치(일본인 거리)
태평통 2정목
남대문통 2정목
조선 은행
종현 성당
남대문
경성 우편국
지금의 중앙우체국
미쓰코시 백화점
본정 1정목
본정 2정목
중앙 물산 시장
지금의 신세계 백화점
옛 조선총독부
지금의 남대문시장

았지. 백화점은 물론이고 수많은 상점과 음식점, 카페, 주점들이 빼곡한 이곳에는 조선은행이며 동양 척식 주식회사를 비롯한 각종 금융 기관들도 들어서 있었어. 그러니 남촌은 짧은 기간에 조선 경제의 새로운 중심지로 떠올랐어. 당시 사치스럽다는 소리를 들을 만큼 화려한 내부 장식에 최고급 물건들만을 취급하던 미쓰코시 백화점에서 물건을 살 수 있는 사람은 경성에서도 내로라하는 부자들이었어. 그 아래 미나카이 백화점에 자주 드나드는 사람도 주로 중류층 일본인들이었고, 그보다 더 싼값에 물건들을 살 수 있었던 여러 백화점들이 나란히 경쟁하며 조선인들을 유혹했지. 백화점에 물건을 사러, 맛있는 요릿집과 분위기 좋은 카페를 찾아, 서점에 새로 들어온 책을 구하러, 때로는 하염없이 그 거리를 걷기 위해…… 남촌을 찾는 각계각층의 조선인들의 발길은 끝도 없이 이어졌어. 특히 서양 문물이며 남촌 일대의 화려하고 세련된 문화에 익숙한 젊은이들을 '모던 보이'나 '모던 걸'이라고 부르기도 했어. '모던'은 우리말로 '근대적'이라는 의미야."

1930년대 경성의 본정 지금의 충무로로, 옛날에는 진고개라 불렸어. 비만 오면 땅이 질어져 발이 빠질 정도로 질퍽거린다는 뜻이야. 그런데 청일 전쟁 이후 일본인들이 모여 살기 시작하면서 발전했고, 1920년대에는 경성의 중심 번화가로 성장했어. 본정(혼마치)을 구경해야 경성 구경을 다 했다는 말이 나올 정도였지.

용선생이 다음 차례인 왕수재를 바라보았다.

"수재는 오늘 운이 좋구나. 이번 문제는 그냥 재미 삼아 풀어 보는 쉬운 퀴즈야. 다음 보기 중에서 당시 모던 걸, 모던 보이라고 불리던 사람들이 남촌 카페에서 즐기던 문화와 상관이 없는 것은 무엇일까요? 보기! 서양 문학, 클래식 음악, 재즈 댄스, 아이스커피……."

곰곰이 듣던 왕수재가 '아이스커피'에 이르자 피식 웃음을 지었다.

"당연히 아이스커피겠네요. 나 원, 쉬워도 이렇게 쉬워서야!"

하지만 용선생은 안타까운 표정을 짓고 있었다.

"조금만 더 듣지 그랬니. 마지막 보기가 있었어. '아이스 홍시'. 안됐지만 땡!"

놀란 왕수재의 입이 절로 벌어지고, 다른 아이들은 쿡쿡거리며 웃음을 참았다.

"근데 정말 그때 사람들이 클래식 음악이며 아이스커피 같은 걸 즐길 수 있었어요? 먹을 쌀도 엄청 모자랐던 시긴데……."

나선애가 석연치 않은 표정으로 물었다.

"그래, 물론 대부분의 조선인들에게는 카페에서 비싼 커피를 마시며 시간을 보낸다는 것이 턱도 없는 이야기였지. 돈도 좀 있고 시간도 있고, 또 배우기도 많이 배워서 문학이며 예술에 기본적인 교양을 갖춘 이들에게나 가능한 생활이었어."

사랑의 아이스커피 남녀 한 쌍이 아이스커피를 마시는 모습을 그린 삽화야. 커피는 '서양 문물의 상징'과도 같았어.

종로 거리 북촌의 중심이었던 종로 거리는 한양에서 가장 넓은 도로였는데, 일제 강점기 때 오히려 이전보다 낙후되었어. 조선인들의 상가가 모여 있는 종로를 개발하는 데 총독부가 큰 관심이 없었기 때문이야.

동대문 시장 경성에 사는 조선인들이 이용하던 시장이야. 주로 곡물, 생선, 과일, 잡화 등 생활용품을 사고팔았어. 하지만 시간이 지날수록 점점 규모가 작아졌어.

"어째 좀 찝찝하네."

나선애가 미간을 찌푸렸다.

 현실의 벽 앞에서 절망한 신여성, 지식인

"남녀가 자유롭게 사귀는 걸 가리키는 '연애'라는 말 자체가 처음 생겨난 게 바로 이 시기였어. 물론 아직 조선의 처녀 총각 대부분은 집안 어른들이 정한 상대와 결혼을 해야 했지. 여전히 열 살을 갓 넘긴 나이에 결혼을 하는 조혼이 넘쳐나는 사회였고. 그러니 자유로운 연애와 결혼을 꿈꾸는 젊은이들의 생각은 기존 사회의 관습과 충돌하기 일쑤였지. 이 무렵엔 이혼 사건도 많았는데, 대부분 이런 식이었단다. 신식 교육을 받은 여성과 사귀는 유학파 청년이 있는데, 그의 고향 집에서는 아내가 시부모님과 함께 살며 아이를 키우고 있는 거야. 남편은 어쩌다 한 번 고향에 내려가 아내를 볼 때마다 이혼을 요구하지. 하지만 어려서 시집와 그날까지 헌신하며 살아온 아내에겐 마른하늘에 날벼락 같은 소리 아니겠니? 이런 식의 갈등 끝에 사귀던 남녀가 어디론가 도망을 가 버리거나, 나란히 목숨을 끊거나, 혹은 남편에게 버림받고 갈 곳조차 없어진 아내가 목숨을 끊는 일도 종종 일어났어."

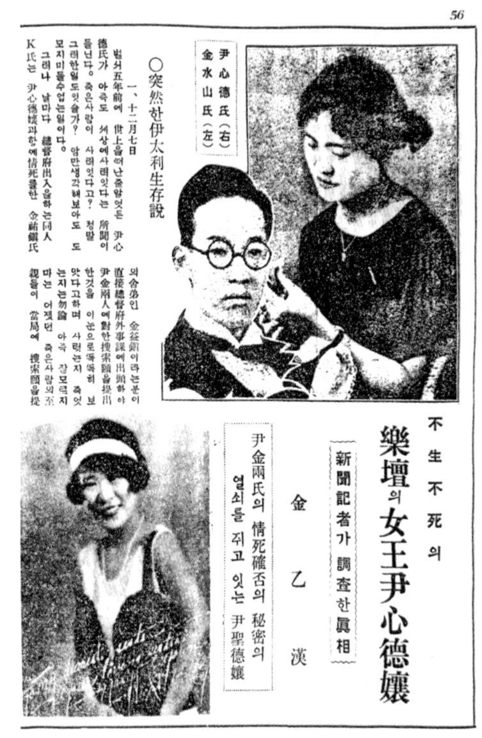
56

不生不死의

樂壇의 女王尹心德孃

新聞記者가 調査한 眞相

金乙漢

尹金兩氏의 情死確否의 秘密의 열쇠를 쥐고 잇는 尹聖德孃

尹心德氏(右)
金水山氏(左)

○突然한伊太利生存說

一、十二月七日

벌서五年前에 世上을떠난줄알엇든 尹心德氏가 아즉도 세상에사러잇다는 所聞이 들닌다。 죽은사람이 사러잇다고? 정말 그러한일도잇슬가? 암만생각해보아도 도모지미들수업는일이다。

그러나 날마다 總督府出入을하는同人 K氏는 尹心德孃과함에情死를한 金祐鎭氏의舍弟인 金益鎭이라는분이 直接總督府外事課에出頭하야 尹金兩人에對한搜索願을提出한것을 이눈으로똑똑히 보앗다고하며 사럿는지 죽엇는지는勿論 아즉 잘모르지마는 어쨋던 죽은사람의至親들이 當局에 搜索願을提

김우진과 윤심덕 1926년 8월 일본을 떠나 부산으로 향하던 배에서 한 쌍의 남녀가 바다에 몸을 던졌어. 극작가 김우진(1897~1926)과 성악가 윤심덕(1897~1926)이었지. 이들은 일본 유학 중에 만나 사랑에 빠졌지만, 김우진은 이미 결혼한 상태였어. 게다가 김우진의 아버지는 아들의 일을 인정해 주지 않았고, 윤심덕은 하는 일마다 잘 풀리지 않아 생활고에 시달렸지. 결국 이들은 이루어질 수 없는 사랑과 자신들의 처지를 비관하여 동반 자살을 했어.

"아, 그렇게까지……?"

안타까운 표정을 짓던 영심은 용선생이 "문제!" 하는 소리에 정신을 차렸다.

"그런데 당시의 이혼 사건 중에는 특별히 더 세상을 시끄럽게 한 사례들이 있었어. 그중 하나로 1931년에 박인덕이라는 여성은 남편에게 이것을 주고 이혼을 해서 화제가 되었지. 이건 조선 땅에서 처음 벌어진 일이었거든. 좀 어려운데 맞힐 수 있겠니?"

뜻밖에 영심은 경쾌한 목소리로 대답했다.

"위자료! 드라마에서 맨날 나오잖아요. 이혼하면서 피해 보상해 주는 거 맞죠? 보통 남자가 여자한테 주던데, 거꾸로네요?"

"맞다! 박인덕은 미국에 유학을 다녀온 뒤 두 딸을 자신이 맡아 기르는 조건으로 남편에게 당시 돈 2,000원의 위자료를 주고 이혼했대. 그런가 하면 박인덕과 같은 해에 이혼을 한 또 다른 여성이 있었어. 우리나라 최초의 여성 서양화가였던 나혜석이라는 사람이었지. 그런데 이번엔 상황이 정반대였어. 나혜석은 이미 결혼한 몸으로 다른 남자와 사랑에 빠졌다가 남편에게 이혼을 당했는데, 이때 그녀가 보인 태도는 당시 사람들을 무척 놀라게 했어. 나혜석은 〈이혼 고백서〉라는 글을 발표해서 남편은 바람을 피워도 아무 문제가 안 되고, 자신은 여자이기 때문에 이혼을 당하고 자식들을 만날 권리까지 빼앗긴 것이 얼마나 부당한 일이냐고 따졌어."

나혜석(1896~1948) 나혜석은 자의식이 강하고 자유분방한 예술가였어. 집안에서 정해 준 결혼 상대가 있었지만 자신을 사랑해 주고 인정해 주는 변호사 김우영과 결혼했지. 그러나 그녀의 파격적인 결혼, 이혼 과정은 구설수에 올랐어.

"호오, 정말요? 벌써 그때?"

"보통 사람이 아니었나 봐."

이야기가 재미난지 집중해 듣던 아이들이 한마디씩 했다.

"그래, 특별한 경우

김일엽 선생의 가정 생활 김일엽은 일본 유학을 다녀온 신여성으로 잡지 《신여자》를 만드는 등 여성 운동에 앞장섰어. 하지만 당시 신여성이 사회 활동과 집안일을 둘 다 하기란 쉽지 않았어. 이 그림은 김일엽의 생활을 묘사한 것으로 나혜석이 그렸어. 낮에는 가사 노동을 하고, 밤에는 책을 읽고 원고를 쓰는 모습이야.

이긴 했지. 나혜석은 벌써 1910년대부터 사람들 사이에 적잖은 논란을 불러일으켰어. 예를 들어서 그 무렵 일본에서 전해진 '현모양처'라는 말에 대해 나혜석은 여자를 노예로 만들기 위한 말에 불과하다고 했어."

"노예라뇨? 그게 무슨 뜻이에요?"

영심이 화들짝 놀라 물었다.

"여성을 집에서 아이들 잘 기르고 남편을 잘 돕는 존재로만 가두어 두려는 말이라는 뜻이지. 당시 서양 문물을 받아들인 젊은 여성들 중에서도 이렇게 고등 교육을 받고 새로운 가치관을 갖고 있던 지식인 여성들을 '모던 걸'하고는 또 달리 '신여성'이라고 불러. 하지만 아직 세상은 천천히 바뀌고 있었지. 그런 여성들 중에는 차가운 시선을 받으며 끊임없이 사람들의 입방아에 오르내려야 하는 경우가 많았어. 게다가 교육받은 여성들이 설 자리도 마땅치 않았어. 신여성들은 자신에게 맞는 일자리를 찾기도 어려웠고, 어렵사리 일

장하다의 호기심 사전

신여성
영국에서 19세기 후반에 고등 교육을 받고 여성의 권리를 적극적으로 주장하는 여성들이 등장했는데, 이들을 'New Women'이라고 불렀어. 이 말을 '신여성'이라고 번역해 쓰기 시작했지.

자리를 구한다 해도 남성과는 달리 집안일을 혼자서 다 짊어져야 하는 경우가 많았지."

"능력이 아깝다. 차라리 남자로 태어나는 게 나았겠네요. 쯧쯧."

왕수재가 안됐다는 듯 혀를 찼다.

"음, 하지만 어디 남자라고 다 능력 발휘하면서 편하게 살 수 있는 사회였겠니. 여성의 경우보다 덜하다 뿐, 고등 교육을 받은 남성들도 일자리 구하기가 쉽지는 않았어. 게다가 어디서나 높은 자리, 좋은 일자리는 일단 일본인들 차지였지. 그러니 조선인이 치열한 경쟁을 뚫고 그럴듯한 일자리를 얻으려면 일본인들에게 적당히 굽실거릴 줄도 알아야 하는 거였어. 물론 일본의 지배에 저항하려 해서도 안 되고. 그래서 이 무렵 나온 소설들만 봐도 유학까지 다녀왔지만 밥벌이조차 못하는 무능한 지식인, 속으로는 분노와 울분에 차 있을지언정 겉으로는 할 수 있는 게 아무것도 없는 나약한 지식인의 모습을 흔히 볼 수 있어."

"에잇! 복잡하네. 그러니까 역시 식민지라는 게 제일 문제잖아요? 다들 만세 시위도 다시 하고, 저기 어디냐, 만주에 가서 독립군에 들어가 싸우고 그래야 되는 거 아닌가요?"

장하다가 불끈하고 나서는 걸 허영심이 끌어당겨 말렸다.

"물론 그런 의기 넘치는 청년들도 있었지. 하지만 생각해 보렴. 나라를 완전히 빼앗긴 게 1910년이야. 1930년대면 어린 시절부터 줄곧 일본의 지배를 받아 온 세대, 3·1 운동의 뜨거운 함성을 제대로 기억하지 못하는 세대가 이미 청년층이 되어 사회의 중심으로 자리 잡고 있는 거야. 시간이 흐를수록 조선은 식민지라는 현실에 익숙해져 갔고 그 속에서 사람들의 일상은 끝없이 이어졌지."

용선생이 잠시 뭔가 생각하더니 다시 문제를 냈다.

"여기서 간단한 문제! 다음 보기 중에서 당시 인기 직업이 아닌 것은 뭘까? 보기! 교사, 면 서기, 은행원, 우체국 직원, 훈장."

차분히 보기를 들은 나선애가 자신 있는 표정으로 대답했다.

"훈장입니다!"

이상, 박태원, 김소운 유명한 시인, 소설가들이자 경성에서 이름깨나 날리던 모던 보이들이었어. 이들은 작품을 통해 무기력한 식민지 지식인의 모습을 표현하기도 했어. 이상은 스스로를 '형상 없는 모던 보이'라고 칭했어.

"딩동댕! 이 무렵 평범한 부모나 아이들이 꿈꾸는 최고의 직업은 공무원이나 교사, 은행원 등이었어. 옆집을 보나, 앞집 뒷집을 보나 서로 똑같이 가난한 현실, 일상이 되어버린 차별과 억압…… 그 속에서 희망이 있다면 번듯한 일자리를 구해 다달이 월급을 받으며 안정적인 생활을 누리는 것이었어."

그럴 법하다는 생각이 드는지, 아이들은 고개를 주억거렸다.

"당연한 거네요."

"어쨌든 살아가야 하는 거니까."

"하긴, 나라를 빼앗긴 걸 고스란히 겪은 사람들이랑 원래 계속 일본의 지배를 받고 있던 사람들이랑 어떻게 똑같이 느낄 수 있겠어?"

형과 누나들이 하는 말을 듣고 있던 곽두기가 문득 생각난 듯 장하다를 바라보았다.

"형! 그때 독립군이랑 친일파만 있었던 건 아닐 거라고 아까 형이 그랬잖아."

"아, 그랬나? 그게 이런 뜻이구나! 내가 웬일이냐? 으하하!"

도시의 그늘에는 가난하고 팍팍한 삶이……

"다음은 많이 배운 사람들, 돈 있는 사람들 말고 반대쪽 사람들 이야기를 좀 해 보자. 이 무렵 가난한 사람들이 많았다는 것은 너희도 쉽게 짐작할 거야. 일본으로 흘러 나가는 쌀이며 자원이 많아질수록, 조선 땅에서 일본인들이 챙겨 가는 이득이 많아질수록, 가난한 조선인들의 수는 더욱 늘어났지. 그중엔 농촌에서 밀려나 도시로 왔지만 도무지 생계를 이어 갈 길이 막막한 이들도 있었단다. 그들은 정말 빈손이었기에 집은커녕 변변한 살림살이조차 없었어."

용선생이 다음 순서인 곽두기를 바라보았다.

"두기야, 그럼 집이 없는 이 사람들은 과연 어디서 살았을까? 그냥 맞히긴 어려우니 보기를 들려줄게. 잘 골라 보렴. 보

조선 식산 은행 앞
전차와 함께 수레가 다니고 있어. 이처럼 경성은 발전된 문물을 사용하는 사람들과 그것을 사용하지 못하는 사람들이 함께 살고 있었지.

기는 초가집, 토막집, 마을 회관, 대피소, 텐트."

"어, 마을 회관인가? 지금도 홍수 같은 거 나서 사람들이 잠잘 데 없으면 마을 회관에서 모여 자고 먹을 것도 날라다 주고 그러잖아요. 아니다, 도시니까 대피소요!"

용선생이 귀엽다는 듯 웃음을 지었다.

"그래, 그랬으면 좋았으련만. 그때 총독부는 가난한 사람들을 전혀 거두어 먹이지 않았어. 미안하지만 두기도 탈락이구나. 답은 토막집이야."

"토막집이 뭔데요?"

"땅을 파거나 대충 기둥을 세우고 가마니 거적을 둘러서 겨우 비와 바람을 막을 수 있게 해 놓은 거야. 집이라고 이름 붙이기도 민망할 정도였지. 토막집은 주로 강가 다리 밑이나 사람들이 자주 다니지 않는 빈터에 있었어. 경성의 토막민들은 주로 청계천 근처나 동대문 밖에 모여 살면서 지게꾼이나 넝마주이, 날품팔이 노동자로 일하며 겨우 살아갔어. 그 좁은 공간에서 대여섯 명 되는 한 가족이 함께 살았는데, 한겨울에도 낡은 이불 한두 장, 입고 있는 해진 옷 한 벌이 전부인 이들이 대부분이었대."

"휴, 무슨 두더지 가족도 아니고……."

나선애가 몸서리를 쳤다.

"이런 토막민의 수가 얼마나 많았는지는 정확히 알려져 있지 않아. 하지만 당시 신문이나 잡지에 실린 글을 통해 짐작해 볼 수는 있지. 어느 수필은 여름밤 한강 대교 주변의 풍경을 묘사하면서 다

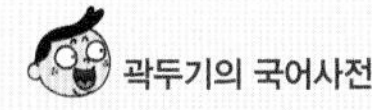

넝마주이
헌 옷, 이불 같은 넝마나 헌 종이, 빈 병 같은 고물을 팔아 생계를 유지하는 사람이야.

토막집 땅을 파고 그 위에 가마니 등으로 장막을 친 일종의 움집이야.

리 아래에는 노숙자들이 가득하고, 열차를 타고 지나는 철로 주변에는 온통 토막집들이 늘어서 있다고 했어."

곽두기가 안타까운 표정으로 호옥 한숨을 쉬었다.

"하지만 당시 식민지 당국은 이들에게 살길을 열어 주기는커녕 '도시의 땅을 불법으로 차지하고 깨끗한 도시 풍경을 해치는 이들'로 여길 뿐이었지. 보기 싫다고, 그 자리에 번듯한 서양식 집을 짓겠다고 무자비하게 토막집들을 허물어 버리는 경우도 많았어. 어디 토막민뿐이었겠니. 1936년 자료에 따르면 경성에서 직업을 구하지 못해 벌이가 없는 실업자와 말 그대로 찢어지게 가난한 '세궁민'의 수가 그때 벌써 10만 5천여 명이었어. 따로 조사를 하기 어려운 거지나 부랑자들은 빠진 수치니까 실제로는 그보다 훨씬 더 많았겠지. 이 당시 경성 인구가 60만 명쯤 되었거든? 그러니 최소한 경성 사람 여섯 명 중에서 한 명은 그야말로 간신히 먹고사는 처지였다는 얘기야."

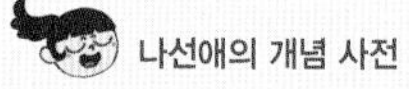

나선애의 개념 사전

세궁민
총독부는 조선의 빈민을 '세민'과 '궁민'으로 나누었어. 자신의 생계를 겨우 유지할 수 있는 사람을 '세민', 다른 사람의 도움 없이는 살기 힘든 사람을 '궁민'이라 불렀어.

"아까 그 경성은 엄청 화려해 보였는데……."

허영심이 허탈한 표정을 지었다.

"경성의 두 모습이라고 해야겠지. 현진건이라는 작가의 〈운수 좋은 날〉을 보면 당시 가난한 이들의 삶이 어땠는지 대충 짐작할 수

있어. 인력거꾼 김첨지의 하루를 그린 소설인데, 이상하게 운이 좋았던 날 그에게 닥치고만 불행에 대해 그리고 있어."

"왜요? 무슨 일이 일어난 건데요?"

"앓던 아내가 그날 아침엔 김첨지더러 일을 나가지 말라고 했어. 유독 몸이 아프니 불안해 그랬던 거지. 하지만 김첨지가 안 나가면 당장 젖먹이 아기랑 셋이서 뭘로 먹고살게? 김첨지는 아내를 뿌리치고 나갔지. 그랬더니 종일 인력거 손님이 많아서 아주 벌이가 좋았던 거야. 김첨지는 아내가 늘 먹고 싶어 했던 설렁탕을 사서 집에 돌아가. 하지만 아내는 그 설렁탕을 먹을 수 없었어. 그 사이에 숨을 거두고 만 거였지."

자동차 때문에 일거리가 줄어든 인력거꾼 1920년 경성에서 오가는 자동차 수는 57대뿐이었어. 그런데 시간이 지남에 따라 그 수는 점점 늘어났지. 1928년부터는 경성에 버스가 운행되었고, 택시의 수도 꾸준히 늘어나서 운전사를 양성하는 전문 강습소도 생겼다고 해. 이 삽화는 늘어난 자동차로 일거리가 줄어든 인력거꾼의 모습을 그린 거야.

"그 설렁탕 좀 진작 사 주지!"

소설 내용이 안타까운지 곽두기가 히잉, 소리를 냈다.

"그게 말이다, 당시 설렁탕 한 그릇에 15전이었대. 그런데 김첨지 같은 형편에 15전은 매우 큰 돈이었지. 가만, 다음은…… 이제 영심이와 선애만 남았구나. 결승이네! 자, 이 무렵 전화나 버스 요금은 5전, 택시 요금은 80전, 커피는 10전, 맥주는 40전쯤 되었어. 그렇다면 영심아, 당시 남성 공장 노동자가 하루에 받는 임금은 얼마

쯤이었을까?"

눈에 힘을 바짝 주고 열심히 머리를 굴리던 허영심이 포기한 듯 고개를 저었다.

"에이, 모르겠다! 그냥 딱 택시 요금, 80전 할래요."

그 말에 용선생의 눈이 둥그레졌다.

"오, 대단한데! 딩동댕! 60~80전 정도였어. 여성 노동자의 임금은 그의 절반에 불과했지. 그러니 종일 죽어라 일해도 버는 돈은 대부분 식비로 쓰고, 방값이며 수도 요금 내고 하다 보면 끝 아니었겠니? 그러니 설렁탕 한 그릇 먹기가 보통 일이 아닐 수밖에."

 아리랑, 그리고 지워진 일장기

"자, 이번에는 당시 조선인들 사이에 큰 공감을 일으켰던 사건들을 살펴볼 거야. 저마다 주어진 조건 속에 살아가면서도 마음속 한 구석이 억눌려 있던 사람들이 단지 조선인이라는 이유로 함께 설움을 나누고 함께 기뻐하던 순간들이 있었어."

용선생이 말을 멈추자, 나선애와 허영심이 동시에 긴장했다.

"여기서 다음 문제로 가야 되는데, 이제 선애가 틀리면 1등은 영심이 차지! 선애가 맞히면 둘이서 다시 겨루는 거야. 자, 잘 들으세요!"

나선애가 침을 꿀꺽 삼켰다.

"이 무렵엔 영화도 만들어져 인기를 끌었어. 그중에서도 1926년

에 나온 이 영화는 엄청난 반응을 얻었는데 말이지, 나운규라는 사람이 시나리오도 쓰고 감독도 하고 직접 출연까지 한 이 영화 제목은 우리 민족에게 익숙한 노래에서 따온 것이었어. 영화를 보는 사람들은 이 노래가 불리는 장면에서 따라 부르며, 혹은 눈물을 흘리고, 혹은 독립 만세를 부르기도 했다지. 이 영화의 제목은 무엇일까?"

"애국가일 리는 없고, 우리 민족의…… 아! 〈아리랑〉?"

"그렇지! 딩동댕!"

"〈아리랑〉 영화를 보면서 눈물을 흘리고 만세도 불렀다니, 어쩐지 찡하네."

나선애가 중얼거렸다.

"또 한 가지 사건을 이야기하면, 〈아리랑〉이 만들어지고 나서 10년 뒤인 1936년에는 베를린 올림픽이 치러졌어. 그런데 이때 마라톤에 참가한 손기정 선수가 놀랍게도 우승을 차지한 거야!"

"오오잉? 올림픽 마라톤 우승을 했단 말이에요? 그때 우리가?"

장하다가 윗몸을 벌떡 일으키며 소리쳤다.

"당시 조선인들에게는 그야말로 믿어지지 않는 소식이었겠지. 그 순간만큼은 그동안의 울분과 설움이 가시는 듯했을 거야. 자, 여기서 오

영화 〈아리랑〉 포스터 청년 영진은 3·1 운동 때 고문을 받다 정신 이상자가 되고, 살인죄를 저지르게 돼. 수갑을 찬 영진이 아리랑 고개를 넘어가는 마지막 장면에서 관객들은 눈물을 흘리며 영화의 주제가를 따라 불렀어.

늘의 마지막 문제! 당시 《조선중앙일보》와 《동아일보》는 마라톤에서 우승한 손기정 선수의 사진 한 장 때문에 결국 총독부로부터 폐간이며 무기 정간을 당했어. 손기정 선수의 사진에서 이것을 지워 버렸기 때문이었지. 과연 무엇을 지웠을까?"

용선생이 사진 한 장을 들어 아이들에게 보여 주었다. 머리에 월계관을 두른 손기정 선수의 모습이었다. 팽팽한 긴장감 속에서 몇 초가 흐른 뒤, 먼저 손을 든 것은 허영심이었다.

"뭔가 일본이랑 관계된 거죠? 음……."

"셋! 둘! 하나! 아! 아깝습니다. 땡!"

나선애 차례였다. 나선애는 답을 깨달았는지 살며시 웃음을 짓고 있었다.

"국기죠? 일장기!"

"딩동댕! 오늘의 우승은 나선애!"

나선애는 두 팔을 번쩍 들어 올렸고, 마음을 졸이던 허영심은 한숨을 내쉬었다.

"으, 그럼 일본 국기를 가슴에 달고 뛰었다는 거네!"

"식민지잖냐. 그냥 일본 선수인 거지 뭐."

"그래서 그런가 봐. 우승을 했는데도 얼굴이 너무 굳었네."

"그래도 사람들은 정말 힘이 났겠다."

"치, 일장기를 지웠다고 신문 못 내게 하면 단가? 아마 사람들이 더 똘똘 뭉쳤을 거 같은데? 안 그러냐?"

제11회 베를린 올림픽 마라톤 시상식 차비가 없어 20여 리 길을 달려 출근했던 손기정은 베를린 올림픽 마라톤에서 1위를 차지했어. 하지만 전혀 기뻐하지 않았고, 시상식 때 일본 국가가 흘러나오자 더욱 고개를 숙였어. 3위를 차지한 남승룡도 마찬가지였지.

손기정의 슬픈 우승 현장!

"내 말이!"

아이들끼리 조곤조곤 주고받는 이야기를 들으며 용선생은 그에 더 설명을 보탤 필요가 없다는 생각이 들었다.

"저, 근데 선생님?"

"그래, 선애야!"

"일등 상품은 뭐예요?"

"아 참! 오늘 일등 상품은 맛있는 치킨 쿠폰!"

"헐~ 선생님, 상품이 치킨이면 미리 말씀하셨어야죠!"

장하다가 커다란 목소리로 용선생에게 불만을 표시했다.

"왜? 치킨인줄 알았으면 장하다 네가 1등일 것 같냐?"

왕수재의 밉살스러운 말에 장하다의 표정이 굳어졌다.

"선생님, 그런데 이거 한 장이 부족한 거 같아요. 열 장이면 무료라고 씌어 있는데 아홉 장뿐이에요."

밝은 표정으로 용선생에게 받은 선물을 확인하던 나선애가 고개를 갸웃거리며 질문했다.

"선애야. 그거 아홉 장 모으는데 얼마나 힘들었는지 아니? 이 선생님이 얼마나 아껴둔 건데……. 한 마리만 더 먹으면 한 마리가 공짜라고!"

"영심아, 나 일등 자리 너한테 양보할게."

"뭐어? 절대 그러지마. 누가 뭐래도 네가 일등이야!"

다른 아이들도 다 이게 뭐냐고 돌아서는데, 장하다가 수줍게 나선애에게 다가가 속삭였다.

"그거 안 쓸 거면 나 주면 안 될까?"

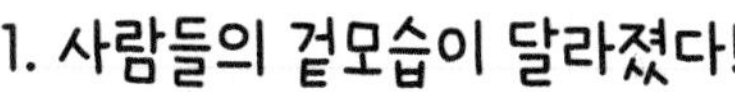

1. 사람들의 겉모습이 달라졌다!

① 한복 대신 양복을 입는 사람이 늘어남

② 단발머리와 파마머리의 등장 ex) 최승희

③ 짚신 대신 고무신과 구두를 신는 사람이 늘어남

☆ 모던 보이와 모던 걸 - 근대 문화를 적극적으로 받아들임

2. 남촌의 발달

① 지금의 명동, 충무로 일대로 일본인들이 모여 살았음

② 상점, 음식점, 카페, 백화점 등이 들어섬

3. 신여성

① 고등 교육을 받은 지식인 여성

② 남녀가 평등하지 않은 현실을 비판하고 여성의 권리를 주장함

③ 대표 인물: 박인덕, 나혜석 등

4. 평범한 조선인의 삶

① 번듯한 직업을 구해 안정적인 생활을 하는 것을 꿈꾸었음

→ 공무원, 교사, 은행원 등

② 그러나 이런 일자리를 구하기는 쉽지 않았음 (∵ 우선 일본인들 차지였기 때문)

③ 토막민, 세궁민 등 생계를 이어 갈 길이 막막했던 사람들도 많았음

http://cafe.naver.com/yongyong

용선생의 역사 카페

역사계의 슈퍼스타,
용선생의 역사 카페에
오신 걸 환영합니다

Log in

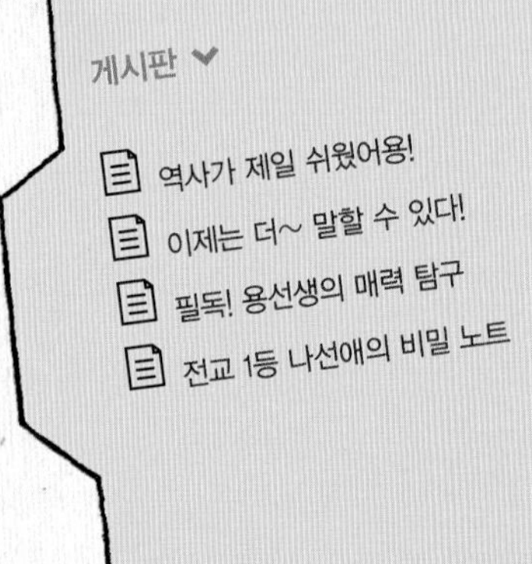

남녀가 평등한 사회를 꿈꾼 나혜석

나혜석은 1896년 수원의 부유한 상류층 집안에서 태어났어. 진명여고를 수석으로 졸업한 뒤 열여덟 살 때 일본 유학을 떠났지. 도쿄에서 서양화 공부를 하던 그녀는 스물네 살 때 3·1 운동에 참여했다가 감옥살이를 하기도 했어.

자꾸 집안에서 결혼을 강요하자, 스물다섯 살 때 변호사 김우영과 결혼을 했어. 나혜석은 결혼하는 조건으로 평생 지금처럼 나를 사랑해 줄 것, 그림 그리는 것을 방해하지 말 것, 자신의 첫사랑이었던 최승구의 묘지에 비석을 세워 줄 것 등등을 내걸었지. 김우영이 이를 받아들이자 그들은 경성의 정동 예배당에서 결혼식을 올렸어. 신혼 여행을 마친 후에는 여성 최초로 개인 전시회를 열어 대성공을 거두었지. 서양화가로서 경력을 쌓아 가던 그녀는 외교관이 된 남편을 따라 만주로 이주를 했어. 네 명의 아이를 기르며, 그림 그리는 일에 전념했지.

만주 생활을 마친 후 이들 부부는 세계 여행을 떠났어. 신문에 실릴 정도로 화제가 되었지. 러시아, 유럽, 미국 등을 여행하다 프랑스에서 1년쯤 머물렀는데 이때 나혜석은 최린과 사귀었어. 최린과의 잘못된 만남 때문에 나혜석은 이혼을 당하지. 이혼을 당할 때 재산을 나누어 받지도 못하고, 아이들을 키울 권리도 인정받지 못했어.

나혜석은 1934년 〈이혼 고백서〉라는 글을 잡지에 발표해서 남녀가 평등하지 않은 현실을 비판했어. "여자도 사람이외다!"라고, "내 몸이 불꽃으로 타올라 한 줌 재가 될지언정, 언젠가 먼 훗날 나의 피와 외침이 이 땅에 뿌려져 우리 후손 여성들은 좀 더 인간다운 삶을 살면서 내 이름을 기억할 것이다"라고 절규했어.

그러나 당시 사회는 그녀를 이해하지 못했어. 가족들, 친구들도 모두 등을 돌렸고 그녀는 생활고에 시달려야만 했어. 평범한 일을 하기엔 너무나 유명했고, 그림이나 글로는 생계를 유지할 수가 없었지. 그녀는 절이나 양로원을 떠돌다가 세상에서 잊혀진 존재가 되었어. 그러다가 1948년 쉰다섯의 나이에 숨을 거두었어. 사망 당시 영양실조, 실어증, 중풍에 걸려 있었고 주위 사람들은 그녀가 나혜석인지 알지 못했다고 해.

나선애 : 아이들이 불쌍해요. 엄마도 못 만나고.

↳ 용선생 : 나혜석은 자녀들에게 이런 말을 남겼어. "사남매 아이들아. 어미를 원망치 말고 사회 제도와 도덕과 법률과 인습을 원망하라. 네 어미는 과도기의 선각자로 그 운명의 줄에 희생된 자이었더니라."

한국사 퀴즈 달인을 찾아라!

01 ★☆☆☆☆

수재는 1930년대에 사용된 물건들의 사진을 모으고 있어. 그런데 한 장은 이때 사용된 물건이 아닌 것 같은데……? 친구들이 골라내 줘! (　　　　)

①
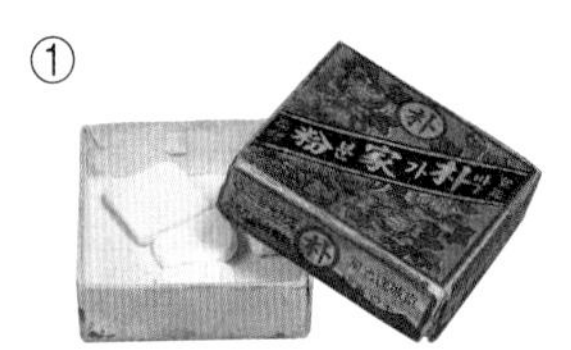

②

③

④

02 ★★☆☆☆

역사반 아이들이 1920~30년대 사람들에 대해 얘기하고 있어. 그런데 이 중 딱 한 아이가 엉뚱한 소리를 하잖아? 그게 누굴까?

(　　　　)

① 단발머리와 파마머리를 한 여성들이 나타났어.

② 조선 총독부는 사람들에게 흰옷 입기를 권했어.

③ 한복 대신 양복을 입는 사람들이 늘어났지.

④ 짚신 대신 고무신을 많이 신었어.

03 ★★★☆☆

나선애가 역사 신문 기사를 쓰고 있어. 그런데 빈칸이 있네. 선애 대신 빈칸을 채워 줄 수 있겠지? (   )

〈□□□은 누구인가?〉
고등 교육을 받고 새로운 가치관을 갖고 있었던 지식인 여성들. '여성과 남성을 차별하지 말라'고 주장한 여성들. 우리는 이들을 □□□이라 부른다. 대표적인 □□□인 나혜석은 이혼당한 뒤 '남자는 바람을 피워도 문제가 되지 않는데, 여자는 바람을 피우면 이혼당하고 자식도 못 만나는 건 부당하다'고 주장했다.

04 ★★★☆☆

땅을 파거나 대충 기둥을 세우고 가마니 거적을 둘러서 겨우 비와 바람을 막을 수 있게 해 놓은 집이야. 도시의 가난한 사람들이 주로 살았지. 이 집의 이름이 뭐였더라?

(   )

05 ★★★★★

장하다가 만든 인물 카드의 빈칸이 뚫려 있어. 이름을 쓰는 것을 깜박했나 봐. 빈칸에 들어갈 인물은 누구일까? (   )

□□□
· 제 11회 베를린 올림픽에서 마라톤 세계 신기록(2시간 29분 2초)으로 우승했어.
·《동아일보》는 이 선수의 사진에서 일장기를 지웠다는 이유로 무기 정간을 당했어.

① 나혜석
② 손기정
③ 최승희
④ 현진건

• 정답은 301쪽에서 확인하세요!

6교시

일본의 침략 전쟁에 모든 것을 빼앗기다

1930년대 후반, 한반도를 둘러싼 동아시아 일대에는 큰 재앙이 닥쳤어.
일본이 본격적으로 침략 전쟁에 나섰기 때문이었지.
만주 땅에 이어 중국과 아시아 여러 나라를 전쟁터로 만든 일본은
곧이어 미국과도 전쟁을 벌였어.
이 시기 동안 그들은 식민지 조선을 고스란히 전쟁의 자원으로 활용했단다.
조선인들은 속수무책으로 침략 전쟁의 희생양이 되어야만 했어.

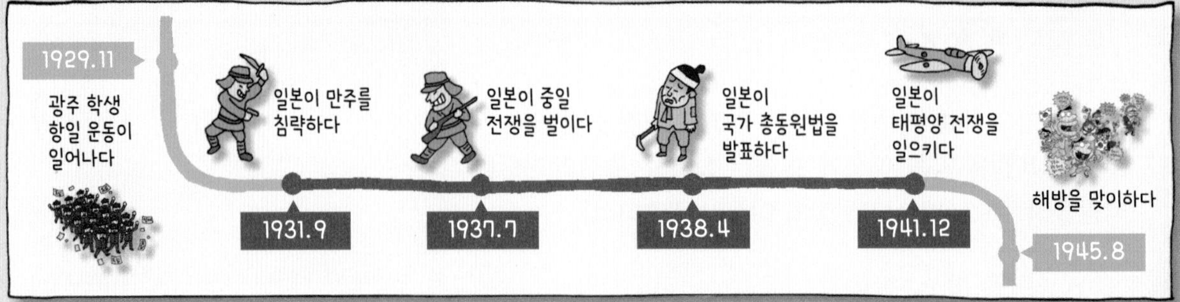
1929.11
광주 학생 항일 운동이 일어나다
일본이 만주를 침략하다
1931.9
일본이 중일 전쟁을 벌이다
1937.7
일본이 국가 총동원법을 발표하다
1938.4
일본이 태평양 전쟁을 일으키다
1941.12
해방을 맞이하다
1945.8

알고 있는 용어에 체크해 보자!

- [ ] 신사 참배
- [ ] 황국 신민 서사
- [ ] 창씨개명
- [ ] 국가 총동원법
- [ ] 일본군 '위안부'

황국 신민 서사를 암송하는 모습

"가만, 지금 외워서 쓰시는 거 맞지?"

"그러네! 웬일이니?"

"우리 선생님이랑 시라니, 안 어울려도 너무 안 어울려."

쑥덕거리던 아이들은 용선생이 칠판에 쓱쓱 써 내려간 시를 눈으로 읽기 시작했다.

죽는 날까지 하늘을 우러러
한 점 부끄럼이 없기를,
잎새에 이는 바람에도
나는 괴로워했다.
별을 노래하는 마음으로
모든 죽어 가는 것을 사랑해야지.
그리고 나한테 주어진 길을
걸어가야겠다.

오늘 밤에도 별이 바람에 스치운다.

제일 먼저 허영심의 입에서 "음~" 하는 기분 좋은 소리가 흘러나왔다.

"어떠냐, 마음이 깨끗해지는 것 같지 않니?"

"진짜 아주 착한 시 같아요."

"윤동주라는 시인이 1941년에 쓴 '서시'야. 우리나라에서 가장 사랑받는 시 중 하나지. 이 선생님도 어릴 때부터 아주 좋아했단다. 딱 내 마음을 그대로 표현해 놓았는데 어떻게 안 좋아할 수가 있겠니? 선생님의 이 맑고도 순결한 영혼을……."

윤동주(1917~1945) 간도의 기독교 집안에서 태어나 스물아홉 살에 세상을 떠났어. 가혹하고 어두운 시대를 고뇌하는, 순수하고 아름다운 시를 남겼어. 해방 후에 시집 《하늘과 바람과 별과 시》가 출간되었어.

용선생의 사설이 길어질 기세에 나선애가 재빨리 나섰다.

"네! 근데 갑자기 시는 왜요?"

"응? 아, 이렇게 하늘을 우러러 한 점 부끄럼 없기를 소망하던 시인의 목소리는 얼마 뒤 자신의 부끄러운 죄를 고백하는 무거운 목소리로 바뀌었어. 이 이야긴 조금 있다가 해 줄게. 자, 그럼 오늘도 시작해 볼까?"

용선생은 알쏭달쏭한 말로 이야기를 미루고는 교탁 앞으로 한 발짝 다가섰다.

일본, 끝이 보이지 않는 침략 전쟁에 나서다

"오늘 수업의 시작은 1920년대 일본의 경제 상황부터야. 일본은 제1차 세계 대전 때 여러 나라에 전쟁 물자를 팔아 큰 이득을 봤어. 하지만 전쟁이 끝나자 더 이상 전쟁 물자를 사 가는 나라는 없었지. 뿐만 아니라 전쟁 뒤 나라를 복구하기 위해 여러 나라에서 제각기 자기네 나라 경제를 보호하기 위한 정책을 앞세우자, 일본이 물건을 내다 팔 길은 더욱 막막해졌어. 그런데다가 1923년에는 일본에 큰 지진이 일어나 경제를 더욱 어렵게 만들었지. 이렇게 문제가 쌓여 결국 1927년에는 일본 경제에 큰 위기가 닥쳤어. 회사들이 무너지고 은행들이 문을 닫고……. 이 혼란한 와중에 정치도 아수라장이 되어 버렸지. 군인들을 중심으로 지도층 인물들을 습격하는 사건이 줄을 잇는가 하면, 정부에 불만이 많던 일본 국민들 중에도 군인들을 지지하는 이들이 늘어갔어."

"흠, 한마디로 정상적인 사회가 아니었군요."

"그래. 한데 거기서 끝이 아니었어. 1929년, 아예 전 세계적인 규모의 경제 위기가 일어난 거야. 처음 문제가 터진 것은 미국의 금융 시장에서부터였어. 갑작스레 주식 값이 일제히 떨어지면서 대공황이 시작된 거였지. 경제가 큰 혼란에 빠진 상태를 공황이라고 하는데, 당시 벌어진 경제 공황은 이전에 찾아볼 수 없을 만큼 규모가 크고, 그 영향력 또한 엄청났기 때문에 '대공황'이라고 부르는 거야."

제 1차 세계 대전 때, 유럽은 전쟁터가 되었어.

당시 상품 생산품의 대부분은 미국과 일본의 몫이었지.
미제 물건 있어요~
유럽
돈 벌기가 가장 쉬웠어요~

유럽의 공장들은 전쟁이 끝나고 다시 생산을 시작했어.
쳇, 좋은 시절 다~갔네!
씨-
독일
영국
프랑스

미국과 일본 기업들은 유럽에서 상품이 잘 팔리지 않자 국내로 눈을 돌렸어.
공짜로 가져가시고 돈은 나중에!
냉장고 무이자~! 120 개월 할부!

그런데 사실 기업이 성장한 만큼 노동자의 임금은 오르지 않았어.
내가 만들었는데 난 하나도 살 수가 없어!
왜 일을 하는데도 가난하지?

팔리지 않는 상품들이 쌓여 갔지만, 기업들은 생산을 계속 했어. 은행도 계속 돈을 빌려주었지.
은행원
언젠가는 팔리겠지? 저게 다 팔리면 얼마야? ㅋㅋㅋ
기업가
돈 더 빌려가셈!

결국 경영이 어려워진 기업들은 노동자를 해고하기 시작했어. 그러자 상품은 더더욱 팔리지 않았지.
암쏘 쏘리~
겨우 먹고 살았는데.

1929년 10월, 불안해진 사람들이 앞다투어 은행에서 돈을 찾고 주식을 팔자 주식 값이 폭락했어.
앙~! 회사 주식이 휴지 조각이 됐어!
은행
기업
일자리 구함

미국에서 시작된 대공황은 유럽을 비롯한 전 세계로 퍼져 나갔지.
어~ 어~
으이~
다 넘어간다!
미국 경제
유럽 경제
아시아 경제
남미

일자리를 구하는 사람들 뉴욕주 노동국 앞에 일자리를 구하기 위해 줄지어 서 있는 실업자들이야. 1929년 10월 월스트리트에서 시작된 대공황으로 미국 경제는 산산조각 났어. 1만여 개의 은행들이 문을 닫았고, 많은 기업들이 노동자를 해고했지.

"그럼 일본도 또 영향을 받았겠네요?"

"그렇지. 위기에서 빠져나갈 구멍이 안 보이는 상황에서, 일본이 선택한 길은 전쟁이었어! 1930년대 초, 이미 일본을 이끌고 있는 것은 군대 세력이었어. 그들은 전쟁을 벌여 경제를 다시 돌리기로 작정했지. 한쪽에서는 열심히 전쟁 물자를 만들고, 다른 쪽에서는 열심히 그걸 사다 쓰고, 일자리 없는 국민들은 공장으로 또 군대로 끌어모으고 말야. 그뿐이 아니었어. 그들은 자기 나라의 천황을 살아 있는 신으로 떠받들며, 신의 나라인 일본 민족은 다른 민족보다 훨씬 더 우수하다고 했어. 그러니 당연히 주변의 나라들을 지배하며 앞장서서 세계를 이끌어 나가야 마땅하다는 거였지. 이 목적을

베니토 무솔리니(1883~1945) 제1차 세계 대전 직후 패전국 이탈리아 국민들은 무능한 국왕과 정부에 실망했어. 이런 분위기에서 무솔리니가 식민지를 거느린 '제국'을 건설하여 옛 로마 제국의 영광을 되찾겠다고 나섰지. 권력을 잡은 무솔리니는 알바니아와 에티오피아 등을 침략했어.

위해서라면 다른 것은 무엇이 됐든 포기해도 좋다는 식이었어."

설명을 들은 아이들은 고개를 설설 저었다.

"으으, 슬슬 무서워지네요."

"암, 무서운 생각이지. 당시 일본을 이끈 이런 사고방식을 보통 파시즘이라고 불러. 이 무렵엔 세계 곳곳에서 파시즘이 자라나 세계사에 끔찍한 흔적들을 새겨 놓았단다. 파시즘에 빠진 이들을 파시스트라고 하는데, 그들은 군대의 힘을 통해 반대 세력을 무자비하게 탄압하는 한편, 사람들의 정신을 쏙 빼놓아서 자신들에게 무조건 복종하고 충성하도록 만들었어. 일본에서도 그랬지."

"그 파시스트인지 하는 놈들이 진짜 나쁜 놈들이네."

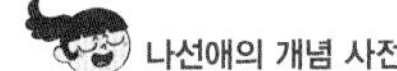
나선애의 개념 사전

파시즘(fascism)
이탈리아어 '묶음', '단합'이라는 뜻의 '파쇼'에서 나온 말이야. 제1차 세계 대전 후에 개인의 자유와 인간의 평등을 부정하고 폭력적인 방법을 통해 지배자에 대한 절대적인 복종을 강요했어. 이런 생각들은 침략 전쟁으로 이어졌지. 대표적으로 이탈리아, 독일 그리고 일본에서 파시즘이 나타났어.

아돌프 히틀러(1889~1945) 제1차 세계 대전에서 패한 후 독일인들은 깊은 패배감에 빠져 있었어. 히틀러는 '게르만족이 세상에서 가장 우수한 민족'이라며 독일인을 부추겼어. 자신이 '독일을 구할 영웅'이라는 생각에 빠져 있던 그는 전쟁을 일으키고 많은 유태인들을 학살했지.

장하다가 중얼거리자, 나선애가 "뭔가 정말 나쁜 일이 생길 것 같아" 라고 했다.

"너희들, 일본이 그전부터 만주 땅에 눈독을 들이고 있었다는 것은 기억하니?"

아이들은 눈만 껌벅거릴 뿐 아무 대답을 하지 못했다.

"1905년의 을사늑약을 떠올려 봐. 일본이 막무가내로 을사늑약을 밀어붙일 수 있었던 것은 당시 대한 제국하고 만주 일대를 놓고 러시아와 벌인 전쟁에서 이겼기 때문이지. 러시아 세력이 커지는 걸 막기 위해 일본 편을 들었던 서양 강대국들은 일본이 대한 제국을

남만주 철도 원래 남만주 철도는 러시아가 운영하고 있었는데, 러일 전쟁 후 일본이 철도 운영권을 넘겨받았어. 운영권에는 철도 주변 땅을 관리할 수 있는 권한이 포함되어 있었어. 일본은 만주 곳곳을 촘촘히 연결하고 배를 대는 부두에까지 철도망을 만들어 남만주를 장악해 나갔지.

집어삼키는 것을 눈감아 주었고."

"아, 러일 전쟁? 이제 기억나요."

그제야 아이들이 하나둘 고개를 끄덕였다.

"당시 전쟁에서 이긴 일본은 남만주에 철도를 놓을 수 있는 권리를 얻었고, 그 철도를 지킬 군사도 보낼 수 있게 됐어. 하지만 그것만으론 만주 땅을 쉽게 손에 넣을 수 없었지. 그러다 일이 벌어진 것은 1931년 9월의 어느 날이었어. 남만주 철도 일부가 폭파되는 사건이 벌어진 거야. 일본군은 중국군 짓이라며 당장 출동했고, 몇 달 만에 만주 일대를 점령해 버렸어. 하지만 실제 철도를 폭파한 것은

만주로 이동하는 일본군 포병 조선에 있던 일본군 포병들이 만주로 이동하기 위해 화포를 싣고 있어. 일본은 1931년 만주를 침략하고, 이듬해에 만주국을 세웠어. 만주를 점령했다는 소식을 들은 일본인들은 열렬하게 환호했어.

푸이(1906~1967) 청나라의 마지막 황제이자, 만주국의 마지막 황제야. 훗날 일제에 협력했다는 죄로 10년 동안 감옥살이를 한 뒤 자금성에서 정원사로 일했어.

일본군 병사들이었어. 폭파된 철로 길이도 79센티미터밖에 안 됐다고 해."

"에? 그럼 자작극이란 말이에요?"

"응, 만주를 집어삼킬 구실을 만들려고 그랬던 거지. 이렇게 만주를 침략한 일본군은 넓은 만주 땅에 아예 '만주국'이라는 나라를 세웠어. 청나라의 마지막 황제였던 푸이를 데려다가 꼭두각시 황제 자리에 앉히곤 만주국이 일본인과 조선인, 만주족, 한족, 몽골인의 다섯 민족이 사이좋게 지낼 수 있는 나라라고 내세웠지. 물론 실제로는 그렇지 않았지만."

"으, 드디어 소원 성취했네! 아주 좋겠다 좋겠어!"

장하다의 이죽거리는 소리에 용선생이 고개를 저었다.

"아니, 이건 시작에 불과했어. 이후 일본은 전쟁, 또

난징을 점령한 일본군 1937년 12월 13일 일본은 마침내 난징을 점령했고, 패잔병을 '처리'한다는 명목으로 사람들을 마구 죽이기 시작했어. 한 일본 군인의 일기에는 "심심하던 중 중국인을 죽이는 것으로 무료함을 달랜다"는 구절이 나왔을 정도야. 1938년 봄이 되어서야 이 끔찍한 대학살이 끝났다고 해.

전쟁만을 외치며 침략 전쟁에 모든 것을 바쳤거든. 동아시아 대륙은 물론 동남아시아 일대까지 모두 자신들의 손에 넣어, 일본을 중심으로 아시아 질서를 다시 짜겠다는 거였지."

"웬 만화 같은 얘기람!"

"그러게. 일본이 지구 정복자라도 된대요?"

황당하다는 듯 코웃음을 치던 아이들은 뒤이은 용선생의 이야기에 어안이 벙벙해졌다.

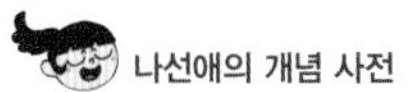

나선애의 개념 사전

중일 전쟁
(1937~1945)
만주를 침략해 중국 동북 지역을 차지한 일본은 1937년 본격적으로 중국 전역을 침략했어.

"웃을 일이 아니야. 1937년 7월, 일본은 중국을 침략해 중일 전쟁을 일으켰어. 12월에는 당시 중국의 수도였던 난징을 점령했지. 그러곤 닥치는 대로 사람들을 죽였어. 어른이고 아이고, 남자고 여자고 가릴 것 없이 총을 쏘아 대고, 불에 태우고, 붙잡아 산 채로 땅에 묻어 버렸다지. 중국인들이 기가 질려 더 이상 일본에 저항하지 못하게 하려고 저지른 짓이었대. 이 사건을 '난징 대학살'이라고 부르는데, 이때 희생된 난징 시민들 수만 무려 30만 명이라고 해."

"…… 미쳤구나!"

"어떻게 그렇게까지? 자기네도 똑같은 사람이면서! 일본 국민들은요? 자기 나라가 그런 짓까지 저지르는데 그냥 보고만 있었단 말이에요?"

나선애가 몸서리치며 묻는 말에 용선생이 대답했다.

"일본 국민들 사이에서도 처음엔 침략 전쟁에 반대하는 목소리가 꽤 높았지만 곧 잦아들고 말았어. 무엇보다도 경제가 문제였지. 침략 전쟁을 하면서 경제가 살아나는 듯 하자 곧 온 사회가 '위대한 일본'이라는 허상에 사로잡혔고, 많은 이들이 자기 민족과 나라, 특히나 천황에 비하면 자신의 목숨쯤은 아무것도 아니라고 생각하게 되었어. 전쟁에 나가 천황을 위해 죽는 것은 더없이 영광스러운 일이 되었지."

"선생님, 그럼 조선도 그랬나요? 네?"

허영심이 용선생에게 그 다음 이야기를 재촉했다.

'조선을 지우고 천황의 백성이 돼라!'

"그래, 조선에도 당장 수상한 바람이 불어닥쳤지."

용선생이 칠판에 적어 놓은 시를 가리켰다.

"이 시를 쓴 윤동주는 1936년, 평양의 숭실중학교에 다니고 있었어. 숭실중학교는 당시 명문 기독교 학교였는데 선생님들이나 학생들이나 일본에 대한 저항의식이 뚜렷하기로 유명했대. 윤동주는 원래 북간도 땅, 그러니까 당시의 만주국 출신이었는데 이 학교에 다니고 싶어서 멀리 평양까지 유학을 온 거였지. 그런데 얼마 뒤 숭실중학교는 총독부와 큰 충돌을 빚게 됐어. 그들이 요구하는 신사 참배를 거부했기 때문이었지."

"신사 참배가 뭔데요?"

"신사에 절을 하는 걸 말해. 신사란 일본 천황의 조상을 신으로 받들어 모시는 곳이야. 당시 조선에도 수많은 신사들이 세워져 있었지."

"그럼 조선 사람들한테 일본 신을 찾아

조선 신궁에 참배하는 학생들 총독부는 각 지역마다 신사를 빠짐없이 세우고, 일본 명절에 신사 참배를 하라고 강요했지. 뿐만 아니라 고등 보통학교 3학년 이상의 학생들은 매달 조선 신궁에 가서 참배해야 했어.

조선 신궁 일본이 서울 남산 중턱에 세웠던 신사야. 원래 조선 신사였는데 1925년에 조선 신궁으로 격을 높였어. 주신(主神)은 일본 천황의 조상신 아마테라스 오오카미, 제신(祭神, 제사를 지내는 신)은 메이지 천황이었지. 1945년 해방이 되면서 철거했어.

가서 절을 하라고 시켰다는 거예요?"

"응, 하지만 숭실중학교는 조선인으로서 굴욕적인 일일 뿐 아니라 우상을 섬기지 말라는 기독교의 가르침에도 맞지 않는다고 하면서 신사 참배를 거부했어. 총독부는 이를 문제 삼아 교장을 내쫓아 버렸지. 그러자 이 학교 학생들은 그에 항의하고 신사 참배를 거부하겠다는 뜻으로 집단적으로 자퇴를 했어. 윤동주도 그중 한 명이었지. 그 뒤 숭실중학교는 끝내 총독부의 압력에 시달리다 스스로 학교 문을 닫고 말았어. 역시 평양에 있던 숭의여학교와 숭실전문학교에서도 똑같은 일이 벌어졌지. 하지만 총독부는 갈수록 더 집요하게 조선인들에게 신사 참배를 강요했어."

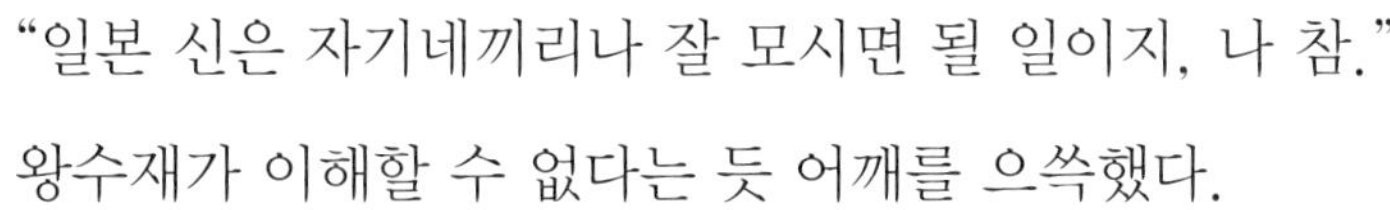

"일본 신은 자기네끼리나 잘 모시면 될 일이지, 나 참."

왕수재가 이해할 수 없다는 듯 어깨를 으쓱했다.

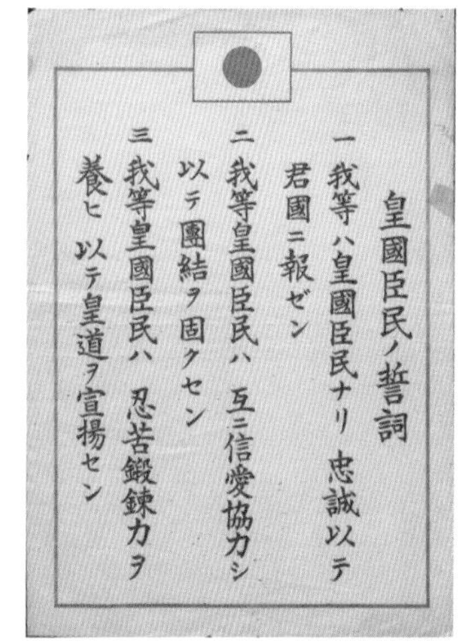

皇國臣民ノ誓詞

一 我等ハ皇國臣民ナリ 忠誠以テ君國ニ報ゼン

二 我等皇國臣民ハ 互ニ信愛協力シ以テ團結ヲ固クセン

三 我等皇國臣民ハ 忍苦鍛錬力ヲ養ヒ 以テ皇道ヲ宣揚セン

황국 신민 서사(성인용) 어른들도 아이들과 마찬가지로 모든 행사를 할 때마다 황국 신민 서사를 암송해야만 했어.

황국 신민 서사를 암송하는 교사와 학생들 황국 신민 서사란 '천황이 다스리는 나라의 신하 된 백성의 맹세'라는 뜻이야. 총독부는 이 맹세문을 암송할 것을 강요하고, 모든 출판물 앞에 싣게 했어.

국민학교 애국 조회 (1943년)
일제는 전쟁이 심해지면서 아침 조회 때마다 일장기 게양식을 하고, 일본 황궁을 향해 절을 하게 했어. 전쟁터에서 천황을 위해 목숨을 바치는 '황국 신민'을 기르기 위해서였지.

"이제 총독부는 그 '일본' 안에 조선인도 빠짐없이 집어넣고 싶어 했거든. 이 무렵 총독부의 최대 과제는 조선인을 모두 천황의 충성스런 백성으로 만드는 것이었어. 그들은 이 목표를 이루겠다며 수단, 방법 가리지 않고 달려들었지."

"어떻게 했는데요?"

"예를 들면 조선인들은 중일 전쟁이 벌어진 1937년부터는 모든 공식적인 자리에서 무조건 '황국 신민 서사'라는 것을 외워야 했단다."

"그건 또 뭔데요?"

"천황의 백성으로서 일본에 충성을 다하겠다는 맹세문이야. 너희만한 학생들도 학교에서 매일 아침 조회 때마다 '우리는 대일본 제

궁성 요배 강요 전단
궁성 요배(遙拜)란 멀리[遙] 천황이 있는 도쿄의 궁성을 향해 절한다[拜]는 뜻이야.

궁성 요배를 하는 사람들 오전 7시에 사이렌이 울려 퍼지면 궁성 요배를 해야만 했고, 정오에 사이렌이 울려 퍼지면 걸음을 멈추고 조용히 기도를 해야만 했어.

국의 신민입니다. 우리는 마음을 합하여 천황 폐하에게 충의를 다합니다. 우리는 괴로움을 참고 견디며 단련하여 훌륭하고 강한 국민이 되겠습니다' 하고 외우며 일본 천황의 궁이 있는 동쪽을 향해 절을 하고 '천황 폐하 만세!'라고 외쳐야 했어."

"엑! 그게 뭐예요?"

"아흐, 짜증 나려고 해."

"넌 짜증만 나냐? 난 밥 먹은 게 올라온다!"

아이들이 앞다투어 한마디씩 쏟아 냈다.

"또 있어. 1938년부터는 총독부가 학교 수업에서 조선어와 조선 역사 과목을 선택 과목으로 바꾸었어. 선택 과목이란 건 학교에서

일본어 사용을 강요하는 포스터 '국어 생활을 실행하라'는 글이 적혀 있어. 여기서 말하는 국어는 일본어야. 총독부는 1940년에 한글 신문인 《동아일보》, 《조선일보》를 없애 버렸어. 그리고 1942년부터는 일상생활에서도 일본어만 쓰도록 하는 운동을 벌였지.

꼭 가르칠 필요가 없다는 뜻이지만, 실제로는 가르치지 말라는 거나 마찬가지였기 때문에 이때부터 조선어와 조선 역사를 가르치는 학교는 찾아보기 어려웠어. 그걸로도 모자라서 3년 뒤에는 소학교를 '황국 신민의 학교'라는 뜻의 '국민학교'로 이름을 변경하고, 조선어 자체를 완전히 금지시켜 버렸지. 그 대신 학교에서 두 배, 세 배로 열심히 가르친 것은 일본어였어. 교사들은 학생들의 입에서 실수로라도 우리말이 나오면 벌점을 매기고, 망신을 주고, 때리기도 했어. 조선어를 쓰는 친구를 고자질하게 하고, 꿈까지 일본어로 꾸라며 억지도 부렸지. 그리고 1940년에는 조선인들에게 '창씨개명'을 하도록 했어. 이름까지 일본식으로 바꾸어 버린 거야."

"이름을 바꾸다니, 어떻게요?"

"조선식 '성' 대신 일본식 '씨'를 새로 만들고 이름도 일본식으로 고치게 한 거야. 둘은 비슷해 보이지만 꽤 달라. 조선에서는 여자가 결혼을 해도 원래 성을 그대로 써. 하지만 일본에서는 여자가 결혼하면 씨도 바뀌었어. 한 가족끼리는 같은 씨를 쓰도록 되어 있었던 거야. 이렇게 씨가 같은 한 가족이 일본 사회의 기본 구성 단

창씨개명 경성 시민들이 창씨개명을 하기 위해 경성부청 호적과에 줄지어 서 있어. 사람들은 이름을 강제로 바꾸는 정책에 저항하기 위해 욕설에 가까운 이름을 지어 제출하기도 했지만 퇴짜를 맞았어.

위였고, 천황은 바로 이 가족들을 거느리는 아버지로 여겼어. 총독부는 조선인들에게도 이와 똑같은 방식으로 성과 이름을 바꾸라고 한 거였지."

곰곰이 듣던 곽두기가 "그럼 창씨(創氏)는 씨를 짓는 거고, 개명(改名)은 이름을 고친다는 말이네요" 했다.

"아니, 남의 이름까지 왜 이래라저래라 한담? 그러거나 말거나 안 바꾸면 되지! 흥!"

허영심이 어이없다는 표정으로 콧방귀를 뀌었다.

"그게 어디 쉬웠겠니. 당시 사람들도 조상 대대로 이어져 내려온 성씨를 버리고 부모가 지어 준 이름을 일본식으로 바꾸어야 한다는 사실을 쉽게 받아들이지 못했어. 법이 발표된 지 석 달이 지나도록 창씨개명을 하겠다고 서류를 낸 사람 수는 전체 인구의 7.6%밖에 안 되었다지. 하지만 조선인들은 그리 오래 버틸 수 없었어. 계속 버티자면 정상적인 생활 자체가 어려웠거든. 일단 창씨개명을 하지 않은 아이는 학교에 갈 수 없었고, 어른은 취직을 할 수 없었어. 관공서에서 볼일을 볼 수도 없고, 멀리 갈 일이 생겨도 기차표를 살 수 없었어. 집배원이 우편 배달도 해 주지 않았지. 뿐만 아니라 창씨개명을 하지 않았다고 식량 배급표를 받지 못하는 일도 많았대."

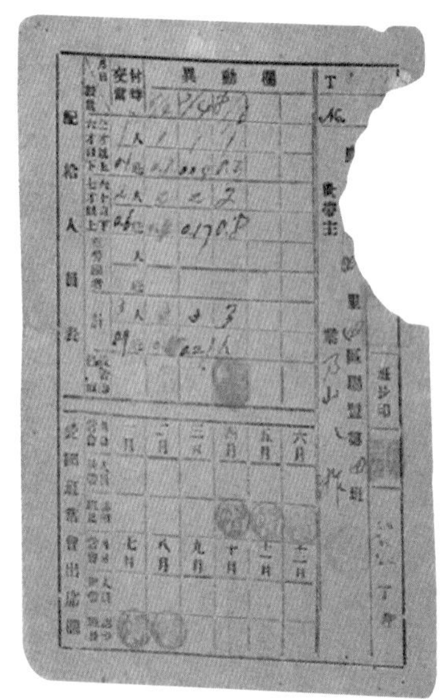

식량 배급표 중일 전쟁이 시작되자, 일본은 식량을 통제하기 시작했어. 배급표에는 배급을 받는 인원, 나이에 따른 배급량 등이 기록되어 있었지.

"그 배급표라는 게 없으면 식량을 안 주는 거예요?"

"그렇지. 이 무렵에는 식량과 생활 필수품을 사려고 하면 나라에서 주는 배급표가 필요했거든. 이 배급표는 열 집을 한 묶음으로 해서 동네마다 조직되어 있던 '애국반'을 통해서 받도록 되어 있었는데, 이 애국반이라는 게 다른 게 아니야. 사람들의 일상을 하나부터 열까지 감시하며 총독부의 입맛에 맞추기 위한 제도였지. 결국 7.6%에 불과했던 창씨개명 신청률은 다시 석 달쯤이 흐른 뒤에는 약 80%에 달하게 되었어. 그리고 얼

마 뒤에는 모든 조선인이 일본식 이름을 갖게 되었지. 끝내 창씨개명을 신청하지 않은 사람들은 관청에서 기존의 성을 그대로 일본식 씨로 등록해 버렸거든. 적어도 법적으로는 조선인의 창씨개명 비율이 100%가 된 거야."

용선생이 다시 시가 적혀 있는 칠판에 눈을 주었다.

"윤동주도 1941년에는 창씨개명을 했어. 당시 그는 일본으로 유학을 갈 준비를 하고 있었는데, 이름을 바꾸지 않고서 유학을 가는 것은 절대 불가능한 일이었거든. 윤동주는 일제가 조선어를 완전히 금지시켜 버린 뒤에도 끊임없이 조선어로 시를 쓰고 다듬었어. 친구들이 일본어로 말을 걸어도 조선어로 대답을 하곤 했다지. 그런 그에게는 내 이름조차 빼앗겨야 하는 현실이 무척 괴로웠을 거야. 그래서인지 몰라도 윤동주가 창씨개명을 하기 바로 닷새 전, 조선에서 마지막으로 쓴 시의 제목은 '참회록'이야. 잘못을 뉘우치며 쓰는 글이라는 뜻이지."

"아, 마음이 아프다. 죽는 날까지 한 점 부끄럼 없이 살고 싶다고 했는데……."

"이름만 바꾼다고 일본인이 되나? 도대체 일본은 왜 그런 거죠? 뭐 때문에 조선 사람들을 일본인처럼 만들어요?"

나선애의 말에 용선생이 천천히 고개를 주억거렸다.

"음, 그들의 입장에선 꼭 그렇게 만들어야만 했겠지. 사실 1920년대까지만 해도 조선인의 이름을 일본식으로 바꾸게 한다는 것은 생각하기 어려운 일이었어. 조선인을 일본인보다 낮추고 차별하기 위해선 이름으로 구별해야 했으니까. 혹 일본식으로 이름을 고친 조선인이 있으면 다시 원래 이름으로 고치도록 압력을 넣기까지 했거든. 그런데 이제 일본에게는 조선인을 뿌리 깊이 일본인으로 만들어야 할 다른 이유가 생긴 거야. 아주 중요한 이유가."

아이들이 불안한 표정으로 숨을 죽였다.

'천황을 위해 다 내놓아라!'

"일본은 중일 전쟁을 벌이는 데 그치지 않았어. 당시 파시즘 국가였던 독일, 이탈리아와 같은 대열에 서서는 더 큰 전쟁의 소용돌이를 향해 치달아 갔지. 1939년에 시작된 제2차 세계 대전은 바로 이들 나라가 앞장서서 벌인 세계 전쟁이었어. 그에 맞선 연합국 세력의 중심은 영국, 프랑스 등이었지. 일본은 중국과 전쟁을 이어 가

진주만 공습 미국은 침략 전쟁을 계속하고 있는 일본을 압박하기 위해 태평양 함대를 진주만에 전진 배치했어. 일본이 1941년 12월 7일 선전 포고도 없이 진주만을 공격하자 미국의 루스벨트 대통령은 '치욕의 날'이라며 전쟁에 참가하기로 했지.

는 한편, 전쟁에 필요한 자원들을 얻기 위해 동남아시아 곳곳에도 침략의 손길을 뻗어갔어. 그러자 이전부터 일본의 움직임을 경계하고 있던 미국이 곧장 이를 막고자 나섰어. 왜냐? 당시 미국은 동남아시아 지역에서 많은 자원을 수입하고 있었거든. 그런데 일본이 이 지역을 점령해 버리면 미국은 전처럼 그 땅에서 자원을 얻기가 어려워지겠지. 미국은 일본과의 경제 활동을 모두 끊어 일본으로 돈이 흘러들어 가는 일을 막고, 석유를 수출하는 일도 금지시켜 버

렸어. 가뜩이나 전쟁을 치르느라 돈이며 연료가 절대적으로 필요했던 일본은 큰 곤란에 처했지. 그러자 일본은…….”

“잘못했다고 빌었나요?”

“어딜 봐서 빌게 생겼냐? 미국이랑 거래를 했겠죠!”

용선생이 잠깐 뜸을 들이는 사이 아이들이 껴들었다.

“아니, 미국에도 전쟁을 걸었어! 1941년 12월, 일본이 미국 하와이의 진주만이라는 곳을 공격하면서 ‘태평양 전쟁’이라는 치열한 전쟁이 시작되었지.”

국민 정신 총동원 포스터 1938년 7월 총독부는 친일파들을 앞세워 ‘국민 정신 총동원 조선 연맹’이라는 기구를 만들었어. 이 기구는 ‘일치단결하여 국민 정신을 총동원하고 모든 능력을 발휘하여 국가에 협력하자’고 주장했어.

용선생이 지도 한 장을 펼쳐 보여 주었다. 일본이 전쟁터로 만든 지역들이 울긋불긋하게 표시되어 있는 지도였다.

“으아! 세계 평화의 진정한 적이 납셨구나!”

“질린다. 진짜 지구 정복이라도 하겠다는 건가?”

“그런데 생각해 보렴. 이렇게 여기저기서 전쟁을 벌이려면 얼마나 많은 게 필요했겠니? 그들은 일본이 이기느냐 지느냐는 식민지 조선을 얼마나 전쟁에 잘 이용하는가에 달려 있다고 여겼어. 이미 중일 전쟁을 벌이기 한참 전부터도 조선 땅 곳곳에서 전쟁에 꼭 필요한 물자들을 생산해 내는 군수 공업을 키우고 있었지. 금속이

금속류 공출 강제로 수집한 놋그릇과 쇠붙이를 모아 놓고 기념 촬영을 하는 모습이야. 이렇게 거둬 간 놋그릇과 쇠붙이는 녹여서 총, 대포, 전투기 등 전쟁에 필요한 무기로 만들었어.

며 기계, 화학 공장들, 화약을 만드는 공장이나 비행기, 선박을 만드는 공장, 또 철이 꼭 필요하니 제철소도 많이 세웠어. 그리고 중일 전쟁이 벌어진 뒤, 일본은 본격적으로 조선 땅에서 동원할 수 있는 모든 것을 자기네 침략 전쟁에 가져다 썼어. 1938년에 발표된 '국가 총동원법'이라는 것은 전쟁을 위해 조선의 모든 것을 수탈하겠다는 노골적인 선언이었지. 이 일을 위해서 '국민 정신 총동원 조선 연맹'이라는 기구도 만들었는데, 아까 말한 열 집 묶음의 애국반은 바로 이 조직의 가장 작은 단위였어."

"그러니까 총동원, 하고 나오는 건 아주 못된 거구나!"

"아이고, 또 죽어나겠네."

아이들이 고개를 절레절레 흔들었다.

"일본은 일단 조선 땅을 구석구석 파헤쳐서 돈을 대신할 수 있는 금은 물론이고, 전쟁 물자를 만드는 데 필요한 철광이며 석탄, 또 다른 광물들을 닥치는 대로 캐 갔어. 하지만 이렇게 해도 군수 물자를 대기엔 부족했지. 날이 갈수록 전쟁터는 더 많아졌으니까. 그러자 총독부는 아예 사람들이 쓰는 물건들까지 강제로 거둬 가기 시작했어. 집집마다 아낙네들이 소중하게 보관하고 있던 금비녀나 금반지는 물론이고, 세수할 때 쓰는 놋대야며 밥 먹을 때 쓰는 놋그릇에 숟가락, 젓가락, 쇠창살이며 쇠로 된 문고리, 교회에 달린 종까지. 금속이란 금속은 죄다 거둬 간 거야."

공출 종용 포스터 "한 알의 쌀이라도 더 많이 나라에 바쳐서 미국과 영국을 때려 부숴 버리자"라며 공출을 종용하고 있어.

"헤, 그릇에 숟가락까지요?"

곽두기의 눈이 동그래졌다.

"응. 또 군인들을 먹여야 하니까 식량도 빼앗아 갔지. 아까 이 무렵에 식량 배급제를 실시하고 있었다고 했지? 그건 바로 식량 공출 때문이었어. 공출이란 국가의 필요에 따라 농업 생산물이나 도구 등을 의무적으로 정부에 파는 것을 말해. 물론 공출할 양을 강제로 정해줬고, 총독부가 정한 헐값에 팔도록 했지. 그러니 농민들은 농민

공출보국 사기그릇 일본이 강제로 거둬 간 놋그릇 대신 나눠 주었던 사기그릇이야. '공출보국' (공출은 나라에 보답하는 길)이라고 적혀 있어.

들대로, 또 도시 사람들은 도시 사람들대로 식량 구하기가 얼마나 어려웠겠니? 아무리 적더라도 사람들이 먹고살 식량은 있어야 하니 식량을 배급하게 된 거야. 1940년부터 식량 공출과 배급제가 시행되면서 조선인들의 굶주림은 날이 갈수록 더했어."

애국반 회보 '으쌰! 결전 생활로'라는 구호 아래에 아침 일찍 일어나고, 음식을 남기지 말고, 옷감을 아끼라는 내용이 적혀 있어.

"쩝, 그때는 라면도 없었을 텐데……. 그래도 먹을 걸 다 가져간 건 아니겠죠? 뭐, 고기라든가……."

하다의 말에 허영심이 "고기 같은 소리 한다!" 하며 눈을 흘겼다.

"물론 소나 돼지 같은 가축도 공출해 가서 일본군을 먹일 식량으로 썼지. 그런가 하면 일본은 전쟁 비용을 대기 위해서 조선인들에게 강제로 저축을 시켰어."

"저축은 어떻게 강제로 하죠? 억지로 은행에 데려가나?"

"그런 게 아니라 돈을 주기도 전에 미리 저축을 시키는 거야. 회사를 다니는 사람이라면 매달 월급에서 저축액만큼 제하고 받는 거지. 얼마나 쥐어짰는지, 통계에 따르면 1944년의 조선인 저축 금액

군사 훈련을 받는 학생들 지금으로 치면 초등학교 4학년 이상의 학생들이 군사 훈련을 받고 있어.

은 1937년에 비해 100배도 넘게 불어났다는구나. 이렇게 짜내려면 사람들에게 아껴라, 더 아껴라, 하고 간섭은 또 얼마나 심했겠어? 밥을 한 숟가락씩 덜 먹어라, 하루 한 끼는 죽을 먹어라, 심지어 쌀밥을 많이 먹으면 머리가 나빠진다는 이야기까지 퍼뜨렸다지. 그뿐인가? 사치 부리지 마라, 술과 담배를 끊어라, 상점 문은 일찍일찍 닫아라, 화려한 옷은 안 된다, 화장도 하지 마라……. 남자들이 머리를 기르거나 여자들이 파마를 하면 아예 세금까지 매겼어."

"아윽, 숨 막혀!"

허영심이 도리질을 쳤다.

‘몸뚱이도 목숨도 바쳐라!’

“그런데 일본이 자기네가 벌인 침략 전쟁을 위해 조선에서 빼앗아 간 것은 물자뿐이 아니었어.”

“또 뭐가 있는데요?”

“바로 사람! 총독부가 그토록 집요하게 조선인을 일본인으로 만들고, 천황에 대한 충성심을 갖도록 강요한 가장 큰 이유는 전쟁터에 내보낼 군사가 모자랐기 때문이야.”

“일본 군사가? 그럼 조선 사람한테 일본을 위해서 싸우라고요?”

“응, 그런데 만약 조선인을 일본 군대에 보냈더니 무기를 들고 일본군에게 맞서면 큰일 아니겠어?”

“아, 진짜 그러네.”

전쟁터로 떠나는 학도병 학도병이 가족들에게 마지막 인사를 하고 있어. 가족들의 표정은 어둡고, 옆에서 일장기를 들고 환송하는 사람들의 표정도 밝지 않아.

"가만, 그거 괜찮은데? 다 군대 가서 일본이랑 싸우면?"

"괜찮긴……. 그럴까 봐 기를 쓰고 일본인으로 만들려고 했다잖아. 쳇!"

아이들은 좀 더 이해가 가는지 저마다 끄덕거렸다.

"일본이 전쟁에 조선인을 동원한 방식은 크게 두 가지였어. 첫째, 사람의 노동력을 동원하는 징용, 두 번째는 병사로 전쟁터에 내보내는 징병이었지. 둘 다 처음엔 원하는 사람들만 뽑아 가는 모집의 형식이었어. 하지만 사람들이 쉽게 여기에 응할 리가 없었지. 총독부는 좋은 일자리를 소개해 주고 돈도 많이 벌게 해 주겠다는 달콤한 말로 사람들을 꾀어서는 조선 곳곳은 물론 바다 건너 일본이며 중국, 동남아시아의 험한 노동 현장으로 보냈어. 주로 탄광이나 공사장, 군수 공장, 비행장 건설 현장 등이었지. 이렇게 징용을 간 이들은 목숨이 왔다 갔다 하는 위험한 곳에서 굶주림에 시달리며 온종일 일만 했지만 임금조차 제대로 받지 못했어. 전쟁이 길어지자 일본은 '모집'이라는 형식마저 내팽개치고 마구잡이로 사람들을 강제로 끌고 갔어. 무슨 영문인지도 모르고 길가에서 납치되듯 붙들려 가는 이들도 많았다지."

"짐승도 아니고…… 사람들을 그렇게 잡아가다니!"

"징용이라는 게 그러니까, 사람들을 노예처럼 막 부려 먹었던 거네요."

"한편 조선 청년들이 처음 일본 군대에 보내진 것은 1938년의 일이었어. 그 뒤 1943년에 일본은 학도 지원병 제도라는 것을 만들어

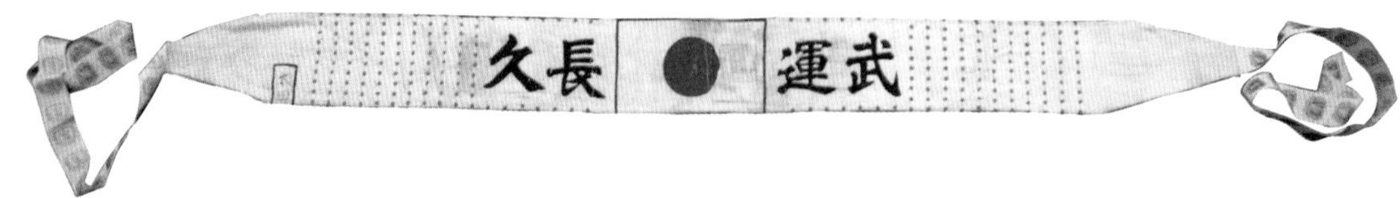

천인침 천 명의 여성이 바느질을 한 땀 한 땀씩 해서 만든 천이라는 뜻이야. 천인침을 몸에 차면 총알이 비껴간다는 일본 속설에서 비롯되었어. 일본어로는 '센닌바리'라고 해. 군인으로서의 운명[武運]이 길고 오래[長久]되길 바란다는 글귀가 새겨져 있어.

조선인 대학생들을 전쟁터로 내몰았지. 당시 대학생이라면 조선 최고의 지식인 청년들이었어. 총독부는 이들에게 책 대신 총을 들려 전쟁터로 내보내기 위해 갖은 수단을 다 썼어. 말이 지원이지, 학교에는 칼을 든 장교가 나타나 학생들을 협박하면서 지원서를 쓰도록 했어. 유학을 떠나 있던 학생들은 어떻게든 귀국을 시켜서 형사들이 직접 쫓아다니며 학도병이 될 것을 강요했지. 끝내 이를 피하는 학생들에게는 강제 징용이 기다리고 있었어. 이들은 징용으로 끌려간 뒤에도 황국 신민으로서 자질이 모자라다며 특별히 죄인 취급까지 받아야 했지."

"도망이라도 치지 않고는 피할 방법이 없었겠군요."

왕수재가 씁쓸한 목소리로 말했다.

"그리고 1944년, 조선에서 기어이 징병제가 실시되었어. 이건 조선 남자들 대부분에게 일본 군대에 갈 의무가 생겨 버렸다는 뜻이야. 당장 그해에 만 20세가 된 청년들부터 모두 징병의 대상이 됐고, 이렇게 해서 전쟁터로 끌려간 조선 청년들의 수는 20만 명이 넘었어. 일제 강점기 동안 조선 사람들이 징용과 징병으로 동원된 횟수는 약 780만 건이라는 엄청난 숫자가 된다지."

"아, 정말 너무해. 쯧."

"더 슬픈 일은 조선인으로서 일본 편에 서서 청년들을 전쟁터로 내몬 이들도 꽤 있었다는 사실이야. 이 시기는 식민지 시기 중에서도 친일파들이 가장 극성을 부리던 때였지. 소설가 이광수는 창씨개명에도 제일 먼저 나서더니 조선 청년들에게 너도나도 일본군이 되라고 목소리를 높였어."

"어, 잠깐! 예전에도 나온 이름인 것 같은데요?"

왕수재의 말에 용선생이 "맞아" 했다.

"이광수나 최남선 같은 문인들은 한때 독립운동 세력에 속했다가 친일의 길을 걷는 바람에 조선인들에게 더 큰 상처를 주었어. 또

최남선과 이광수의 도쿄 대담 도쿄에 간 최남선과 이광수는 조선인 유학생들에게 학도병을 권유했어. 이때 열린 한 대담에서 이광수는 "조선 반도만을 위한 사소한 것에 끙끙대는 상태를 멈추고 일본 전체의 무거운 사명"을 가져야 한다고 주장했어. 최남선은 "국가에 충성을 다한다든가 대동아의 성전에 참가한다든가의 의의"를 강조했어.

男子에지지안케

〈남자에 지지 않게 황국 여성으로서 사명을 완수〉 김활란은 1943년 12월 26일 《매일신보》 논설에서 학도병들이 전쟁터에 나가는 것은 광명의 길이라고 하면서 이화여자전문학교가 '여자 특별 연성소'로 새롭게 출발하게 된 것은 황국 여성으로서 다시없는 특전이라며 감격했어.

우리나라 여성 최초로 철학 박사 학위를 받고 나중에 대학 총장까지 지냈던 김활란은 징병제가 조선인에게는 영광스러운 제도라며 여자들이 앞장서서 남편과 아들을 일본 군대에 보내야 한다고 했지. 그런가 하면 시인 서정주는 태평양 전쟁에서 목숨을 잃은 특공대 조선인 병사를 칭송하는 시를 지어 발표했어. 종로의 화신 백화점을 경영하던 사업가 박흥식은 심지어 총독부에 비행기를 갖다 바치기도 했고."

"아휴, 화나 정말! 도대체 왜들 그런 거예요? 그렇게 안 하면 죽이겠다고 협박이라도 받았던 거예요?"

"일본의 공작도 만만치 않긴 했어. 자기네가 벌이는 전쟁에 방해가 될 만한 생각을 갖는 조선인들을 결코 그냥 두지 않았거든. 저항 운동을 벌이려는 기미가 조금만 보여도 감옥에 잡아 가두기 일쑤였지. 그러니 친일파들 중에는 마지못해 일본에 협력한 이들도 있었을 거야. 물론 처음부터 자기 이익을 챙기기 위해 알아서 일본 편에 섰던 이들도 있었겠고. 어느 쪽이건 그들은 아마 일본이 전쟁에서 질 일이 없을 거라고 본 것 같아. 곧 일본 제국주의가 무너지고 조선이 독립을 할 수 있을 거라고 생각했다면 쉽게 일본의 침략 전쟁을 거들진 못했겠지."

"흥! 독립만 돼 봐라. 크게 후회하게 될걸? 그렇죠, 선생님?"

허영심의 야무진 말에 용선생은 대답을 망설였다.

"음…… 글쎄다. 그 이야긴 나중에 일제에서 해방된 뒤에 다시 해 보자."

일본군 '위안부', 지울 수 없는 이름

"그런데 얘들아, 당시 전쟁터로 끌려갔던 이들 중에는 강제로 일본 군대의 성노예가 되어야만 했던 여성들도 있어. 한때는 정신대라고 불리기도 했지만 지금은 일본군 '위안부'라고 불리곤 하지."

"네? 정신대는 뭐고, 위안부는 또 뭔데요?"

아이들이 어리둥절한 표정을 지었다.

"'정신(挺身)'이란 '나라를 위해 몸을 바친다'는 뜻이야. 일본은 정신대라는 이름으로 여성들을 징발해서는 일본, 만주 등의 공장으로 보냈어. 이렇게 끌려간 여성들은 남성들과 마찬가지로 혹독한

미쓰비시 공장에 도착한 소녀들 박해옥 할머니는 순천 남국민학교 6학년 담임 선생님께 불려가 교장실에서 헌병으로부터 "일본에 가면 중학교에 갈 수 있다"는 이야기를 들었대. 어린 소녀들은 학교에 보내준다, 돈을 벌게 해 주겠다는 일제의 거짓말에 속아 일본으로 가서 가혹한 노동에 시달렸어.

조건에서 일해야 했지. 그런데 정신대로 끌려간 여성들 중에는 일본군의 '위안부'가 되어야만 했던 이들도 있어. '위안부'는 일본이 만든 용어로 '위로하여 마음을 편하게 해 주는 여성'이란 뜻이야. 강제로 끌려가 고통을 당했던 피해자 여성들을 부르는 말치고는 참 고약하지. 그래서 '위안부'라는 말에 따옴표를 넣어, 올바른 표현이 아니라 범죄를 저지른 일본이 그렇게 불렀음을 나타내는 거야. 영어로는 아예 일본군 성노예라고 하고."

"도대체 무슨…… 그럼 여자들을 일본군이 있는 전쟁터로 끌고 갔단 말이에요?"

용선생이 무겁게 고개를 끄덕였다.

"일본군은 이미 만주를 침략할 무렵인 1930년대 초반부터 군사들의 성적인 욕구를 해결하기 위해 일본군이 점령한 지역의 군부대 주변에 군 위안소라는 것을 만들기 시작했어. 중일 전쟁을 일으킨 뒤에는 위안소가 본격적으로 늘어났고, 태평양 전쟁 때는 일본군이 있는 곳이면 어디든 위안소가 들어설 정도가 되었지. 위안소에는 한두 사람이 누우면 꽉 차는 비좁은 방이 여남은 개, 또는 수십 개까지 만들어졌어. 방 하나에 '위안부' 한 명씩, 눈을 뜨고부터 잠들 때까지, 때로는 잠자고 먹는 시간조차 빼앗긴 채 줄지어 늘어선 일본 군인들을 차례로 받아야 하는 곳이었어. '위안부' 중에는 일본이나 중국, 동남아시아 여성들도 있었지만, 그 대부분인 80% 정도는 조선 여성들이었어. 열 살을 갓 넘겨 아직 몸이 채 자라지도 않은 소녀들부터 많아야 열여덟, 열아홉 어린 처녀들이었지."

일본군 '위안부' 망연자실해 있거나 지친 표정의 위안부들이야. 일본군 '위안부'로 끌려간 여성은 최소 14만 명에서 최대 30만 명으로 추정되고 있어.

"세상에…… 그 사람들을 어떻게 모았는데요? 징용처럼 끌고 간 겁니까?"

충격을 받은 듯 얼어붙은 아이들 속에서 왕수재가 먼저 입을 뗐다.

"응. 공부도 시켜 주고 돈도 벌게 해 주겠다며 속이고, 가난한 집 처녀들을 푼돈에 사서 공장에 취직시킨다며 데려가고, 집 밖에 나온 소녀들을 마구잡이로 붙들어 트럭에 태워서는 그 길로 추운 만주 땅이며 필리핀, 인도네시아 같은 더운 나라의 위안소로 보내 버렸다지. 그곳에서 짐승이나 다름없는 취급을 받으며 끝도 없는 성폭력에 시달렸던 여성들이 입은 상처는 우리가 쉽게 상상하기 어려

김순덕의 〈끌려감〉
김순덕 할머니는 열일곱 살 때 취직시켜 준다는 말에 속아 일본으로 갔어. 중국 상하이 등에서 일본군 '위안부'로 지내다가 한 일본군의 도움을 받아 고국으로 돌아왔어. 이 그림은 일본군에게 끌려가는 장면을 그린 거야.

울 거야. 평생 아이를 갖지 못하게 되거나 몸 곳곳에 큰 병을 얻은 사람, 뿐만 아니라 위안소에서 무참히 살해된 이들도 적지 않다고 해. 그뿐이겠니. 그 마음에 남긴 상처는 얼마나 클지……."

"너무해! 말도 안 돼요!"

"나라가 해방된 뒤로도 오랫동안 일본군 '위안부' 문제는 세상의 주목을 끌지 못했어. 워낙 여자의 정조를 중요하게 여기는 사회 분위기가 이어져 온 탓에 피해자들은 위안소에서 풀려난 뒤로도 이중의 고통을 겪어야 했지. '위안부'로 동원된 경험을 혼자만의 불행

수요 시위 일본군 '위안부' 할머니들은 매주 수요일마다 일본 대사관 앞에서 시위를 하고 있어. 일본군 '위안부' 범죄의 진상을 철저히 조사할 것, 일본군 '위안부' 피해자들에게 공식적으로 사과할 것, 국제법에 따라 배상할 것, 일본군 '위안부' 문제를 일본 교과서에 실어 학생들이 올바른 역사를 배우게 할 것 등 일본 정부의 사과와 문제 해결을 요구하고 있지. 1992년 1월 8일 처음 시작한 수요 시위는 1,500회가 넘게 계속되고 있어.

으로 여기며 입을 굳게 닫아야 했던 거야. 이 문제가 불거진 것은 1990년대나 되어서였어. 위안부 피해 할머니들이 하나둘 용기를 내 자신이 겪은 일을 이야기하면서 진실이 알려지기 시작했지. 그들은 입을 모아 일본 정부에게 사과를 하라고 요구했어."

"아니, 그런 짓을 저질러 놓고 사과하면 단가?"

흥분한 징하디기 목청을 높이자 용선생이 안타깝다는 표정을 지었다.

"하지만 하다야, 정작 문제인 건 일본이 사과는커녕 자신들이 조직적으로 위안소를 운영했다는 사실조차 인정하지 않고 있다는 거야. 군 위안소는 그냥 일반인들의 돈벌이였을 뿐 일본 정부나 일본군이 개입한 문제가 아니고, 자신들이 강제로 '위안부'들을 모집한 일도 없다는 거지."

"에에?"

장하다는 뭔가 말을 하려했지만 너무나 뻔뻔한 일본의 태도에 말이 나오질 않았다.

평화비 일본 대사관 앞에 세워진 평화비야. 수요 시위 1,000회를 기념하기 위해 세웠어. 한복을 입은 소녀는 할머니들이 일본군 '위안부'로 끌려갈 때의 모습을 나타낸 것으로, 일본 대사관을 바라보고 있지.

"하지만 이 문제가 알려지자 국제 사회에서도 이를 심각하게 받아들여서 이미 2008년에 유엔 인권 위원회에서 일본 정부에게 위안소를 운영한 사실을 인정하고 책임을 지라고 권고를 했어. 그 뒤 일본 정부에서 사실을 인정하고 반성하겠다는 이야기가 나왔다가 다시 그런 적 없다며 말을 바꾼 일도 있었단다. 2015년 12월에는 우리 정부와 일본 정부가 만나 위안부 문제에 대해 협상을 했지. 그 결과 일본 정부는 위안부 문제에 대한 사과와 반성의 마음을 밝히고, 위안부 할머니들을 위한 단체를 만들어 피해자들을 돕는다고 했단다. 하지만 아직까지 일본이 진정성 있는 사과를 하고 있지는 않아. 재단 활동도 불분명하고. 이러는 사이에도 그리고 그 사이에도…… 피해 할머니들은 한 분, 또 한 분 돌아가시고 있어. 스스로 '위안부' 피해자로 정부에 등록한 할머니들 중 90% 이상이 이미 이 땅에 안 계신 상황이야. 지금 살아 계신 할머니들 중에도 죽기 전에 그저 진실을 인정받고 일본의 사죄를 받는 게 소원이라고 하시는 분들이 많다고 해."

"하아, 돌아가시면서도 얼마나 한이 되셨을까?"

나선애의 탄식에 장하다가 가슴을 쿵쿵 두드렸다.

"아아, 너무 끔찍해. 차라리 모르는 편이 나았을 것 같아요."

허영심은 금방 들은 이야기를 모두 잊고 싶다는 듯 떨리는 두 손으로 귀를 막았다. 그 모습에 용선생이 무겁게 고개를 끄덕였다.

"그래. 그런 생각이 들 수도 있어. 때로는 말이지, 진실을 바로 아는 일만으로도 고통이 뒤따르는 거야. 그래서 진실에 고개 돌려 외면하지 않으려면 용기가 필요해. 그런 용기가 잘못된 역사를 제자리로 돌려놓는 힘이 되는 법이거든. 얘들아, 선생님 말…… 이해하겠니?"

선뜻 대답하진 않았지만, 아이들의 표정이 조금씩 달라졌다. 용선생이 부드러운 목소리로 다시 입을 열었다.

"역사의 비극을 똑똑히 기억하는 것, 이건 과거만이 아니라 미래를 위해서도 무척 중요한 일이야. 지나간 역사의 잘못들을 제대로 짚어 내지 못하고 진실이 무엇인지조차 제대로 보지 못한다면, 그건 똑같은 일이 언제라도 되풀이 될 수 있다는 이야기나 다름없거든. 일본이 지난날 자신들이 지은 죄를 인정하고 진심으로 반성하고 사과하도록 만들기 위해서도 우리 사회가 기억의 끈을 놓아선 안 돼. 아니, 온 인류가 함께 기억하고 잊지 말아야지. 다시는 지구상 어느 곳에서도 그런 일이 일어나선 안 되니까. 그렇지 않겠니?"

그제야 보일 듯 말 듯 고개를 끄덕이며, 아이들은 조용히 생각에 잠겼다. 마침 수업종이 요란하게 울려 퍼졌지만 누구 하나 움직이지 않았다.

나선애의 정리노트

1. 침략 전쟁을 일으킨 일본

1931. 9.	만주 침략	중국 동부의 만주를 침략 → '만주국'을 세움
1937. 7.	중일 전쟁	중국 전역을 침략 → 난징 대학살
1941. 12.	태평양 전쟁	진주만을 기습 공격 → 미국이 제2차 세계 대전에 참전

2. 침략 전쟁에 동원된 조선

1937. 10.	황국 신민 서사를 암송하게 함
1938. 4.	조선의 사람과 물자를 전쟁에 동원할 수 있는 법을 발표 (국가 총동원법)
1939. 10.	국민 징용령 실시
1940. 2.	일본식 성과 이름으로 바꿀 것을 강요(창씨개명)
1943. 3.	조선어 과목을 폐지(제4차 조선 교육령)
1943. 8.	징병제 실시
1943. 8.	곡식 강제 공출 시작
1943. 11.	학도병 지원제 발표

* 1940년대부터 일본군 문서에도 '위안부'라는 단어가 등장하기 시작

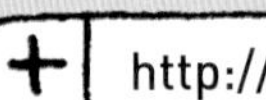

http://cafe.naver.com/yongyong

용선생의 역사 카페

역사계의 슈퍼스타,
용선생의 역사 카페에
오신 걸 환영합니다

Log in

게시판

- 역사가 제일 쉬워어용!
- 이제는 더~ 말할 수 있다!
- 필독! 용선생의 매력 탐구
- 전교 1등 나선애의 비밀 노트

윤동주, 감옥에서 세상을 떠나다

윤동주는 1917년 12월 30일 만주 북간도 명동촌에서 태어났어. 윤동주가 어린 시절을 보낸 명동촌은 항일 독립 정신이 유독 드높았던 곳으로 잘 알려져 있어. 일본 경찰들은 북간도 명동촌 출신이라 하면 당장 독립운동 조직에 속한 사람인가 의심을 했을 정도였다고 해.

은진중학 시절 윤동주는 축구, 농구, 웅변, 문예 등에 고루 소질을 보이는 온화한 학생이었어. 시를 쓰기 시작한 것도 이 무렵 즈음부터래.

1938년 연희전문학교 문과에 진학한 윤동주는 산책을 즐기는 조용한 성격의 문학청년이었어. 그를 기억하는 사람들은 하나같이 그가 단정하면서도 곧은 인품의 소유자였다고 전한단다. 연희전문학교에 다니는 동안에도 글을 쓰고 시를 지었는데, 《조선일보》에 발표한 산문 〈달을 쏘다〉, 교지 《문우(文友)》에 게재한 〈자화상〉, 〈새로운 길〉 등이 전해진단다.

졸업 후 1941년에는 일본으로 건너가 도쿄에 있는 릿쿄대학 영문과에 입학했다가, 다시 교토의 도시샤대학 영문과로 학교를 옮겼지. 일본에서의 유학 생활은 윤동주가 견문을 넓히고 감성을 키워 나간 시기였지만, 한편으로는 사회적으로 불안하고 우울한 시기이기도 했어. 일본이 전쟁에서 불리해질수록 전 사회적으로 불안감이 고조되었고, 이와 더불어 조선 학생들에 대한 감시와 탄압도 극심해졌다고 해.

1943년 7월, 여름방학을 맞아 고향으로 돌아갈 준비를 하던 윤동주는 사상범으로 일본 경찰에 체포되어 교토 경찰서에 구금됐어. 당시 형사는 그가 쓴 시와 산문들을 모두 일본어로 번역하도록 시켰다는구나. 재판소에서는 그의 사상이 불온하다는 이유로 2년형을 선고했지. 이후 윤동주 시인은 후쿠오카 형무소에서 복역하던 중 건강이 악화되어 스물아홉의 젊은 나이로 생을 마쳤단다.

윤동주의 죽음을 둘러싼 의혹들은 여전히 남아 있어. 일본 경찰은 그가 뇌일혈이라는 병으로 사망했다고 기록했지만, 당시 함께 복역했던 그의 고종사촌 송몽규가 전한 말에 따르면 옥중에서 정체불명의 주사를 맞아 병이 들었다는 거야. 일제가 자행한 무자비한 생체 실험에 희생되었다는 것이지.

COMMENTS

나선애 : 윤동주처럼 일제 강점기 때 활동한 시인이 또 있나요?

↳ 용선생 : 독립운동가이자 시인인 이육사가 있어. 본명은 이원록인데 항일 운동으로 감옥에 갔을 때 수인 번호가 264번이었기 때문에 자신의 호를 '육사'라고 짓고 이육사라는 이름으로 작품 활동을 했지. 〈광야〉, 〈청포도〉 등의 시를 남겼어.

한국사 퀴즈 달인을 찾아라!

01 ★☆☆☆☆

이번 수업 시간에 한 시인에 대해 배웠지? 〈서시〉, 〈참회록〉 등의 시를 남긴 이 사람의 이름이 뭐더라? (   )

① 이육사　　② 윤동주
③ 한용운　　④ 최남선

02 ★★☆☆☆

영심이가 일본이 벌인 침략 전쟁을 시간 순서대로 정리하고 있어. 그런데 살짝 자신이 없다고 하네. 누가 영심이를 도와주면 참 좋을 텐데!

태평양 전쟁	만주 침략	중일 전쟁
일본이 미국 하와이의 진주만을 기습 공격하면서 시작됨	일본이 만주를 침략하고 만주국을 세움	일본이 중국 전역을 침략함
( )	( )	( )

03 ★★★☆☆

두기는 '1939년의 학교 생활'이라는 주제로 글을 쓰기 위해 자료를 모으고 있어. 그런데 틀린 자료가 있는 것 같은데, 그게 몇 번일까? 친구들이 찾아 줘! (   )

① 조선어는 선택 과목이 되었다.
② 교문에는 태극기가 걸려 있고, 학생들은 태극기를 향해 경례를 했다.
③ 신사에서 참배를 했다.
④ 조회 시간에 '황국 신민 서사'를 암송했다.

★★★☆☆

형아들, 누나들! 일본이 침략 전쟁을 벌이면서 조선 사람들을 많이 괴롭힌 거 기억나지?

① 당연하지! 일본 군인들을 먹인다면서 식량을 강제로 걷어 갔잖아! 그걸 '공출'이라고 불렀고.

② 무기를 만든다며 놋그릇, 쇠창살, 쇠 문고리까지 가져갔어.

③ '징병제'라는 걸 실시해서 조선 청년들을 전쟁터로 끌고 가기도 했지.

④ 근데 강제로 징병제가 실시된 적은 한 번도 없었어. 하지만 많은 청년들이 군인이 되어야 했지.

이 중에서 딱~ 한 명이 딴소리를 하고 있구나! 그 아이의 번호는 바로 (　　　　)!

★★★★★

밑줄 그은 '이 시기'에 볼 수 있는 모습으로 알맞은 것은 무엇일까? (　　　　)

> 8월 14일은 일본군 '위안부' 피해자 기림의 날이야. 이날은 1991년 8월 14일 고(故) 김학순 할머니가 일본군 '위안부' 피해 사실을 우리나라에서 처음으로 공개해 증언한 날이래. 할머니는 <u>이 시기</u>에 끌려가 끔찍한 고통을 당해야만 했어.

① 일제에 맞서 3 · 1 운동이 일어났다.

② 일제가 경성에 제국 대학을 설립해 친일 관리를 길러 냈다.

③ 일제가 토지 조사 사업을 실시해 우리나라의 토지를 빼앗았다.

④ 수십만 명의 조선 청년들이 전쟁터로 끌려갔다.

• 정답은 301쪽에서 확인하세요!

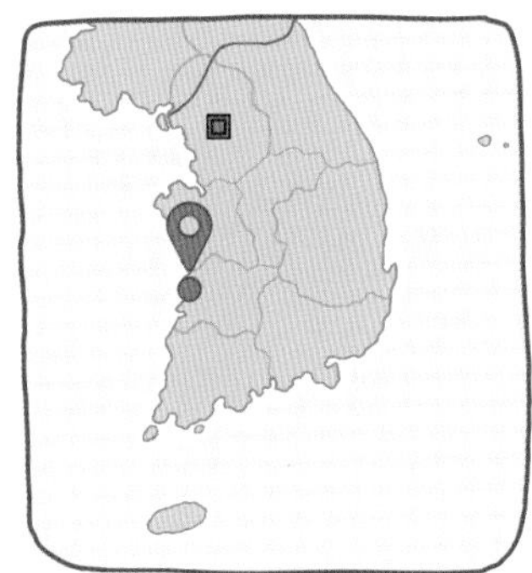

일제의 쌀 수탈 현장 **군산을 가다**

일제 강점기 일본은 호남평야의 쌀을 군산항에 모아 일본으로 가져갔어. 군산에는 이때 일본인들이 남긴 흔적을 많이 찾아볼 수 있지. 아프지만 기억해야 할 역사를 만나러 전라북도 군산으로 가 보자.

구 군산세관

군산에는 일제 강점기 때 쓰였던 은행, 공장, 창고들이 오늘날까지 남아 있어. 우리는 그중 군산항으로 드나들던 물건에 세금을 매겨 거두어들이던 구 군산세관에 갔어. 구 군산세관은 일본의 쌀 수탈을 대표하는 곳이었는데, 지금은 이곳을 호남 관세 박물관으로 운영하고 있어. 박물관에서 옛 군산세관의 사진과 시대별 밀수품들을 구경할 수 있었지.

구 군산세관 본관(현재 호남 관세 박물관) 1908년(순종 2년)에 만들어졌어. 부속 건물이 많았는데, 지금은 이 본관만 남았어. 서양식 단층 건물로 벨기에에서 붉은 벽돌과 건축 자재를 수입해 지었다는 이야기가 전해져. 사적.

뜬다리 부두

일제 강점기 때 일본은 군산항을 통해 우리나라에서 생산한 쌀을 헐값에 가져갔어. 그런데 물이 빠지는 썰물 때마다 큰 배가 항구에 머무는 데에 어려움을 겪었지. 그래서 바닷물 수위에 다리가 오르내리는 뜬다리 부두를 만들었어. 쌀을 싣고 나가야 할 배가 언제든지 군산항에 머무를 수 있도록 말이야. 이곳을 통해 우리나라의 쌀이 수탈되었을 것을 생각하니 마음이 아팠어.

진포 해양 테마공원

고려 시대에 최무선 장군이 진포에서 왜구를 크게 물리쳤던 것 기억나? 뜬다리 부두 옆에 최무선 장군의 진포 대첩을 기념하기 위해 만든 진포 해양 테마공원이 있어. 이곳에서 예전에 실제로 사용했던 군함, 전투기, 탱크 등을 볼 수 있었어. 전시관으로 운영되는 위봉함은 2006년까지 해군의 주력 군함이었대!

가옥의 내부
바닥에는 일본 가옥에서 흔히 볼 수 있는 다다미가 깔려 있어. 다다미는 짚으로 엮은 일본식 돗자리를 말해.

신흥동 일본식 가옥

우리는 조선에서 일본인 지주가 어떻게 살았는지 엿볼 수 있는 신흥동 일본식 가옥에 갔어. 이 가옥은 군산에서 가게와 농장을 운영하며 큰 부자가 된 일본인 히로쓰가 살던 집이라 히로쓰 가옥이라고도 불려. 잘 꾸며진 정원과 다다미가 깔린 방에서 일제 강점기 당시 일본식 주택의 형태를 볼 수 있었어.

동국사

일제 강점기 때 일본 스님들이 운영했던 동국사에 갔어. 절은 일본식으로 만들어졌기 때문에 우리나라 절과는 달리 처마에 아무런 장식이 없더라고. 일본은 우리나라 곳곳에 일본식 절을 지었는데, 대부분 없어졌어. 그중 유일하게 절의 기능을 이어 간 곳이 동국사라고 해.

경암동 철길마을

경암동 철길은 일제 강점기 때 공장의 물건을 군산역까지 실어 나르기 위해 만들어졌어. 이 철길을 따라 사람들이 모여 살았는데, 철로와 집 사이가 아주 가까워 매번 열차가 아슬아슬하게 통과했대. 지금은 열차 운행이 중단되었지만, 철로와 건물이 그대로 남아 있어 그때의 모습을 상상해 볼 수 있었어.

경암동 철길마을 오전에 두 차례 기차가 마을을 지날 때마다 역무원이 기차 앞에서 호루라기를 불고 기차가 지나간다고 고함을 질렀대.

군산에는 일본 사람 뿐만 아니라 중국 사람도 많이 살았대. 그래서 군산에는 유명한 중국 음식점이 많아. 심지어 문화유산으로 지정된 식당도 있지. 우리는 이곳에서 매콤한 짬뽕을 먹었어. 맛이 정말 좋은 걸?

짬뽕 중국 산둥성 국수 요리에서 유래되었어. 돼지 육수로 국물을 낸 구수한 맛이 일품이야.

7교시

힘을 모아 해방의 날을 준비하다

"어둠이 깊을수록 새벽이 가깝다." 역사를 돌이켜 보면 꼭 맞는 말이야.
제아무리 위세를 떨치던 침략자들도 그 위세가 가장 대단할 때부터 몰락의 길을 걷곤 하니까.
일본의 침략 전쟁이 도를 더해 갈수록 그들이 무너져 내릴 날도 가까워져 갔어.
한반도 안팎에서도 새벽을 맞을 준비가 치열하게 이어졌단다.
그리고 마침내 1945년 8월, 조선인들의 눈앞에 해방의 날이 다가왔어!

1931. 9
일본이 만주를 침략하다
이봉창이 천황에게 폭탄을 던지다
1932. 1
민족 혁명당이 만들어지다
1935. 7
임시 정부가 대한민국 건국 강령을 발표하다
1941. 11
해방을 맞이하다
1945. 8
미군정이 들어서다
1945. 9

알고 있는 용어에 체크해 보자!

- [ ] 조선어 학회
- [ ] 한인 애국단
- [ ] 조선 혁명군
- [ ] 한국 독립군
- [ ] 의열단
- [ ] 한국광복군

한국광복군 결성식

"대체 언제 식민지 신세에서 벗어나는 거야……."

용선생을 기다리며 공책을 뒤적이던 나선애가 중얼거렸다.

"그러게, 일본은 막 나가고 있고! 요즘 아주 답답해 죽겠다니까."

허영심도 기다렸다는 듯 맞장구를 쳤다.

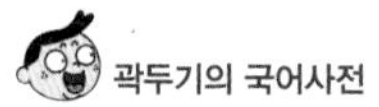

광복(光復)
'빛[光]을 되찾다[復]'라는 뜻이야.

"어? 너네 그거 언젠지 모르냐? 알려 줘? 8·15잖아, 1945년 8월 15일 광복!"

"으휴, 누가 그 날짜를 몰라서 그래? 넌 네가 진짜 똑똑한 줄 알지? 쯧쯧……."

왕수재가 그 틈을 놓치지 않고 아는 척을 하자, 영심이 혀를 찼다. 하지만 장하다는 처음 알았다는 듯 고개를 끄덕였다.

"아~ 8·15 광복절이 그럼 독립한 날이었구나! 몰랐네……."

마침 교실에 들어온 용선생과 눈이 마주치자, 장하다가 히죽 웃어 보였다.

"하다야, 그런 건 좀 알고 있어도 될 텐데 말이다. 더 보태면, 8월

15일은 조선인들이 일본의 지배에서 놓여나 해방을 맞은 날이야. 독립은 정확히 말하면 그보다 조금 더 뒤, 새로운 정부가 세워진 때에 이루어진 거지. 어쨌든 얘들아, 오늘이 바로 일제 강점기 수업의 마지막 날이다!"

"네? 그럼 오늘 수업 끝나면 식민지도 끝이라는 거죠?"

"그래. 오늘은 1930년대 이후에 조선이 일본에 어떻게 저항했는지 알아볼 거야. 해방의 날이 언제 어떻게 오는지는 수업 끝날 때쯤이면 확실히 알게 될 거란다. 자, 할 이야기가 잔뜩 있으니까 바로 시작해 볼까?"

"네!"

노동자와 농민이 나서서 세상을 바꾸자

"먼저 1930년대 이전의 흐름이 어땠는지부터 떠올려 보자. 1920년대 말에는 조선의 민족주의자들과 사회주의자들이 서로 손을 잡고 전국적인 조직 신간회를 만들어 활동했지. 그리고 기차역에서 시작된 광주 학생 항일 운동이 온 나라로 퍼져 간 것이 바로 1929년의 일이었고. 원산에서 노동자들의 총파업이 몇 달 동안이나 이어진 것도 같은 해인 1929년이었어. 뭐, 이쯤은 모두 잘 기억하고 있겠지?"

용선생이 짐짓 당연하다는 듯 목소리를 키우자 아이들이 슬그머니 눈을 내리깔았다.

"흐흐, 잊고 있었더라도 지금 다시 기억을 떠올리면 돼. 그러다 1931년에는 신간회가 허무하다 싶게 사라지고 말았지. 그 뒤 국내의 저항 운동은 크게 두 흐름으로 나뉘었어. 민족주의자들과 사회주의자들이 서로 다른 길을 걸었던 거야. 그중에 사회주의자들의 활동부터 살펴보자."

용선생이 아이들 앞으로 한 발짝 다가섰다.

"이 무렵 사회주의자들은 노동자, 농민들이 저항 운동의 중심이 되어야 한다고 생각했어. 그들은 노동자들이 일하는 공장이나 농민들의 터전인 농촌으로 들어가 그들에게 왜 세상을 바꾸어야 하는지 설득했지. 그리고 그들의 힘을 바탕으로 조선 공산당을 다시 세우고자 했어. 일본 경찰들이 집요하게 사회주의자들을 쫓는 바람에 조선 공산당은 벌써 몇 차례나 세워졌다 무너지길 반복하고 있었거든. 당시 이 일에 힘을 쏟았던 이들 중에서도 이재유와 그가 만든 '경성 트로이카'라는 단체는 세상을 꽤나 떠들썩하게 했어."

"어떤 사람이었는데요?"

"이름 한번 특이하네. 뭘 하는 단체였는데요?"

허영심과 장하다가 동시에 물었다.

"1933년에 만들어진 경성 트로이카는 당시 가장 활발하게 활동하던 사회주의 단체였어. '트로이카'는 원래 세 마리 말이 끄는 러시아의 수레를 부르는 말인데, 이 이름에는 조직에 대한 이재유의 생각이 담겨 있었대. 그는 경성 트로이카를 한두 사람의 지도자가 높은 곳에 올라서 이끄는 것이 아니라 여럿이 함께 이끌며, 지도자도 직접 노동자가 되고 농민이 되어 서로 가르치고 배우는 조직으로 만들고자 했다지. 여러 번 경찰에 덜미를 잡히고 조직이 위기에 처했지만, 이들은 꾸준히 활동을 이어 갔어. 그리고 1935년부터는 조선 공산당을 다시 세우는 일에 본격적으로 나섰지."

執拗兇悪の朝鮮共産黨遂に壊滅す

追撃開始以来四年有餘
元兇李載裕遂に就縛
一切の國際ルートと絶縁

百姓姿に變裝し
雪林に現れた怪漢
刑事隊包圍して逮捕

李載裕の生立ち

이재유의 체포를 알리는 《경성일보》 기사 경찰은 경성 트로이카 조직원을 붙잡아 고문한 끝에, 1936년 12월 25일 창동역 근처에서 이재유를 만나기로 했다는 사실을 알아냈어. 수십 명의 경찰이 농민, 노동자, 장돌뱅이, 학생으로 변장해 기다리다가 이재유가 나타나자 한꺼번에 달려들어 체포했어.

"그래서 조선 공산당을 다시 만들었나요?"

"아니. 경찰이 워낙 집요하게 이들을 쫓아다니며 방해하는 탓에 결국 뜻을 이루진 못했어. 하지만 이 과정에서 일본 경찰도 꽤나 애를 먹었지. 이재유가 특히 유명해진 건 그가 잡으면 도망치고 다시 붙잡으면 또 도망치며 경찰들의 뒤통수를 쳤기 때문이었어. 그러다 겨우 감옥에 가두어 발에 무거운 쇳덩어리로 족쇄를 채워 놓았더니, 아예 열쇠를 만들어 족쇄를 풀고서 감옥에서까지 빠져나갔다는 얘기도 있어."

"열쇠를 만들어요? 어떻게 그럴 수가 있죠?"

"밥풀을 열쇠 구멍 속에 짓이겨 넣어 본을 떠서는 우유 통 뚜껑을 구부려 그 모양을 똑같이 만들었다는 거야. 그 뒤 경찰들은 그를

브나로드 운동 광고
브나로드는 러시아어로 '민중 속으로!' 라는 뜻의 구호야. 《동아일보》가 중심이 되어 시작한 브나로드 운동은 1931년부터 1934년까지 전국적으로 전개된 농촌 계몽 운동이었어. 학생들이 농촌에 야학을 세우고, 한글을 가르쳤지.

잡으려고 더욱 안달이 났지. 그런데 감옥에서 탈출한 이재유가 처음 숨어 지낸 곳은 다름 아닌 일본인의 숙소였어. 탈출한 뒤 근 40일을 경성 제국 대학의 일본인 교수 관사에서 바닥 밑에 구멍을 뚫고 숨어 지낸 거야. 나중에 이 사실을 알게 된 경찰들은 또 한 번 뒤통수를 맞은 것 같았겠지."

"흐아, 영화가 따로 없네!"

"일본 경찰들이 완전히 자존심 구겼겠네요! 히히!"

아이들은 통쾌하다는 듯 한마디씩 했다.

"하지만 이재유도 1936년 말, 수십 명의 경찰들이 벌인 작전에 걸려 붙잡힌 뒤로는 감옥 문을 나설 수 없었어. 경찰은 그가 형기를 다 채운 뒤에도 사회주의를 버리지 않았다는 이유로 풀어 주지 않았고, 그는 1944년에 감옥에서 숨을 거두고 말았지."

"아흐, 결국 영화랑 현실은 다른 거구나."

장하다가 입맛을 쩍 다셨다.

우리말, 우리글을 지키자

"한편 민족주의자들의 활동은 많이 움츠러들었어. 일본 편으로 돌아서는 이들이 하나둘 늘어나는 가운데, 심지가 굳은 이들은 우

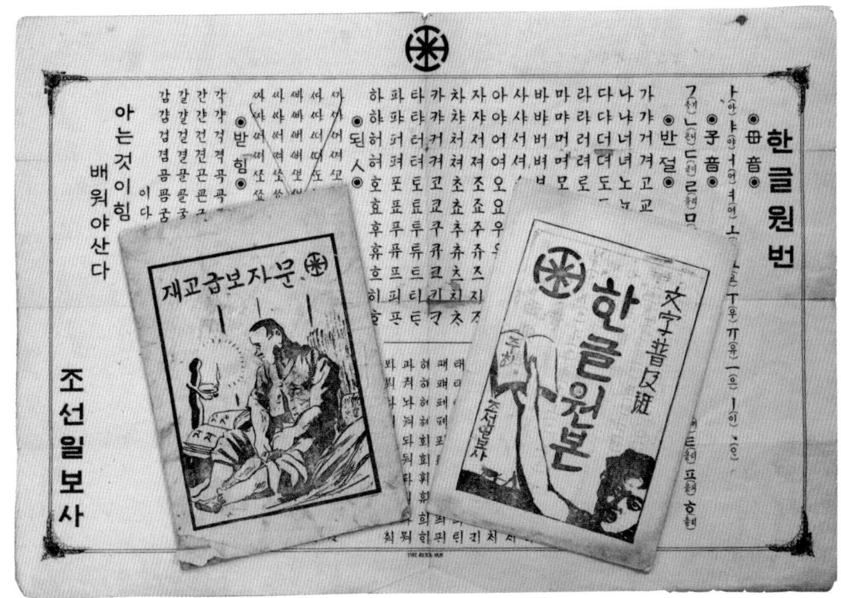

한글 원본
《조선일보》는 "아는 것이 힘, 배워야 산다"는 표어 아래 문자 보급 운동을 펼쳤어. 글을 모르는 민중을 가르쳐 힘을 기르자는 계몽 운동이었지.

리말과 문화, 역사를 연구하며 민족 정신을 지키는 데 힘을 쏟았지. 그중 대표적인 것이 조선어 학회 활동이었어. 1931년에 생겨난 조선어 학회는 '한글 맞춤법 통일안'을 정리해 발표해서 한글에 대한 관심을 높이고 사람들이 우리말을 바르게 사용할 수 있도록 하는 데 큰 역할을 했어. 또 각지에서 조선어 강습회를 열어 더 많은 조선인들이 한글을 깨치도록 하는 데 앞장서기도 했지. 무엇보다, 조선어 학회의 가장 중요한 활동은 바로 우리말 사전을 만드는 일이었어."

"사전? 그러고 보니 그때까진 사전이라는 게 없었겠네요."

"그럼 첫 우리말 사전을 만든 게 조선어 학회였던 거네요? 언제 나왔는데요?"

조선어 학회

1921년 우리말과 글을 연구하고 보급하기 위해 '조선어 연구회'가 만들어졌어. 잡지 《한글》을 만들고, 가갸날(한글날)을 지정하기도 했지. 1931년에는 단체 이름을 '조선어 학회'로 바꾸고 더욱 활발한 활동을 펼쳤어. 특히 표준어와 맞춤법, 외래어 표기법을 정리하는 작업에 힘썼지. 사진은 1935년 조선어 학회의 표준어 사정 위원들 모습이야.

아이들이 반가워하며 물었지만 용선생은 고개부터 저었다.

"그 사전이 나오기까지는 우여곡절이 많았어. 조선어 학회는 거의 모든 작업을 마치고 사전 출판을 코앞에 두고 있었어. 그런데 갑자기 문제가 생겼어! 시작은 아주 사소한 일에서부터였지."

용선생이 목소리를 낮추자, 아이들도 조용해졌다.

"1942년 여름의 일이었어. 함경도의 어느 역 대합실에서 친구를 기다리던 조선 청년이 경찰의 눈에 띄었어. 당시는 태평양 전쟁이 한창이던 때라 총독부는 조선인에게도 군복 비슷하게 생긴 국민복이라는 것을 입도록 강요했는데, 그는 흰 모시 적삼에 또 흰 고무신 차림이었지. 그는 묻는 말에도 조선어로 대답을 해 가며 경찰의 신경을 거슬리게 했어. 약이 오른 경찰은 그의 집에까지 따라가 온 집안을 뒤지며 수선을 피웠어. 뭔가 꼬투리 잡을 것이 없나 찾던 그는 마침 청년의 집에 와 있던 여고생 조카의 일기장까지 경찰서로 들고 가 버렸단다."

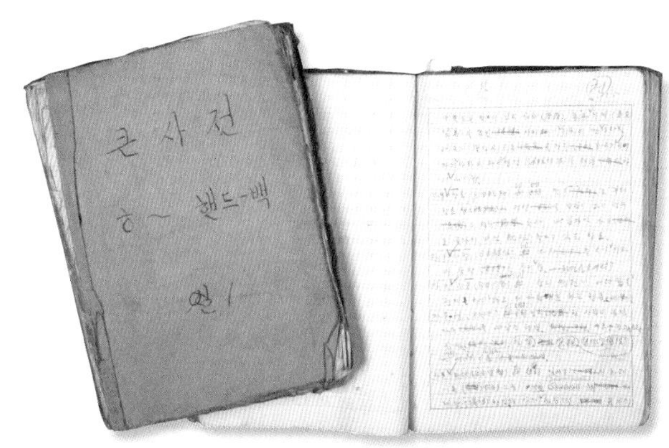

《조선말 큰사전》 원고 원고지로 2만 6천5백여 장에 달하는 원고로, 1942년 경찰에 압수되었다가 1945년 해방 이후 경성역(지금 서울역) 창고에서 발견되었어. 조선어 학회는 이 원고를 토대로 1947년부터 1957년까지 《조선말 큰사전》을 만들었지. 총 6권으로, 16만 4천 개가 넘는 낱말의 뜻이 실려 있어.

"어머, 여학생 일기장을요? 어떻게 그런 무식한 짓을!"

허영심이 발끈하며 짜증을 냈다.

"그런데 그만 그 일기장이 화근이 되고 말았어. 거기엔 '오늘 국어를 사용했다가 선생님께 혼이 났다'는 내용이 적혀 있었는데, 너희도 알다시피 당시 국어란 일본어를 가리키는 말이었잖아? 경찰은 옳다구나, 하고 여학생을 잡아들여선 그 선생님이 누구인지 대라고 윽박질렀어. 그 선생님, 정태진이라는 사람은 하필 얼마 전 학교를 그만두고 조선어 학회의 우리말 사전 만드는 일에 참여하고 있었지. 경찰은 그 교사는 물론 조선어 학회 회원들까지 모두 독립을 위해 위험한 저항 운동을 벌이고 있다며 몰아붙였어. 결국 몇 달 뒤, 조선어 학회 회원들과 사전 만드는 일에 참여한 이들은 30명도 넘게 붙잡혀 감옥에 갇히게 됐어. 그동안 공들여 완성한 사전 원고도 모두 총독부에 빼앗겼고."

"에잉, 어떡해……."

"그나마 다행인 게, 그대로 사라질 뻔했던 이 원고는 해방 뒤에 우연히 발견되어 다시 조선어 학회의 손에 돌아갔어. 그리고 1947년부터 10여 년에 걸쳐 여섯 권의 우리말 사전도 발간되었어."

"휴, 정말 잘됐네요. 하마터면 큰일 날 뻔했네."

조마조마했던 아이들이 안도의 숨을 내쉬었다.

일본 제국주의에 폭탄을 던지다

"자, 이제 나라 밖으로 가 볼까? 일본이 음모를 꾸며 만주를 침략한 1930년대 초, 이 지역 독립운동가들의 사정은 그리 좋지 못했어. 일본이 이간질을 하는 바람에 중국 군과도 사이가 좋지 않았지. 특히 중국 상하이에 있던 임시 정부는 내부에서 의견 대립이 심해지고 외부에서도 지원을 받지 못하는 상황이었기에 이렇다 할 활동을 하지 못하고 있었어."

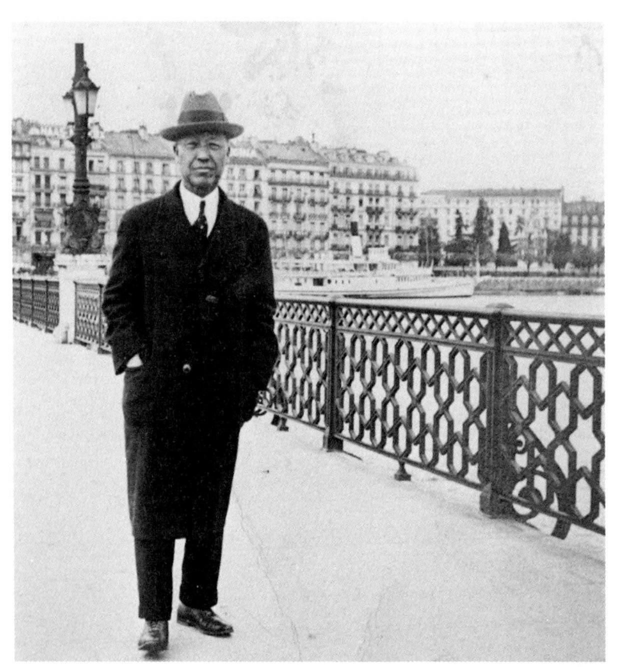

이승만(1875~1965) 몰락한 양반 집안에서 태어나 일찍부터 기독교를 받아들였어. 목사가 되겠다는 서약을 하고 조지워싱턴대학에 특별 편입을 했고, 프린스턴대학에서 2년 만에 박사 학위를 받았어. 조선인 목사가 필요했던 미국 목회자의 지원 덕분이었지.

"뭔가 문제가 있었던 건가요?"

"음, 일본의 감시와 탄압으로 연통제가 무너지면서 임시 정부의 자금 사정이 어려워졌어. 게다가 외교 활동에서 성과를 거두지 못하자 대한민국 임시 정부의 활동에 대한 비판이 거세졌어. 그리고 독립운동가들 사이에 임시 정부에 대한 믿음이 깨졌거든. 여기에는 그럴 만한 이유가 있었어. 주로 임시 정부의 대통령이었던 이승만과 관련된 문제였지. 이승만은 이미 독립협회 시절부터 이름이 널리 알려져 있었고, 미국으로 건너가서는 박사 학위까지 받았기에 사람들 사이에서 최고의 지식인으로 유명했어. 그래서 자연스럽게 임시 정부 대통령 자리에까지 올랐던 거야. 그런데 1925년에 대통령 자리에서 쫓겨나고 말아."

"쫓겨나다니, 왜요?"

"이승만은 대통령이 되고도 임시 정부가 있는 상하이로 가지 않고 미국에서 지내며 외교 활동을 벌였어. 그리고 대한민국 대통령의 이름으로 미국에 있는 조선인들로부터 애국 후원금을 모아들였는데, 문제는 그 돈을 임시 정부에 보내지 않고 어떻게 쓰는지도 모르게 혼자서 미국에서 다 써 버린 거야. 가뜩이나 재정 상태가 어려웠던 임시 정부는 이승만에게 후원금을 보내 줄 것을 요구했지만 그는 듣지 않았지. 그런가 하면 임시 정부의 국무총리였던 이동휘도 비슷한 시기에 돈 때문에 문제를 일으켰어. 그는 당시 레닌으로부터 적지 않은 액수의 후원금을 받았는데 그걸 모두 임시 정부에 맡기지 않고 자기가 알아서 임시 정부에 얼마, 그 지역에 있던 사회주의 조직에 얼마, 또 자기 주변 사람들에게 얼마, 하는 식으로 처리한 거야. 이 일로 이동휘도 많은 비판을 받았지."

이동휘(1873~1935)
대한 제국 무관 출신으로, 안창호 등과 함께 신민회를 조직했어. 임시 정부 국무총리가 되었지만 국제 공산당이 조선의 독립운동을 위해 지원해 준 60만 루블이 다른 데 사용된 것에 책임을 지고 자리에서 물러났어.

"크, 이래서 자고로 돈 문제는 무조건 투명해야 되는 법이라니까."

왕수재가 어른 말투를 흉내 내며 고개를 끄덕거렸다.

나선애의 개념 사전

국제 연맹
제1차 세계 대전이 끝난 뒤, 전쟁을 막기 위해 설립된 국제 기구야. 60개국이 참여했어. 제2차 세계 대전이 끝난 뒤에는 국제 연합(UN)이 설립되었어.

"이 과정에서 국무총리 이동휘와 노동부 총판 안창호가 사임했지. 그러다 몇 년 뒤에는 이승만이 미국 대통령에게 부탁한 내용이 알려져 임시 정부가 발칵 뒤집혔어. 내용인즉, 국제 연맹에서 조선을 위임 통치하는 문제를 논의해 달라는 거였어. 위임 통치라는 건 국제 연맹이 나라를 대신 다스리는 것을 말해."

"네? 무슨 대통령이…… 독립하게 도와 달라고 해도 모자랄 판에!"

"당시 이 사건은 해외에서 활동하던 독립운동가들 사이에 많은 논란을 일으켰어. 임시 정부를 확 뜯어고치자, 아예 없애고 새로 정부를 만들자는 등 여러 주장이 팽팽히 맞섰고, 서로 입장 차이를 좁히지 못한 채 많은 이들이 임시 정부에서 멀어지게 됐단다."

"임시 정부도 참 사연이 많았네요."

"그렇지? 그런데 위기에 처한 임시 정부가 다시 사람들 시선을 끌게 된 계기가 있

한인 애국단 김구는 1931년 10월 중국 상하이에서 한인 애국단을 결성했어. 한인 애국단은 일본의 주요 정치인이나 관리를 암살하기 위해 결성된 비밀 조직이었어. 맨 앞에 있는 사람이 김구야.

었어. 김구가 임시 정부의 승인을 받아 만든 '한인 애국단'이라는 비밀 단체가 일으킨 사건이었지. 한인 애국단의 목표는 일본 제국주의를 떠받치고 있는 중요한 인물들을 공격하는 것이었어. 이 단체의 첫 번째 단원이었던 이봉창! 그는 사실 일본 제국의 충실한 신민으로 살기 위해 일본에까지 건너가 살던 사람이었어. 하지만 어딜 가나 그는 차별을 받아야 했어. 천황의 모습을 한번 보고 싶다는 생각에 천황의 즉위식에 찾아갔지만 단지 조선인이라는 이유로 경찰서에 끌려가기도 했지. 그런 대우를 받는 것이 싫었던 그는 아예 일본인 행세를 하며 지내기도 했어."

"조선 사람이라는 걸 아예 감추고요?"

"응, 이봉창은 일본어도 아주 잘했기 때문에 별로 의심을 받지 않았대. 하지만 어쩌다 조선인이라는 걸 들키면 사람들의 태도는 싹 달라졌어. 일본에서는 사람답게 살 수 있을 거라 여겼던 그는 자신의 생각이 틀렸다는 걸 깨달았지. 결국 이봉창은 일본인 노릇을 관두고 다시 조선인이 되기로 했어. 조선인으로서 할 일이 무엇인가 생각하던 그는 무작정 상하이로 건너갔어. 그리고 그곳에서 김구를 만나 한인 애국단 단원이 된 거야."

"웬일이래! 그럼 일본인으로 산다던 사람이 독립운동에 뛰어든 거네요."

이야기에 쏙 빠져든 허영심이 혀를 내둘렀다.

"그리고 1932년 1월, 이봉창은 일본 도쿄에서 일본 천

이봉창(1900~1932) 가게 점원 등으로 일하다 일본으로 건너가 일본인의 양자가 되었어. 말을 할 때 절반은 일본말을 썼대. 임시 정부 사람들에게 "당신들은 독립운동을 한다면서 일본 천황을 왜 안 죽입니까?"라고 했다지.

황의 마차를 향해 폭탄을 던졌어!"

"폭탄을? 천황한테요!"

"응, 하지만 폭탄의 힘은 그가 생각했던 것보다 훨씬 약했고, 천황은 아무 해를 입지 않았어. 폭탄의 성능을 미리 시험해 보기 어려울 만큼 당시 임시 정부의 상황은 열악했던 거지. 그럼에도 일본인들의 충격은 컸어. 버젓이 도쿄 시내 한가운데서 수많은 사람들이 지켜보는 가운데 일어난 일이었으니까. 그리고 몇 달 뒤 4월! 이번에는 중국 상하이에서, 폭탄이 제대로 터졌어! 일본이 상하이를 점령하며 연 축하 행사장 자리에 한인 애국단 단원 윤봉길이 던진 폭탄이었어. 이 폭탄으로 일본군 사령관, 육군 대장, 해군 대장 등 중요한 인물들이 여러 명 죽고 다쳤어."

"어, 윤봉길이라면 들어 봤어요!"

윤봉길의 상하이 의거 1932년 4월 29일 일본군은 상하이 훙커우 공원(지금의 루쉰 공원)에서 천장절(천황의 생일)과 전승을 기념하는 행사를 가졌어. 윤봉길은 기념식장 단상의 일본군 장교들을 향해 물통으로 위장한 특수 폭탄을 던졌단다.

윤봉길(1908~1932) 농민들에게 글을 가르치고 농민들을 위한 책을 쓰는 등 농민 운동에 관심이 많았어. 그마저도 경찰의 탄압을 받자 상하이로 건너갔지. 이 사진은 한인 애국단에 입단하며 찍은 거야.

"그래, 너희도 모두 한 번쯤은 들어 본 이름일 거야. 이 사건 뒤 일본 경찰들은 눈에 불을 켜고 독립운동가들을 잡아들이려 했어. 그래서 임시 정부는 도망치듯 상하이를 떠나 여러 지역을 떠돌아야만 했지. 하지만 만주의 독립군들에게는 유리한 상황이 되었어. 중국 국민당 정부로부터 큰 폭의 지원을 받게 되었거든. 당시 윤봉길을 두고 국민당 정부의 지도자 장제스는 '중국 백만 대군도 해내지 못한 일을 한국인 한 명이 해냈다'며 높이 평가했대."

"아까 중국이랑 사이가 좋지 않았다고 하셨잖아요.

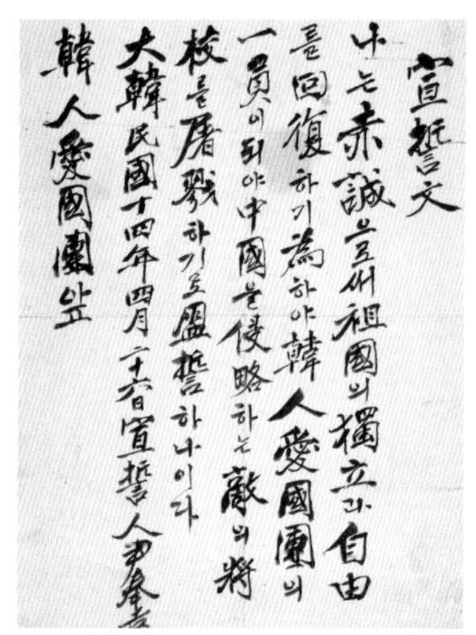

宣誓文
나는 赤誠으로써 祖國의 獨立과 自由
를 回復하기 爲하야 韓人愛國團의
一員이 되야 中國을 侵略하는 敵의 將
校를 屠戮하기로 盟誓하나이다
大韓民國十四年四月二十六日 宣誓人 尹奉吉
韓人愛國團앞

윤봉길 선서문 윤봉길이 한인 애국단에 가입하면서 자필로 쓴 선서문이야. 세로 26.9cm, 국립중앙박물관 소장. 보물.

윤봉길, 김구의 시계 윤봉길은 거사를 위해 떠나기 직전, 이제는 시계를 볼 일이 몇 시간밖에 없다면서 자신의 새 시계를 김구의 낡은 시계로 바꾸었어. 왼쪽의 시계가 윤봉길이 마지막까지 차고 있었던 시계야. 길이 43.3cm(왼쪽), 42cm(오른쪽), 윤봉길의사기념관 소장. 보물.

그럼 이제 사이가 좋아진 건가요?"

"그런 셈이지. 국민당 정부는 중국 영토 내에서 조선인들이 무장 투쟁을 벌이는 것을 허락했을 뿐 아니라, 중국 군사 학교 내에 조선인을 위한 특별반을 만들었어. 여기서 길러진 군사들은 이후 일본과의 싸움에서 중요한 역할을 했지. 물론 임시 정부도 이후 국민당 정부로부터 많은 지원을 받게 되었고."

"잠깐요, 그런데 중국 정부면 정부지, 국민당 정부라는 건 뭡니까?"

왕수재가 제법 날카로운 눈빛을 보내며 물었다.

"아, 그 설명을 해야겠구나. 이 무렵 중국은 두 세력으로 나뉘어 서로 대립하고 있었거든. 1920년대부터 민족주의적인 성격을 지닌 국민당 세력과, 사회주의를 따르는 공산당 세력이 각자 주도권을 쥐기 위해 대결하며, 한편으로는 또 일본과 싸우고 있었어. 이때 한반도 안에서도 서로 사상이 다른 사회주의자들과 민족주의자들이 나름의 활동을 벌이고 있었지? 마찬가지로 여러 독립군 조직 중에도 사회주의 성향을 가진 조직과 민족주의 성향을 가진 조직이 있었어. 그에 따라 중국과 손을 잡을 때도 비슷한 사상을 가진 세력으로부터 지원을 받는 경우가 많았지. 하지만 당시 중국군과 조선 독립군들이 손을 잡은 이유는 어디까지나 일본에 맞서기 위한 것이었어. 그러니 사상 차이를 떠나 같은 편에 서서 싸우곤 했지.

특히 우리 독립군들에게는 나라의 독립이라는 목표가 가장 절실했기 때문에 서로 힘을 합치려는 노력이 끊임없이 이어졌어."

"그러면 독립군 단체가 아주 많았나요? 한…… 다섯 개도 넘었어요?"

곽두기의 순진한 물음에 용선생이 씩 웃음을 지었다.

"그랬단다. 자, 이제 나라 밖에서 싸운 독립군들에 대해 좀 더 알아볼까?"

"예이! 독립군이다!"

자기가 좋아하는 이야기가 나오자 장하다의 눈이 번쩍 뜨였다.

나라 밖 독립군의 투쟁

"1920년대 후반부터 만주와 연해주 지역에서는 수십 개의 독립운동 단체들이 활동하고 있었어. 이렇게 많은 단체로 뿔뿔이 흩어져 있다 보니 일본에 대항하는 데 어려움이 많았지. 그래서 이들은 꾸준히 하나의 깃발 아래 모이려는 노력을 기울였어. 그 결과 1930년대 초, 남만주 지역의 독립군들은 '조선 혁명군'으로, 북만주 지역의 독립군들은 '한국 독립군'으로 거듭나게 되었어. 두 독립군 부대는 각기 중국 군대와 손을 잡고 일본에 맞서 많은 전투를 치렀지! 그중에서도 여기 한반도 바로 위쪽에서 벌어진 영릉가 전투, 그리고 이쪽 북만주 지역에서 치러진 대전자령 전투와 쌍성보 전투 등

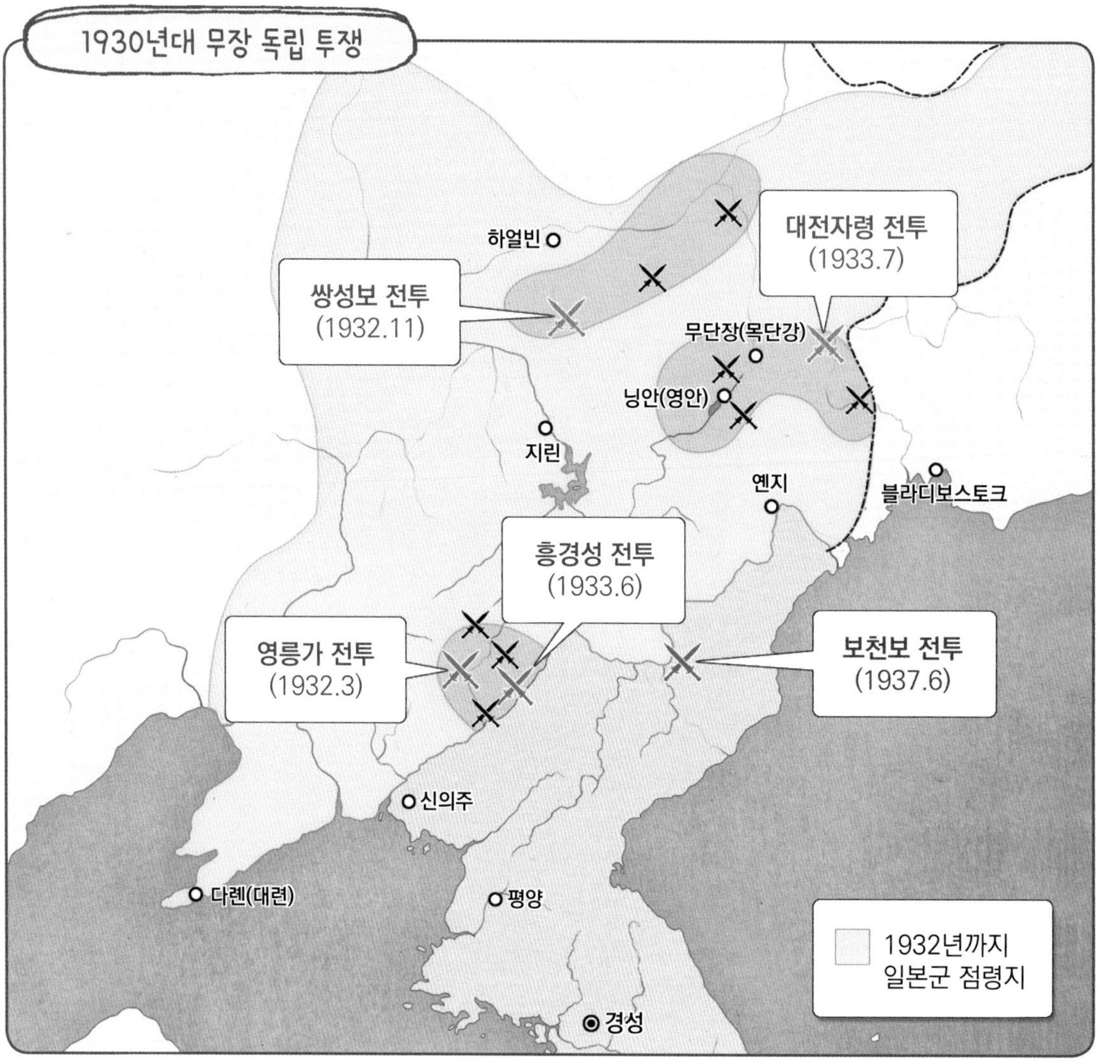

1930년대 무장 독립 투쟁

하얼빈
쌍성보 전투
(1932.11)
대전자령 전투
(1933.7)
무단장(목단강)
닝안(영안)
지린
옌지
블라디보스토크
흥경성 전투
(1933.6)
영릉가 전투
(1932.3)
보천보 전투
(1937.6)
신의주
다롄(대련)
평양
경성
1932년까지
일본군 점령지

은 특히 큰 승리를 거둔 싸움으로 알려져 있단다.”

용선생이 지도를 펼쳐 독립군들의 활동 범위가 표시된 부분을 보여 주었다.

“선생님, 그 전투 이야기 좀 해 주시면 안 돼요?”

장하다가 눈꼬리를 있는 대로 떨어뜨리고는 “제발요” 했다.

“안 되긴? 그러자! 1933년에 벌어진 대전자령 전투 이야길 해 볼

까? 이건 지청천이 이끌던 한국 독립군과 중국군이 연합해 대전자령에서 일본군을 공격해 승리한 싸움이었는데 말야. 전투 결과를 보면 우리 독립군이 벌였던 전투를 통틀어 최고의 전과를 올린 싸움이었어."

"와, 물리친 일본군 숫자가 엄청 많았나 보죠?"

"아니, 그보다는 전투를 통해 얻은 군수 물자가 엄청났어. 어쩌면 당연한 이야기다만, 일본과 싸우는 내내 조선의 독립군들은 형편이 좋을 때가 없었어. 군복이나 군화는커녕 무기며 식량이 부족할 때도 많았지. 그래서 독립군들의 싸움에서는 일본군의 무기며 다른 군수 물자들을 빼앗는 것도 아주 중요했단다. 그런데 대전자령에서 독립군들이 물리친 일본군 부대가 바로 물자 수송 부대였거든!"

지청천(1888~1957)
한국 무관 학교를 거쳐 일본 육군 사관 학교를 졸업했어. 3·1운동이 일어나자 일본군에서 탈출해 독립운동에 뛰어들었고, 신흥 무관 학교 교장이 되어 독립군을 길러 냈어. 쌍성보, 경박호, 대전자령 등에서 일본군을 물리쳤어.

"호, 그럼 진짜 많은 물자를 빼앗았겠네요."

용선생이 "아무렴!" 하며 앞에 놓인 책을 뒤적였다.

"어디 보자, 무기만 해도 기관총, 소총, 권총이 수백 자루에 탄약과 수류탄도 수백 상자, 박격포에다 장갑차까지! 뿐만 아니라 군사 식량이며 약품들, 또 중요한 일본군의 비밀 문서며 지도까지 수백 장이나 빼앗았구나!"

"그걸 다 빼앗긴 일본군들은 얼마나 속이 탔을까? 으히히!"

"아, 재미있다. 다른 전투 이야기도 더 해 주세요."

이번엔 곽두기가 용선생을 졸랐다.

"더? 좋아! 대전자령 전투보다 1년쯤 앞서 벌어진 영릉가 전투는 말야, 일본군이 점령하고 있던 영릉가라는 곳을 조선 혁명군과 중국군이 함께 습격한 전투였어. 그런데 재미있는 건 이 전투가 끝난 뒤에 조선 혁명군 부대가 '잠방이 부대'라고 불렸다는 이야기가 있어."

"잠방이가 뭔데요?"

"옛날 옷 중에 무릎까지 오는 얇은 바지를 가리키는 말인데, 그때 독립군 부대는 겉옷 안에 입었으니까, 어쩌면 지금 남자들의 사각 팬티쯤 되려나?"

"익, 도대체 왜 그렇게 불렸던 건데요!"

용선생의 말을 따라 상상해 보던 허영심이 인상을 찌푸렸다.

"영릉가에 들어가는 길목에는 작은 강이 있었는데, 부대원들이 걸어서 그 강을 건너고 나니 추운 날씨 때문에 솜바지가 척척 얼어붙더라는 거야. 일본군을 공격하기는 해야지, 살에 감기며 얼어붙는 바지 때문에 걷기조차 어렵지……. 이때 조선 혁명군 대장인 양세봉이 먼저 바지를 벗어 던졌대. 그 모습을 본 부대원들도 모두 언 바지를 훌훌 벗겨 냈겠지? 결국 이들은 한밤중에 잠방이 차림으로 영릉가를 향해 진격해 들어갔어. 그리고 용감히 싸워 전투에 승리한 뒤 날이 밝자, 그들의 모습을 본 그 지역 중국인들이 바지를 지어 주었고, 그때부터 조선 혁명군에게는 '잠방이 부대'라는 별명이 생겼다는 이야기야."

"세상에, 바지가 얼 정도로 추운데 그런 차림으로 전투라니……."

이야기를 들은 영심의 표정은 좀 전과는 딴판으로 달라져 있었다.

"자, 이렇게 독립군들의 싸움이 이어지던 중 1935년에는 여러 독립운동 단체들이 힘을 모아 새로 '민족 혁명당'이라는 단체를 만들었어. 그동안 단결을 위해 기울여 온 노력이 빚어낸 성과였지. 하지만 여전히 다양한 독립운동 세력들 사이에는 사상의 차이며 입장 차이가 컸기에 얼마 못 가 다시 여러 단체로 갈라져 나오고 말았어. 이후 민족 혁명당을 이끈 것은 벌써 1919년부터 활동해 오던 조선 의열단과 김원봉이었지."

"의열단이요?"

"무장 투쟁하면 의열단을 빼놓고 이야기할 수가 없지. 의열단은 1919년 11월에 만주에서 만들어진 비밀 단체였는데 의열단이라는 이름은 '정의로운(義) 일을 맹렬히(烈) 실행한다'는 뜻을 담고 있어. 이들은 1920년대 내내 총독부 건물이며 각 지역의 경찰서, 동양척식 주식회사처럼 일본의 식민 통치를 떠받치며 조선인들의 삶을 한층 어렵게 만드는 회사나 은행 등에 폭탄을 던졌어. 아마 의열단만큼 총독부와 일본인들을 벌벌 떨게 만들었던 단체도 없었을 거야."

東亞日報
號外
銃殺의 因으로 銃殺의 果를 結한
癸亥劈頭의 大事件眞相
被殺者는 金相玉
金相玉의 指揮에 依하야

종로 경찰서에 폭탄을 던진 김상옥에 관한 기사

김상옥(1890~1923)은 1919년 일본 관리들 및 친일파들을 처단하기 위해 '혁신단'이라는 비밀 단체를 만들었어. 총독을 암살하려다 실패한 그는 상하이로 건너가 의열단에 가입했단다. 1923년 1월 12일에 종로 경찰서에 폭탄을 던지고 자결했어.

"오, 가슴에 팍팍 와 닿네요. 의열단! 정의를 맹렬히!"

장하다가 주먹으로 가슴을 치며 나섰다.

조선 의용대 창립식 조선 의용대는 1938년 10월 10일 중국 국민당 정부의 임시 수도였던 한커우에서 창립식을 가졌어. 군인, 학자, 학생, 상인 등으로 구성되어 있었으며 여성 대원들도 있었어. 깃발 뒤에 서 있는 사람이 조선 의용대 총대장 김원봉이야.

"그런데 김원봉은 언젠가부터 일본의 주요 인물이나 시설들을 공격하는 의열 투쟁만으로는 부족하다고 느끼고 독립을 위해서는 군대가 꼭 필요하다고 생각하게 되었어. 그래서 직접 중국의 군사 학교에 들어가 훈련을 거치면서 준비한 끝에 1938년에는 '조선 의용대'라는 군대를 만들었지. 조선 의용대는 중국 국민당의 지원을 받았는데, 주로 일본군 포로를 심문하거나 일본군 문서를 번역하는 일, 일본군의 사기를 떨어뜨리고 중국군과 조선 독립군의 사기를 끌어올리기 위한 선전 활동 등을 맡았어."

"근데, 그러니깐…… 일본군이랑 직접 싸운 건 아니었네요?"

또 다른 전투 이야기가 나오려나 하고 잔뜩 기대했던 장하다의 표정은 시들해져 있었다.

"응, 하지만 이런 활동도 일본군과의 싸움에서 무척 중요했어. 실제로 조선 의용대의 활약은 많은 성과를 거두었고. 특히 이들이 일본 군대가 진을 친 곳 바로 앞까지 가서 '너희는 왜 개죽음을 당하려고 하느냐!' 하고 소리치면 일본군들의 사기가 꽤나 흔들렸다지. 그렇지만 조선 의용대 대원들 중에도 하다 너처럼 직접 일본군과 전투를 치르지 못하는 걸 불만스럽게 생각하는 이들이 많았던 모양

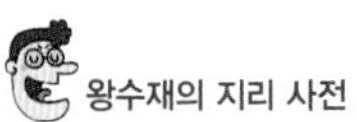
왕수재의 지리 사전

화북 지역
중국 황하의 북쪽 지방을 말해.

이야. 얼마 뒤 국민당과 일본군 사이에 싸움이 잦아들자, 조선 의용대 부대원 대부분은 중국 공산당의 세력권이던 화북 지역으로 건너갔어. 그들은 이후 '조선 의용군'이라는 부대를 만들어 일본군과 계속 싸워 나갔어."

"전투를 하러 적을 찾아 나선 거네요. 진짜 전투적인 부대네!"

"그런가 하면, 이 시기에 만주에는 또 다른 중요한 독립군 부대가 있었어. 사회주의 사상을 한층 뚜렷하게 지니고 있었던 이들은 1930년대 초부터 중국 공산당의 지원을 받아 활동하다가 1936년부터는 '동북 항일 연군'이라는 군대에 속하게 됐어. 이 군대는 중국인이든 조선인이든 가리지 않고 일본에 맞서 싸우고자 조직된 군대였지. 그들은 한반도 안으로 직접 진격해 들어오는 작전도 여러 번 펼쳤는데, 특히 1937년 6월에 함경남도 갑산군의 보천보라는 곳을 습격한 사건이 널리 알려져 있어. 이 전투는 그리 규모가 큰 것은 아니었지만 당시 국내 신문들에도 크게 보도되어 많은 관심을 끌었어. 이 무렵 일본은 이미 만주의 독립군을 모두 소탕했다며 큰소리치고 있었거든. 그게 순 거짓말이라는 걸 보천보 전투가 드러내 보였던 거야. 당시 이 전투를 이끌었던 김일성은 훗날 해방 뒤에 나라가 남과 북으로 갈라질 때 북쪽 지도자로

동북 항일 연군 만주에는 중국 공산당의 지원을 받아 활동하던 항일 무장 단체들이 많았어. 1933년 이들은 힘을 합쳐 '동북 인민 혁명군'을 조직했어. 1936년에는 '동북 항일 연군'으로 이름을 바꾸고 조직을 크게 확장했어. 동북 항일 연군에 속한 병력만 3만여 명이었다고 해.

떠오르게 되었지."

"그렇구나……. 처음엔 같은 독립군이었는데 나중엔 영영 멀어지게 된 거네……."

 새 나라의 밑그림을 그리다

"자, 어느덧 1940년대가 시작되었어. 이미 전쟁터를 동아시아 전역으로 넓히다시피 한 일본은 1941년, 미국 진주만을 공격해 태평양 전쟁을 일으켰지. 그런데 바로 이 무렵부터 독립운동 세력 내에서는 일본이 머지않아 패망할 거라고 내다보는 이들이 생겨났어."

"그건 왜죠?"

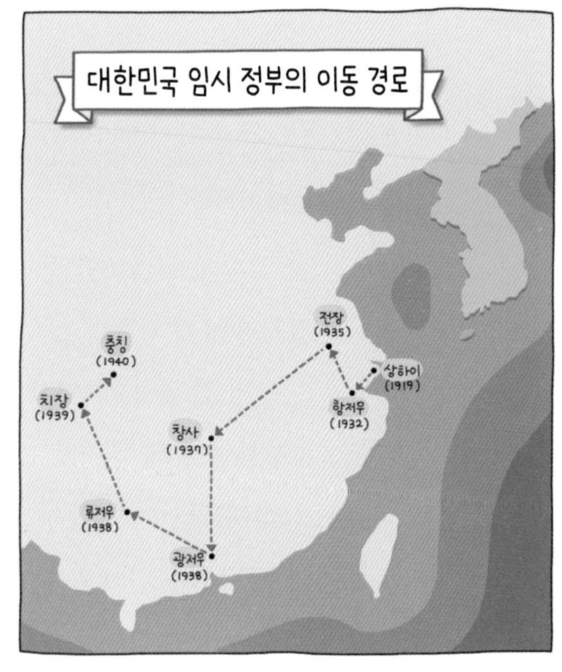

"일본의 전쟁 상대가 너무 많아졌으니까. 뿐만 아니라 전쟁이 길어지면서 일본인들도 지쳐 갔고. 이제 독립운동 세력들은 구체적으로 식민지에서 벗어날 날을 준비해야 했어. 그러자니 서로 힘을 합칠 필요성을 더욱 절실히 느꼈지. 이때는 이미 임시 정부도 달라져 있었어. 1930년대 후반부터 주로 민족주의 세력들이 다시 임시 정부를 중심으로 힘을 합치기 시작했고, 1940년에

한국광복군 결성식 1940년 9월 17일에 결성된 한국광복군은 대한민국 임시 정부의 직속 군대야. 결성식 후, 조선과 중국의 인사들이 기념사진을 찍었어. 가운데 다리를 꼬고 앉아 있는 사람이 김구 주석이고, 그 왼쪽이 지청천 광복군 총사령관이야.

는 임시 정부가 8년 동안이나 이어진 떠돌이 생활을 끝내고 충칭에 정착하게 됐거든."

"그거 잘됐네요! 언제 임시 정부가 다시 힘을 내나 싶었는데."

영심의 말에 두기도 크게 고갯짓을 했다.

"이때부터 임시 정부는 내부 조직을 정돈해 바로 세우는 한편, 여러 독립운동 단체들을 하나로 모으기 위해 노력했어. 또 다른 나라들로부터 임시 정부를 조선을 대표하는 정부로서 인정받기 위한 노

력도 계속했지. 충칭에 자리를 잡은 직후에는 대한민국 임시 정부의 정식 군대인 한국광복군도 세웠고, 태평양 전쟁이 벌어지자 일본에 선전 포고를 하기도 했어."

"선전 포고라면, 전쟁하자는 거요?"

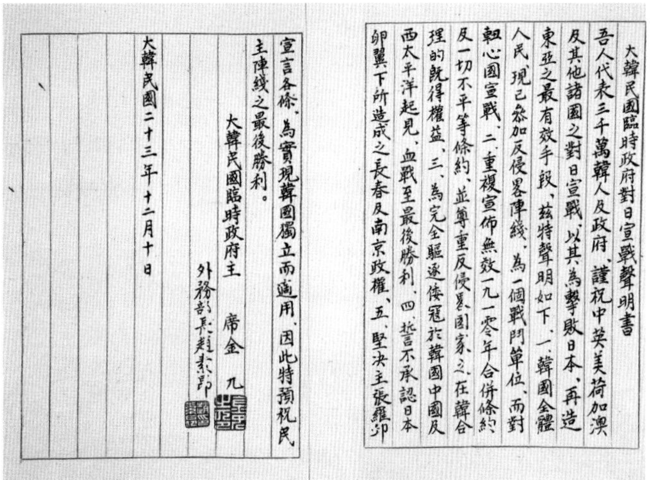
大韓民國臨時政府對日宣戰聲明書
吾人代表三千萬韓人及政府、謹祝中英美荷加澳
及其他諸國之對日宣戰、以其為擊敗日本、再造
東亞之最有效手段、玆特聲明如下、一、韓國全體
人民、現已參加反侵略陣綫、為一個戰鬥單位、而對
軸心國宣戰、二、重複宣佈無效一九一零年合併條約
及一切不平等條約、並尊重反侵略國家之在韓合
理的既得權益、三、為完全驅逐倭寇於韓國中國及
西太平洋起見、血戰至最後勝利、四、誓不承認日本
卵翼下所造成之長春及南京政權、五、堅決主張羅邱
宣言各條、為實現韓國獨立而適用、因此特預祝民
主陣綫之最後勝利。
大韓民國臨時政府主　席金　九
外務部長趙素昂
大韓民國二十三年十二月十日

〈대일 선전 성명서〉 태평양 전쟁이 일어나자 임시 정부는 즉각 일본에 선전 포고를 했어. 〈대일 선전 성명서〉는 강제 병합이 무효이며, 일본을 한국과 중국, 서태평양에서 완전히 몰아내기 위해 끝까지 싸우겠다는 내용 등을 담고 있어.

"그래. 나라 대 나라로서 일본에 대해 전쟁을 시작하겠다고 당당히 선언한 거지. 식민지 조선인들을 대표하는 스스로의 정부가 존재한다는 사실을 세계에 알리고, 끝까지 일본에 맞서 싸우겠다는 의지를 밝히고자 한 거야. 또 임시 정부는 같은 시기에 '대한민국 건국 강령'을 만들어 발표했어. 건국 강령이라는 게 대체 뭐냐? 바로 해방 뒤의 대한민국을 어떻게 세울 것인가, 그 기본 방향을 밝힌 글이야."

용선생이 큼큼 목소리를 가다듬은 뒤 다시 입을 열었다.

"건국 강령의 기본은 무엇보다 정치, 교육, 경제 분야에서 국민들이 같은 권리를 누릴 수 있는 나라로 만들자는 생각이었어. 세 분야에서 균등을 이루자는 의미로 '삼균주의'라고 부르지. 어떻게 균등을 이룰 거냐! 건국 강령에는 그 구체적인 방법들도 나와 있어. 일단 정치인을 뽑는 일은 보통 선거를 통해 민주적으로! 토지는 나

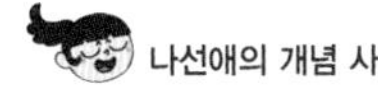 나선애의 개념 사전

보통 선거
인종, 재산, 성별, 신분, 교육 등으로 차별하지 않고 일정한 나이가 되면 누구에게나 차별 없이 선거권을 주는 선거를 말해.

라에서 관리해 지주들이 함부로 땅을 사 모으지 못하게 막고! 전기나 수도처럼 국민들이 살아가는 데 꼭 필요한 사업도 일체 나라에서 맡아서 하고! 나라에서 직접 큰 출판사며 극장을 운영해 국민들의 문화 생활도 보장하고!"

"우아……!"

아이들의 눈이 점점 커졌다.

"그뿐이 아니야. 농민과 노동자들의 의료비는 나라에서 내주고! 노동자들에게 부당한 조건으로 일을 시키는 것은 법으로 금지! 약한 노인이나 아이들, 여자들이 밤에도 공장에서 일하는 것도 이제는 금지! 그리고 이 땅의 모든 아이들은 학비를 내지 않고 학교에

다니며 교육을 받을 수 있게 하자!"

"맙소사, 굉장히 좋은 나라잖아요?"

"휘유~! 근데 너무 꿈이 큰 거 아닌가?"

아이들이 한마디씩 하는 소리를 듣던 용선생이 고개를 끄덕였다.

한국광복군과 OSS 대원들 한국광복군은 영국군에 배치되어 약 2년 동안 인도와 미얀마에서 일본군 암호 해독과 포로 심문 등을 하기도 했고, 미국의 전략 첩보 기구인 OSS(지금의 CIA)와 국내 진입 작전을 추진하기도 했어.

"어쩌면 꿈 같은 이야기로 들릴지도 모르겠구나. 건국 강령의 기본이 된 삼균주의를 처음 정리한 것은 조소앙이라는 독립운동가였어. 그런데 중요한 것은 삼균주의가 조소앙의 머릿속에서 뚝딱 만들어진 생각이 아니라는 점이야. 이는 당시 사회주의고 민족주의고를 떠나 모든 독립운동 세력들이 바라던 새 나라의 모습을 한데 모은 것이나 다름없었어. 그들이 모두 엇비슷한 생각을 했던 이유…… 그건 당시의 힘든 현실을 온몸으로 부딪치며 하루하루 고단하게 살아가던 수많은 사람들의 희망이 바로 그거였기 때문일 거야. 일본의 손아귀에서 벗어나면, 우리 민족의 새 나라를 세우면 이런 사회를 이루겠다는 열망이 조선인들의 가슴속 깊이 박혀 있었던 거지."

한국광복군 배지 한국광복군의 영문 약자 'KIA(Korea Independence Army)'가 새겨져 있어.

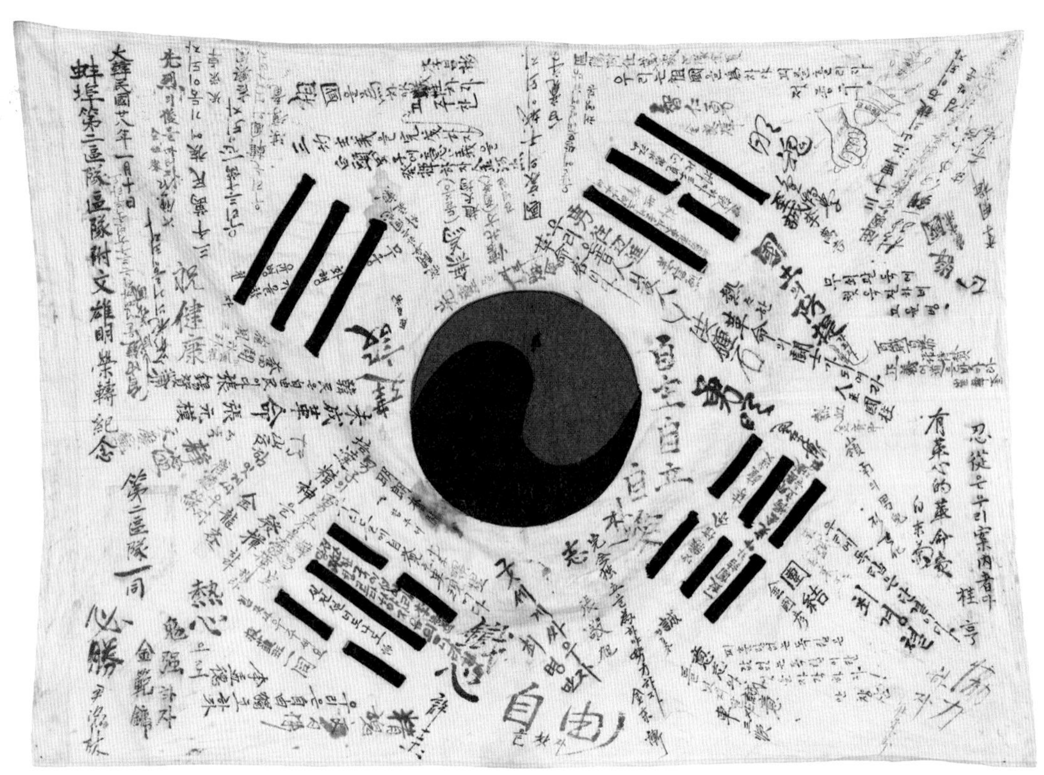

한국광복군 서명문 태극기 광복군의 친필 서명이 담긴 태극기야. 부대를 옮기는 문웅명 대원에게 다른 대원들이 직접 글을 써서 선물했어. 이 태극기에는 광복의 기쁨과 바람직한 국가상, 완전한 독립국가에 대한 염원 등이 쓰여 있단다.

"진짜로 다 같이 뜻을 모으면 그런 나라를 만들 수 있는 거잖아요!"

가슴이 콩닥거리기 시작한 허영심이 기대에 찬 목소리로 말했다.

"그래, 이렇게 새 나라를 준비하려는 분위기가 익어 가는 가운데, 1942년에는 임시 정부가 더욱 든든해졌어. 민족 혁명당의 김원봉이 화북으로 건너가지 않은 조선 의용대를 이끌고 임시 정부의 한국광복군으로 들어갔거든. 이건 민족주의 세력과 사회주의 세력이 비로소 한 깃발 아래 모였다는 뜻이기도 했지. 김원봉뿐 아니라 다른 사회주의 지도자들도 임시 정부 아래로 속속 모여들었어."

"와, 잘됐다! 그러면 이제 나라 밖의 독립군들은 모두 하나가 된 거예요?"

"그건 아니었어. 아직 조선 의용대에서 나와 화북으로 옮겨 간 독립군 세력은 따로 활동을 벌이고 있었지. 두 세력은 서로 적극적으로 의견을 나누며 힘을 합치기 위한 길을 찾았어. 그런데…… 미처 그 길을 찾기 전에 조선은 해방의 순간을 맞게 되었단다."

"해방이요? 정말요? 어떻게요?"

귀가 번쩍 뜨인 장하다가 소리쳤지만 용선생은 손을 들어 기다리라는 신호를 보냈다.

"그 이야긴 아직이야. 거의 다 왔으니 조금만 더 참아라. 한편, 나라 안에서도 해방을 맞을 준비로 바쁜 이들이 있었어. 1944년 8월에 만들어진 '건국 동맹'이라는 단체였지. 건국 동맹은 전국적인 조직망을 갖추고 무척 활발하게 활동을 벌였어. 사회주의자인 여운형이 주도했지만 민족주의자들까지 폭넓게 참여했고, 노동자나 농민은 물론 학생들, 징용이나 징병을 피해 산으로 숨어든 이들도 아울렀지. 또 건국 동맹은 새 나라를 반드시 민주주의의 원칙에 따라 세워야 할 것이며, 무엇보다 노동자와 농민들을 옥죄고 있는 여러 문제들을 해결하는 데 힘을 쏟아야 한다는 입장을 분명히 했어. 그리고 나라 안팎의 여러 독립운동 단체들과도 부지런히 연락을 주고받으며 힘을 모으고자 했지."

마침내 해방의 날이!

“자아, 그런데 얘들아, 일본이 벌인 전쟁은 어떻게 되어 가고 있었을까?”

용선생이 갑자기 묻는 말에 눈치 빠른 나선애가 제일 먼저 답했다.

“알았다! 지기 시작했군요!”

“그래. 연합국들이 기세를 올리자 일본은 밀릴 수밖에 없었지. 1943년 11월에는 얼마 안 가 전쟁에서 이기게 될 거라는 확신을 갖게 된 연합국 지도자들이 만나 전쟁이 끝난 뒤 남겨질 문제들을 어떻게 처리할지에 대해 의논했어. 이집트 카이로에서 만난 미국, 영국, 중국 세 나라의 지도자는 일본과의 싸움에 끝까지 함께할 것이며 일본이 침략 전쟁을 벌여 차지한 땅들은 모두 빼앗아야 한다는 데 뜻을 모았어. 그리고 한반도 문제를 특별 조항으로 다루어 ‘적당한 시기에 한국을 자유 독립 국가로 만들 것’을 분명히 했지. 그들이 이 회담 내용을 선언한 것을 ‘카이로 선언’이라고 불러.”

“히야, 그럼 연합국들한테서 독립을 약속받은 거네요.”

“가만, 근데 적당한 시기가 뭐지? 독립하기 좋은 시기가 따로 있나?”

나선애가 갸웃거리며 하는 말에 용선생이 손가락을 딱 튕겼다.

“역시 선애구나! 그 부분이 참 중요해. 그 이야긴 다음 시간에 더 자세하게 해 줄 테니 기억해 두렴.”

“근데 일본은요? 지기 시작했다면서 전쟁을 그만두려고 하진 않

카이로 회담 제2차 세계 대전 때인 1943년 카이로에서 개최된 두 차례의 회담이야. 왼쪽부터 중국 총통 장제스, 미국 대통령 루스벨트, 영국 수상 처칠이야.

았어요?"

"아니. 이후에도 일본은 막무가내로 버텼어. 하지만 곧 전쟁은 막바지로 접어들었지. 1945년 3월, 일본의 수도 도쿄에는 엄청난 양의 폭탄이 떨어졌어. 그런데도 일본은 패배를 인정하지 않았지. 일본 땅이 쑥대밭이 된다 해도 전쟁을 멈출 순 없다는 거였어."

"아, 어떻게 그럴까. 무슨 전쟁 귀신 같아."

"하지만 그해 8월, 미국은 일본의 두 도시에 원자 폭탄을 떨어뜨렸어. 히로시마에 하나, 나가사키에 또 하나. 원자 폭탄의 힘은 무시무시했고, 두 도시는 그야말로 잿더미가 되어 버렸지. 게다가 소

원자 폭탄이 투하된 히로시마 미국은 원자 폭탄을 1945년 8월 6일 히로시마에, 9일 나가사키에 떨어뜨렸어. 이로 인해 그 해에만 약 21만 명이 사망했고 조선인, 중국인 등도 큰 피해를 입었지. 오늘날은 히로시마 평화 공원으로 꾸며져 핵무기의 위험성을 알리며 전쟁을 반대하는 상징이 되었어. 그러나 원자 폭탄의 피해를 강조하면서 일본이 전쟁의 피해자라고 주장하는 사람도 있단다.

련까지 일본에 선전 포고를 했단다. 그제야 일본은 더 이상 버틸 수가 없다고 판단하여 태도를 바꾸었고, 8월 15일, 일본 천황은 드디어 연합국에 무조건 항복하겠다는 내용의 방송을 했어."

"휴우, 드디어 끝났네. 항복."

"응? 항복……! 그럼 조선은 어떻게 되는 거야?"

"어떻게 되긴……?"

서로 얼굴을 마주 보던 아이들이 입을 모았다.

"해방이다!"

"우아! 만세!"

"대한 독립 만세!"

아이들의 환호성이 잦아들자 용선생이 다시 조용히 입을 열었다.

"35년이라는 일본의 식민 지배 기간 동안 희생된 조선 사람들의 수는 400만 명에 달한다고 해. 일본이 만주를 침략한 뒤 약 15년에 걸쳐 전쟁터를 넓히는 동안 아시아 곳곳에서 희생된 사람들 수는 무려 2,000만 명이 넘는다지. 일본 땅에서도 원자폭탄이 떨어진 자리에서만 20만 명이 넘는 사람들이 죽어 나갔어. 일본의 침략 전쟁이 일으킨 비극은 이렇게나 끔찍했단다."

"헤…… 그게 도대체 얼마야. 그렇게 많은 사람들이 죽었다니!"

"일제 강점기에 대해 공부한 여러 시간 동안 너희가 무슨 생각들을 했는지 모르겠지만, 분명히 배운 것들이 많을 거야. 에, 이 선생님이 다시 한번 강조하고 싶은 것은 말이지……."

용선생이 무게를 잡는데 갑자기 장하다가 끼어들었다.

"아하! 전쟁은 나빠요!"

"응? 하하, 그렇고말고. 헌데 그것 말고도 오늘은 더 중요한 이야기가 있지. 이렇게 해방은 되었지만 일본의 식민 지배가 남긴 문제들은 거기서 끝나지 않았어. 지금 우리 사회에도 그 시대의 상처는 여전히 이어져 내려오고 있지. 그 상처를 모두 극복하고 한 걸음 앞으로 나아가는 일이, 언젠가는 너희들의 몫이 될 거야. 남의 나라를 강제로 빼앗아 지배했던 과거를 아직도 반성하지 않는 일본의 사죄를 온전히 끌어내는 일도, 이 땅 곳곳에 남아 있는 식민지 시대의 나쁜 제도며 관습들을 우리에게 꼭 필요한 것들로 바꾸어 내는 일도. 그 위에 당시 모두가 꿈꾸었던 건국 이후의 세상, 누구에게나 고루 기회가 돌아가는 사회를 이루는 일도 우리에게 남겨진 숙제야. 이 점을 너희가 꼭 기억해 주면 좋겠구나."

용선생이 아이들을 향해 따뜻하게 웃음을 지었다. 그 웃음이 신호가 되었는지 아이들도 모두 따라서 환하게 웃었다.

'하여튼 선생님은…… 은근히 멋쟁이!'

어쩐지 먹먹해진 영심이 입 안에서 조용히 외쳤다.

나선애의 정리노트

1. 1930년대 국내 활동

민족주의 세력	사회주의 세력
조선어 학회(1931) - 한글의 보급과 연구에 힘씀	경성 트로이카(1933) - 조선 공산당 재건을 목표로 활동

2. 1930년대 나라 밖 독립군의 활동

조선 혁명군	- 남만주 지역의 독립군들이 만듦 - 대표 전투: 영릉가 전투
한국 독립군	- 북만주 지역의 독립군들이 만듦 - 대표 전투: 쌍성보 전투, 대전자령 전투
민족 혁명당	- 사상의 차이를 뛰어넘어 여러 독립운동 단체들이 힘을 모아 만듦
조선 의용대	- 의열단을 이끈 김원봉이 만든 부대
동북 항일 연군	- 중국 공산당의 지원을 받는 중국인, 조선인들이 모여 만듦 - 대표 전투: 보천보 전투

3. 임시 정부는 어떤 활동을 했을까?

① 한인 애국단(이봉창, 윤봉길)

② 한국광복군

③ 일본에 선전 포고

④ 건국 강령 발표(삼균주의) → 해방 뒤 대한민국을 세우는 기본 방향이 됨!

4. 건국 동맹

국내에서 해방을 대비해 여운형의 주도로 만들어짐

http://cafe.naver.com/yongyong

용선생의 역사 카페

역사계의 슈퍼스타,
용선생의 역사 카페에
오신 걸 환영합니다

Log in

게시판

- 역사가 제일 쉬웠어용!
- 이제는 더~ 말할 수 있다!
- 필독! 용선생의 매력 탐구
- 전교 1등 나선애의 비밀 노트

일본의 식민 지배가 낳은 재일 조선인

일본이 전쟁에 패했을 때, 한반도 바깥에는 많은 조선인들이 살고 있었어. 일제 강점기에 먹고살기 힘들었던 많은 사람들이 생계를 위해 조선을 떠났어. 그중 한반도 북쪽에 살던 사람들은 주로 중국과 러시아로 갔지. 이들과 그 자손들이 바로 오늘날 '조선족'과 '고려인(카레이스키)'이라 불리는 사람들이야.

한편 한반도 남쪽에 살던 사람들은 주로 일본으로 갔어. 전쟁이 벌어진 뒤로는 일본이 부족한 노동력을 메우기 위해 조선인들을 강제로 끌고 갔지. 이런 이유로 전쟁 직후 일본에는 230만 명의 조선인들이 살고 있었어. 이처럼 일본의 식민 지배로 인해 일본에 살게 된 이들과 그 자손들을 '재일 조선인'이라고 불러.

전쟁이 끝나자, 상당수의 조선인들이 고향으로 돌아갔지만 여전히 많은 이들이 일본에 남았어. 왜냐하면 가족이나 생활 기반이 일본에 있었고, 조선에서의 생활 기반은 이미 없어졌기 때문이야. 또 한반도에서 전쟁이 일어났기 때문이기도 하고.

이후 일본 정부는 일본에 있는 조선인들의 일본 국적을 없애 버렸어. 그리고 재일 조선인들에게 남한이나 북한 중 하나의 국적을 택하라고 강요했어. 하지만 많은 재일 조선인들은 그럴 수 없었어. 원래 하나의 나라인데 둘로 갈라졌으니, 둘 다 진정한 의미의 '조선'은 아니기 때문이야. 국적을 잃은 재일 조선인은 국가가 보장하는 다양한 권리를 빼앗겼어. 일단 여권이 없으니 외국에 갈 수 없었어. 나라에서 지은 주택에 입주할 수도 없었고, 건강 보험이나 국민연금에도 가입할 수 없었지. 재일 조선인들의 끈질긴 투쟁 끝에 한참 뒤에야 이런 차별이 사라졌어.

1982년 일본 정부는 '특별 영주권'을 만들었어. 1945년 8월 이전에 일본 국적을 가지고 있던 사람, 즉 식민 지배 때문에 일본에 살게 된 사람들과 그 자손들에게 주어지는 자격이야. '일본에서 안정적으로 살 수 있는 권리'가 재일 조선인에게 생긴 셈이지.

하지만 재일 조선인들은 여전히 차별당하고 있어. 우선 투표권이 없어. 공무원이나 경찰관, 공립 학교 교사가 될 수도 없어. 일본 국민의 생활에 큰 영향을 끼치는 직업을 일본 국적도 없는 사람에게 맡길 수가 없다는 거지.

COMMENTS

장하다 : 선생님이 말씀하신 식민 지배가 남긴 문제가 이런 것들이었군요. 우리가 할 일이 많네요. ㅠㅠ

↳ 용선생 : 재일 조선인만 이런 일을 겪는 건 아냐. 조선족, 징용으로 사할린에 끌려갔다 고국에 돌아오지 못한 '사할린 고려인' 등의 문제도 우리가 풀어야 할 숙제로 남아 있지.

한국사 퀴즈 달인을 찾아라!

01 ★☆☆☆☆

두기가 오늘 수업 내용을 시간 순서대로 정리했어. 근데 빠진 부분이 있네. 빠진 부분에는 어떤 단어가 들어가야 할까? (　　　　)

1932년	○○○, 윤봉길의 폭탄 의거
1935년	민족 혁명당 결성
1938년	조선 의용대 창설
1940년	한국광복군 창설
1941년	태평양 전쟁 발발
1942년	조선어 학회 사건
1944년	건국 동맹 결성

① 이봉길　② 이봉창　③ 이봉수　④ 김봉수

02 ★★☆☆☆

아이들이 1930~40년대에 대해 이야기를 나누고 있어. 근데 엉뚱한 말을 하는 아이가 있네. 그게 누굴까? (　　　　)

① 이재유는 조선 공산당을 다시 세우려 했어.

② 이재유는 기가 막힌 방법으로 감옥에서 탈출했지.

③ 우리말 사전을 만들던 조선어 학회 회원들은 감옥에 갇혔어.

④ 위기에 처한 임시 정부에서는 한인 애국단을 만들었어.

⑤ 한인 애국단 덕분에 광주 학생 항일 운동이 시작되었지.

• 정답은 301쪽에서 확인하세요!

03 ★★★★★

나선애가 일제 강점기 때 활약한 독립군을 조사해 발표하기로 했어. 다음은 조사 계획서의 빈칸에 들어갈 내용은 무엇일까?

( )

> **일제 강점기 때 독립군의 활약 조사 계획**
> 1. 1920년대 국외에서 활약한 독립군
> – 봉오동 전투에서 활약한 홍범도 조사하기
> – 청산리 전투에서 활약한 김좌진 조사하기
> 2. 1930년대 국외에서 활약한 독립군
> – [ ]

① 대한 광복회의 활동 조사하기
② 대한 독립 의군부의 활동 조사하기
③ 만주에 신흥 강습소를 만든 이회영 조사하기
④ 대전자령 전투를 승리로 이끈 지청천 조사하기

임시 정부의 활동을 한번 정리해 보았어. 이 중에서 사실이 아닌 것은 무엇일까?

( )

① 조선을 대표하는 정부로 인정받기 위해 노력했다.
② 정식 군대인 한국 해방군을 만들었다.
③ 태평양 전쟁이 벌어지자 일본에 선전 포고를 하기도 했다.
④ 대한민국 건국 강령을 발표했다.

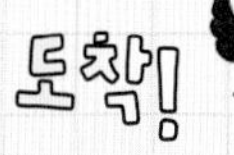

 ★★★☆☆

임시 정부 사람들이 해방이 되면 어떤 나라를 세울 건지 이야기를 나누고 있어. 근데 이중에 엉뚱한 사람이 있네. 그게 누굴까?

( )

① 토지는 나라에서 관리해 지주들이 함부로 땅을 사 모으지 못하게 합시다!

② 옳소! 또 모든 아이들이 학비를 내지 않고 학교를 다닐 수 있게 합시다!

③ 에이, 그건 아니죠! 형편이 어려운 아이들만 무상으로 교육을 시켜 줘야죠!

④ 아이들이 밤에도 공장에서 일하는 것은 이제 금지합시다!

교과서에 나오는 한국사–세계사 연표

한국사

1910년	1910년 8월	대한 제국이 망하고 일본이 통치를 시작하다
	1912년 4월	총독부가 경찰범 처벌 규칙을 시행하여 조선인들의 일상생활을 통제하다
	1915년 8월	박상진이 대한 광복회를 조직하다
	1918년 8월	여운형, 김규식 등이 상하이에서 신한 청년당을 만들다
	1919년 2월	일본 도쿄에서 유학생들이 조선의 독립을 요구하는 선언을 하다
	1919년 3월	조선의 독립을 요구하는 3·1 운동이 일어나다
	1919년 4월	중국 상하이에 대한민국 임시 정부가 세워지다
1920년	1920년 6월	홍범도 등이 이끄는 독립군이 봉오동에서 일본군을 격파하다
	1920년 10월	김좌진과 홍범도 등이 이끄는 독립군이 청산리에서 일본군을 무찌르다
	1920년 11월	총독부가 쌀 생산량을 늘리기 위한 산미 증식 계획을 추진하다
	1922년 5월	이광수가 〈민족 개조론〉을 발표해 조선인의 민족성을 개조해야 한다고 주장하다
	1923년 8월	암태도에서 농민들이 소작료 인하를 요구하는 소작 쟁의를 시작하다
	1924년 4월	농민 · 노동자 단체를 한데 아우르는 조선 노농 총동맹이 결성되다
	1925년 5월	총독부가 독립운동을 억제하기 위해 치안 유지법을 시행하다
	1926년 6월	순종의 죽음을 계기로 6·10 만세 운동이 일어나다
	1927년 2월	민족주의 세력과 사회주의 세력이 힘을 합쳐 신간회를 창립하다
	1929년 1월	원산에서 노동자들이 근로 조건 개선을 요구하며 파업을 하다
	1929년 11월	광주에서 일본의 식민 교육과 조선 학생 차별에 반대하는 학생 운동이 일어나다
1930년	1931년 10월	김구가 일본의 중요 인물들을 암살하기 위해 상하이에서 한인 애국단을 조직하다
	1932년 4월	한인 애국단의 윤봉길이 상하이의 훙커우 공원에서 일본 장교들에게 폭탄을 던지다
	1933년 7월	대전자령에서 지청천이 이끄는 한국 독립군이 중국군과 힘을 합쳐 일본군을 무찌르다
	1933년 10월	조선어 학회가 〈한글 맞춤법 통일안〉을 발표하다
	1934년 8월	나혜석이 〈이혼 고백서〉를 발표하다
	1935년 7월	항일 독립 운동 정당인 민족 혁명당이 결성되다
	1936년 8월	손기정이 베를린 올림픽에 참가해 마라톤 경기에서 우승하다
	1937년 10월	총독부가 황국 신민 서사 암송을 강요하기 시작하다
	1938년 4월	총독부가 국가 총동원법을 발표하다
	1938년 10월	김원봉이 무장 독립 부대인 조선 의용대를 창설하다
	1939년 10월	총독부가 국민 징용령을 실시하다
1940년	1940년 2월	총독부가 성과 이름을 일본식으로 바꾸도록 강요하다
	1940년 9월	대한민국 임시 정부가 한국광복군을 조직하다
	1941년 11월	대한민국 임시 정부가 대한민국 건국 강령을 발표하다
	1942년 5월	조선 의용대가 한국광복군에 합류하다
	1942년 10월	총독부가 조선어 학회를 강제로 해산시키다
	1943년 3월	총독부가 제4차 조선 교육령을 발표하여 조선어 과목을 폐지하다
	1943년 8월	총독부가 징병제를 실시하다
	1944년 8월	여운형 등이 비밀리에 조선 건국 동맹을 조직하다
	1945년 8월	일본이 항복함으로써 조선이 해방되다

세계사

1910년	**1912년 1월**	청나라가 망하고 '중화민국'이 세워지다
	1912년 1월	남아프리카인들이 원주민 민족 회의를 결성하다
	1914년 7월	오스트리아가 세르비아에 선전 포고하여 제1차 세계 대전이 시작되다
	1917년 3월	러시아에서 노동자와 농민들이 황제를 몰아내다
	1918년 1월	미국 대통령 윌슨이 민족 자결주의를 비롯한 〈14개조 평화 원칙〉을 발표하다
	1919년 1월	프랑스 파리에서 전후 문제를 처리하기 위한 회의가 열리다(파리 강화 회의)
	1919년 5월	중국에서 제국주의에 반대하는 시위가 일어나다(5·4 운동)
1920년	**1920년 1월**	세계의 평화와 안전을 유지하기 위한 기구인 국제 연맹이 만들어지다
	1922년 10월	이탈리아에서 무솔리니가 이끄는 파시스트당이 정권을 잡다
	1922년 12월	러시아를 중심으로 사회주의 공화국들이 소비에트 사회주의 공화국 연방(소련)을 결성하다
	1923년 9월	일본 간토 지방에서 대규모의 지진이 일어나다
	1924년 1월	중국의 국민당과 공산당이 제국주의 열강에 맞서기 위해 힘을 합치다
	1926년 5월	영국의 노동자들이 임금 인하와 노동 시간 연장에 반대하는 대규모 총파업을 단행하다
	1928년 8월	미국 · 독일 · 프랑스 · 일본 등 15개국이 전쟁을 포기하는 조약에 가입하다(부전 조약)
	1929년 10월	뉴욕의 주식 시장이 붕괴하여 대공황이 시작되다
1930년	**1930년 3월**	인도에서 간디가 영국의 식민지 수탈에 대한 저항의 표시로 평화의 행진을 하다
	1931년 9월	일본이 만주를 침략하다
	1932년 3월	일본이 만주에 만주국을 세우고 청나라의 마지막 황제였던 푸이를 꼭두각시로 내세우다
	1933년 1월	독일에서 히틀러가 수상에 취임해 독재 체제를 구축하기 시작하다
	1933년 3월	루스벨트가 미국 경제를 되살리기 위해 정부 지출을 늘리는 '뉴딜 정책'을 발표하다
	1934년 10월	마오쩌둥이 이끄는 중국 공산당이 국민당에 대패해 피난을 떠나다
	1935년 10월	이탈리아의 무솔리니가 에티오피아를 침략하다
	1937년 7월	일본이 중국을 침략해 중일 전쟁이 일어나다
	1937년 12월	중국 난징에서 일본군이 중국인들을 학살하다
	1939년 9월	독일이 폴란드를 침공하여 제2차 세계 대전이 시작되다
1940년	**1940년 9월**	독일 · 이탈리아 · 일본이 군사 동맹을 맺다
	1941년 12월	일본군이 미국 하와이의 진주만을 공습하다
	1942년 6월	태평양의 미드웨이 섬 앞바다에서 일본 해군이 미국 해군에 대패하다
	1943년 11월	이집트 카이로에서 미국 · 영국 · 중국의 지도자들이 모여 전후 처리 문제를 의논하다
	1945년 5월	미국 · 소련 연합군이 베를린을 함락하자 독일이 항복하다
	1945년 8월	일본이 항복하여 제2차 세계 대전이 끝나다

찾아보기

참고문헌

교과서

초등학교 5학년 2학기 **《사회》**, 2015

초등학교 5학년 2학기 **《사회》**, 2019

초등학교 6학년 1학기 **《사회》**, 2016

초등학교 6학년 1학기 **《사회》**, 2019

중학교 **《역사 2》**, 천재교육, 2012

주진오 외, **《중학교 역사②》**, 천재교육, 2014

정선영 외, **《중학교 역사②》**, ㈜미래엔, 2016

김종수 외, 고등학교 **《한국사》**, ㈜금성출판사, 2016

책

가토 요코, **《근대 일본의 전쟁 논리》**, 태학사, 2003

강만길, **《20세기 우리역사》**, 창비, 2009

강만길, **《증보 조선민족혁명당과 통일전선》**, 역사비평사, 2003

강만길 외, **《일본과 서구의 식민통치 비교》**, 선인, 2004

강명관, **《사라진 서울》**, 푸른역사, 2010

공제욱 외, **《식민지의 일상, 지배와 균열》**, 문화과학사, 2006

권보드래 외, **《한국 근대성 연구의 길을 묻다》**, 돌베개, 2006

권석영, **《온돌의 근대사》**, 일조각, 2010

권태억 외, **《일제 강점 지배사의 재조명》**, 동북아역사재단, 2010

길윤형, **《나는 조선인 가미카제다》**, 서해문집, 2012

김경일, **《근대의 가족, 근대의 결혼》**, 푸른역사, 2012

김경일, **《한국 근대 노동사와 노동 운동》**, 문학과지성사, 2004

김남수 외, **《100년 전의 한국사》**, 휴머니스트, 2010

김미지, **《누가 하이카라 여성을 데리고 사누》**, 살림, 2005

김병희 외, **《이토록 아찔한 경성》**, 꿈결, 2012

김삼웅, **《이회영 평전》**, 책보세, 2011

김수진, **《신여성, 근대의 과잉》**, 소명출판, 2009

김용구, **《세계외교사》**, 서울대학교출판문화원, 2012

김재용 외, **《제국주의와 민족주의를 넘어서》**, 역락, 2009

김진균 외, **《근대주체와 식민지 규율권력》**, 문화과학사, 2003

김진송, **《서울에 딴스홀을 허하라》**, 현실문화연구, 1999

김태수, **《꽃가치 피어 매혹케 하라》**, 황소자리, 2005

김호일, **《한국근대학생운동사》**, 선인, 2005

김흥식 외, **《1면으로 보는 한국 근현대사 1》**, 서해문집, 2009

김희곤 외, **《제대로 본 대한민국 임시 정부》**, 지식산업사, 2009

노형석, **《모던의 유혹 모던의 눈물》**, 생각의나무, 2004

다카하시 데쓰야, **《역사인식 논쟁》**, 동북아역사재단, 2009

다카하시 도루, **《식민지 조선인을 논하다》**, 동국대학교출판부, 2010

동양학연구소, **《근대 제도의 도입과 일상생활의 재편》**, 단국대학교출판부, 2012

류시현 외, **《미래를 여는 한국의 역사 5》**, 웅진지식하우스, 2011

마리우스 B. 잰슨, **《현대 일본을 찾아서 1, 2》**, 이산, 2006

미야타 세쓰코, **《식민통치의 허상과 실상》**, 혜안, 2002

민족문제연구소, **《거대한 감옥, 식민지에 살다》**, 민족문제연구소, 2010

박노자 외, **《길들이기와 편가르기를 넘어》**, 푸른역사, 2009

박도, **《일제 강점기》**, 눈빛, 2010

박숙자, **《속물 교양의 탄생》**, 푸른역사, 2012

박용규, **《조선어학회 항일투쟁사》**, 한글학회, 2012

박천홍, **《매혹의 질주, 근대의 횡단》**, 산처럼, 2003

박한제 외, **《아틀라스 중국사》**, 사계절, 2007

서경식, **《역사의 증인 재일 조선인》**, 반비, 2012

소래섭, **《불온한 경성은 명랑하라》**, 웅진지식하우스, 2011

소영현, **《부랑청년 전성시대》**, 푸른역사, 2008

송규진, **《통계로 본 한국근현대사》**, 아연출판부, 2004

송찬섭 외, **《근현대 속의 한국》**, 한국방송통신대학교출판부, 2012

신명직, **《모던뽀이, 경성을 거닐다》**, 현실문화연구, 2003

신용하, **《3 · 1 운동과 독립운동의 사회사》**, 서울대학교출판문화원, 2001

신용하, **《신간회의 민족운동》**, 독립기념관한국독립운동사연구소, 2007

안재성, **《경성 트로이카》**, 사회평론, 2004

야마베 겐타로, **《일본의 식민지 조선통치 해부》**, 어문학사, 2011

역사교육연대회의, **《뉴라이트 위험한 교과서, 바로 읽기》**, 서해문집, 2009

역사비평편집위원회, 《논쟁으로 읽는 한국사 2》, 역사비평사, 2009
역사학연구소, 《메이데이 100년의 역사》, 서해문집, 2004
유모토 고이치, 《일본 근대의 풍경》, 그린비, 2004
유용태 외, 《함께 읽는 동아시아 근현대사 1, 2》, 창비, 2011
윤대원, 《상해시기 대한민국임시정부 연구》, 서울대학교출판문화원, 2006
윤미향, 《20년간의 수요일》, 웅진주니어, 2010
윤범모 외, 《나혜석, 한국 근대사를 거닐다》, 푸른사상, 2011
이경민, 《경성, 카메라 산책》, 아카이브북스, 2012
이석태 외, 《일본군 위안부 문제》, 민족문제연구소, 2009
이순우, 《테라우치 총독, 조선의 꽃이 되다》, 하늘재, 2004
이승렬, 《제국과 상인》, 역사비평사, 2007
이승원, 《소리가 만들어낸 근대의 풍경》, 살림, 2005
이신철, 《한 · 일 근현대 역사논쟁》, 선인, 2007
이영석, 《역사가가 그린 근대의 풍경》, 푸른역사, 2003
이영아, 《예쁜 여자 만들기》, 푸른역사, 2011
이철, 《경성을 뒤흔든 11가지 연애사건》, 다산초당, 2008
인문사 편집부, 《아시아 태평양전쟁과 조선》, 제이앤씨, 2011
일본사학회, 《아틀라스 일본사》, 사계절, 2011
임경석, 《한국 사회주의의 기원》, 역사비평사, 2003
장세진, 《슬픈 아시아》, 푸른역사, 2012
전봉관, 《럭키경성》, 살림, 2007
전상숙, 《조선총독정치 연구》, 지식산업사, 2012
정연태, 《한국근대와 식민지 근대화 논쟁》, 푸른역사, 2011
정진석, 《언론조선총독부》, 커뮤니케이션북스, 2005
정태헌, 《한국의 식민지적 근대 성찰》, 선인, 2007
정혜경, 《조선 청년이여 황국 신민이 되어라》, 서해문집, 2010
조경달, 《식민지기 조선의 지식인과 민중》, 선인, 2012
조지프 S. 나이, 《국제분쟁의 이해》, 한울아카데미, 2011
지오프리 파커, 《아틀라스 세계사》, 사계절, 2004
천정환, 《끝나지 않는 신드롬》, 푸른역사, 2005
천정환, 《조선의 사나이거든 풋뽈을 차라》, 푸른역사, 2010
최규진, 《조선공산당 재건운동》, 한국독립운동사편찬위원회, 2009
최병택, 《일제하 조선임야조사사업과 산림 정책》, 푸른역사, 2010
최병택 외, 《경성 리포트》, 시공사, 2009
태혜숙, 《한국의 식민지 근대와 여성공간》, 여이연, 2004
프레드릭 루이스 알렌, 《원더풀 아메리카》, 앨피, 2006
한국교원대학교 역사교육과, 《아틀라스 한국사》, 사계절, 2004
한국근현대사학회, 《한국 독립운동사 강의》, 한울아카데미, 2009
한국사특강편찬위원회, 《한국사특강》, 서울대학교출판문화원, 2008
한국생활사박물관편찬위원회, 《한국생활사박물관 11》, 사계절, 2004
한상도, 《대륙에 남긴 꿈: 김원봉의 항일역정과 삶》, 역사공간, 2006
한시준, 《대한제국군에서 한국광복군까지》, 역사공간, 2006
한영우, 《다시 찾는 우리역사 3》, 경세원, 2010
한일관계사연구논집편찬위원회, 《일제 식민지배와 강제동원》, 경인문화사, 2010
한일연대21, 《한일 역사인식 논쟁의 메타히스토리》, 뿌리와이파리, 2008
한중일3국공동역사편찬위원회, 《미래를 여는 역사: 한중일이 함께 만든 동아시아 3국의 근현대사》, 한겨레출판사, 2012
한중일3국공동역사편찬위원회, 《한중일이 함께 쓴 동아시아 근현대사 1, 2》, 휴머니스트, 2012
허광무, 《일본제국주의 구빈정책사 연구》, 선인, 2011
허수, 《식민지 조선, 오래된 미래》, 푸른역사, 2011
허수열, 《일제초기 조선의 농업》, 한길사, 2011
허우긍, 《일제 강점기의 철도 수송》, 서울대학교출판문화원, 2010
황민호, 《일제하 식민지 지배권력과 언론의 경향》, 경인문화사, 2005
후지이 조지 외, 《쇼군 천황 국민 – 에도 시대부터 현재까지 일본의 역사》, 서해문집, 2012
힐디 강, 《검은 우산 아래에서》, 산처럼, 2011

사진 제공

15 왼쪽 국립고궁박물관, 오른쪽 뉴스뱅크 / **16** 아래 왼쪽 문화컨텐츠닷컴, 아래 오른쪽 서울시사편찬위원회 / **17** 위 민족문제연구소, 아래 왼쪽 서울역사박물관, 아래 오른쪽 연합뉴스 / **18** 민족문제연구소 / **19** 위 서대문형무소, 아래 독립기념관 / **21** 뉴스뱅크 / **23** 시몽포토 / **24** 민족문제연구소 / **25** 민족문제연구소 / **26** 독립기념관 / **31** 시몽포토 / **33** 서울역사박물관 / **41** 시몽포토 / **46** 북앤포토 / **48** 위 독립기념관, 아래 연합뉴스 / **49** 독립기념관 / **50** 독립기념관 / **51** 위 · 아래 독립기념관 / **52** 독립기념관 / **54** 토픽이미지 / **55** 독립기념관 / **56** 독립기념관 / **57** 위 · 아래 독립기념관 / **58** 위 · 아래 독립기념관 / **59** 위 · 아래 독립기념관 / **62** 왼쪽 · 오른쪽 독립기념관 / **64** 유로크레온 / **65** 서대문형무소 / **66** 동아일보 / **67** 연합뉴스 / **68** 민족문제연구소 / **69** 한국민족문화대백과사전 / **71** 독립기념관 / **74** 독립기념관 / **75** 왼쪽 · 오른쪽 독립기념관 / **82** 왼쪽 · 오른쪽 포토마토 / **83** 위 한국향토문화전자대전/한국학중앙연구원, 아래 왼쪽 장남진, 아래 오른쪽 크라우드픽 / **89** 민족문제연구소 / **91** 왼쪽 시몽포토, 오른쪽 동아일보 / **93** 천재교육 / **94** 시몽포토 / **100** 최학주 / **102** 동아일보 / **103** 국사편찬위원회 / **104~105** 아래 독립기념관 / **105** 위 시몽포토 / **107** 유로크레온 / **108** 몽양여운형기념사업회 / **109** 중앙포토 / **127** 시몽포토 / **128** 동아일보 / **129** 위 · 아래 독립기념관 / **130** 독립기념관 / **131** 뉴스뱅크 / **133** 독립기념관 / **136** 조선일보 / **138** 위 · 아래 뉴스뱅크 / **139** 독립기념관 / **140** 조선일보 / **142** 위 · 아래 시몽포토 / **146** 독립기념관 / **147** 서대문형무소 / **149** 독립기념관 / **152** 연합뉴스 / **153** 위 · 아래 독립기념관 / **154** 위 독립기념관, 아래 시몽포토 / **166** 독립기념관 / **167** 동아일보 / **169** 왼쪽 한미사진미술관, 오른쪽 연합뉴스 / **170** 시몽포토 / **173** 위 두피디아, 아래 시몽포토 / **174** 왼쪽 부평역사박물관, 위 서울역사박물관, 아래 한국전력전기박물관 / **175** 왼쪽 위키피디아, 오른쪽 서울시사편찬회 / **177** 서울역사박물관 / **179** 왼쪽 서울역사박물관, 오른쪽 서울시사편찬위원회 / **181** 시몽포토 / **182** 정월나혜석기념사업회 / **183** 시몽포토 / **185** 시몽포토 / **188** 눈빛출판사 / **189** 시몽포토 / **191** 문화콘텐츠닷컴 / **192** 연합뉴스 / **193** 연합뉴스 / **203** 연합뉴스 / **206** 연합뉴스 / **207** 토픽이미지 / **208** 유로크레온 / **209** 명지대학교도서관 / **210** 위 독립기념관 / **211** 토픽이미지 / **213** 독립기념관 / **214** 눈빛출판사 / **215** 위 국사편찬위원회, 아래 시몽포토 / **216** 민족문제연구소 / **217** 왼쪽 독립기념관, 오른쪽 민족문제연구소 / **218** 독립기념관 / **219** 서울시사편찬위원회 / **220** 부산근대역사관 / **224** 유로크레온 / **226** 시몽포토 / **227** 위 · 아래 독립기념관 / **228** 민족문제연구소 / **229** 민족문제연구소 / **230** 민족문제연구소 / **232** 민족문제연구소 / **235** 근로정신대할머니와함께하는시민모임 / **237** 독립기념관 / **238** 나눔의 집 / **239** 한국정신대문제대책협의회 / **240** 연합뉴스 / **248** 한국향토문화전자대전/한국학중앙연구원 / **249** 위 세군산 신문, 아래 ANDY BLOG / **250** 위 왼쪽 지나의 보물 창고, 위 오른쪽 한국관광공사, 아래 한국향토문화전자대전/한국학중앙연구원 / **251** 위 한국관광공사, 아래 크라우드픽 / **257** 푸른역사 / **258** 북앤포토 / **259** 뉴스뱅크 / **261** 독립기념관 / **262** 독립기념관 / **264** 백범김구기념관 / **265** 독립기념관 / **267** 위 왼쪽 · 위 오른쪽 · 아래 독립기념관 / **268** 연합뉴스 / **271** 국가보훈처 / **273** 동아일보 / **274** 독립기념관 / **278** 독립기념관 / **279** 독립기념관 / **281** 위 · 아래 독립기념관 / **282** 독립기념관 / **285** 연합뉴스 / **286** 토픽이미지

* 이 책에 쓴 사진은 해당 사진을 보유하고 있는 단체와 저작권자의 허락을 받아 게재한 것입니다.

* 저작권자를 찾지 못하여 게재 허락을 받지 못한 사진은 저작권자를 확인하는 대로 게재 허락을 받고, 출판사 통상 기준에 따라 사용료를 지불하겠습니다.

정답

1교시

01 ①
02 ④
03 ②
04 ④

2교시

01 1919년 3월 1일
02 ②
03 ④
04 ③
05 ③ – ① – ④ – ②

3교시

01 ③
02 ③
03 ④
04 ④

4교시

01 ① – ⓑ / ② – ⓐ
02 ①
03 ③
04 ②
05 ②

5교시

01 ④
02 ②
03 신여성
04 토막집
05 ②

6교시

01 ②
02 3 – 1 – 2
03 ②
04 ④
05 ④

7교시

01 ②
02 ⑤
03 ④
04 ②
05 ③

용선생의 시끌벅적 한국사 ⑨ 일본의 지배에서 해방으로

저자 현장 강의 전면 개정판(양장판) 1쇄 발행 2023년 5월 2일
저자 현장 강의 전면 개정판(양장판) 2쇄 발행 2024년 11월 25일

글 금현진, 김진 | **그림** 이우일
정보글 배민재 | **지도** 조고은 | **기획** 세계로
검토 및 추천 전국초등사회교과모임
자문 및 감수 최병택
어린이사업본부 이승필
편집 송용운, 김형겸, 오영인
마케팅 윤영채, 정하연, 안은지
경영지원 나연희, 주광근, 오민정, 정민희, 김수아, 김승현
디자인 가필드
조판 디자인 구진희, 최한나
사진 북앤포토, 포토마토

펴낸이 윤철호
펴낸곳 (주)사회평론
전화 02-326-1182
팩스 02-326-1626
주소 03993 서울시 마포구 월드컵북로6길 56 사평빌딩
용선생 클래스 yongclass.com
용선생 카페 cafe.naver.com/yongyong
출판등록 1993년 10월 6일 제 10-876호

ISBN 979-11-6273-274-8 63900

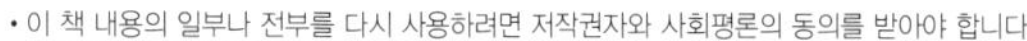

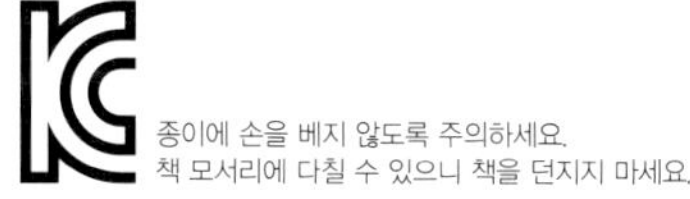
종이에 손을 베지 않도록 주의하세요.
책 모서리에 다칠 수 있으니 책을 던지지 마세요.

이 책을 읽고 추천해 주신 선생님들

강관섭 안산디자인문화고등학교 강성기 월랑초등학교 강수미 서울흥일초등학교 강진영 백록초등학교
고정숙 애월초등학교 더럭분교장 고혜숙 신영초등학교 고환수 한려초등학교 곽병현 표선초등학교
국현숙 영서초등학교 권순구 용황초등학교 권영성 매곡초등학교 권용수 복주초등학교
김경아 아화초등학교 김경태 죽전초등학교 김대운 신광중학교 김도한 화성금곡초등학교
김량현 아양초등학교 김미송 성산초등학교 김미은 월포초등학교 김봉수 기산초등학교
김상옥 인계초등학교 김선영 화명초등학교 김선화 연수초등학교 김설화 제일고등학교
김영주 수완중학교 김영희 용황초등학교 김옥진 양천초등학교 김용현 남원산내초등학교
김우현 한산초등학교 김은희 광주동산초등학교 김재훈 동랑초등학교 김정현 서울수송초등학교
김종관 광주동산초등학교 김종훈 우만초등학교 김주섭 용남초등학교 김진호 경일관광경영고등학교
김현수 이리부송초등학교 김현애 영림초등학교 남궁윤 평창초등학교 박상명 백산초등학교
박상철 광주동산초등학교 박성현 상일초등학교 박순정 서울남사초등학교 박옥주 충주삼원초등학교
박정용 반곡초등학교 박종영 광주봉주초등학교 배영진 무주적상초등학교 배옥영 서울정심초등학교
백승춘 남신초등학교 서단 가포초등학교 서윤영 황곡초등학교 성주연 대구불로초등학교
손유라 교동초등학교 손홍호 대구비봉초등학교 송준언 서울봉은초등학교 신대광 원일중학교
신민경 함덕초등학교 선인분교 신은희 서울개웅초등학교 양은희 서울문교초등학교 양창훈 가락초등학교
양해준 호반초등학교 양혜경 복주초등학교 양혜경 서울탑동초등학교 위재호 서울수송초등학교
윤경숙 새금초등학교 윤일영 서울수송초등학교 이건진 서광초등학교 이기남 본촌초등학교
이수미 운동초등학교 이연민 황곡초등학교 이유리 황곡초등학교 이정욱 대구남산초등학교
이종호 순천도사초등학교 이준혁 안계초등학교 이지영 서울우이초등학교 이충호 가락초등학교장
이혜성 금부초등학교 이훈재 서울봉은초등학교 전영옥 군자중학교 정민영 대운초등학교
정의진 여수여자중학교 조성래 진안초등학교 조성실 치악초등학교 조윤정 서울수송초등학교
진성범 용수초등학교 진유미 원봉초등학교 진현 황곡초등학교 최보람 연수초등학교
최수형 운산초등학교 최재혁 남수원초등학교 하은경 대반초등학교 하혜정 춘천농공고등학교
허승권 비봉고등학교 홍경남 서울수송초등학교 홍지혜 자여초등학교 홍효정 대구동부초등학교
황승길 안성초등학교 황은주 검바위초등학교 황철형 백동초등학교